成長を
生み出し続ける
企業の

10年
変革シナリオ

時間軸のトランスフォーメーション戦略

Transformation
for
Long Term Growth

杉田浩章　早稲田大学ビジネススクール教授
SUGITA HIROAKI

日本経済新聞出版

はじめに

衰退は、10年前から始まっている

あなたの会社は、10年後に生き残っていますか。生き残っているとして、現在の主力事業は、そのまま稼ぎ続けていられるでしょうか――

経営環境の変化がかつてないほど激しいいま、現在の事業がそのまま10年後も通用している、と答える方は少ないだろう。だが、その一方で10年後のあるべき姿を明確にし、いまの主力事業を自らカニバる（自社競合する）リスクを冒してでも、新たな成長を生み出すための変革に着手している、というところは多くないように見受けられる。

コロナ禍やロシアのウクライナ侵攻の影響で、目先の利益を維持するのに精一杯だ。次々と競合が表れて、その対応に追われている。当たるかどうかわからない未来の事業に大きく投資するのは、投資家の理解が得られない。だから、変革に着手するのはもう少し先にするのが賢い判断だ……はたして、本当にそうだろうか。

未来の変革を担う方々へ

本書は、長期の時間軸で強い成長力を取り戻すための戦略を、「時間軸のトランスフォーメーション戦略」と呼び、抜本的な変革を求めている企業に向けて、経営戦略の構想、シナリオ作りと実行のポイントについて解説したものだ。いくつかの事例を使いながら、アカデミックな理論や私自身の実務的な経験を交えて、フレームワークとして提示するものである。

本書の内容はイノベーションのジレンマ、両利きの経営、ダイナミックケイパビリティ、知識創造企業など、すでに公表されている知見をベースとしている。アカデミックな理論・考察といった観点から、まったく新しい理論フレームを提供することを狙ったものではない。「社会的な存在価値が失われつつある企業が、新しい企業体に生まれ変わり、新たな社会的な存在意義を発揮して成長を実現するには」という、多くの企業が直面している問いに、本書は光を当てている。私自身が多くの経営者と議論し、実践してきたことを踏まえて考察し、経営的、実務的に企業が考えるべき視点や論点、あるいは思考の軸を提供したい、というのがこの本を執筆した理由である。

変革を主導していく経営層や経営チーム、現場リーダーの皆さんはもちろんであるが、将来の変革を主導する若手、ミドルクラスの皆さんに是非とも目を通していただきたい。

本書で扱うのは、10年を超えるような長い時間軸で変革を続けていくトランスフォーメーションである。その道程は終わりのない、常に新しい世界を切り拓いていく旅であることを考えると、この変革の真の主役は10年後を支えるミドル・若手の皆さんだといえる。本書が変化を渇望し、未来を創ることへのアスピレーションに満ち溢れた人材を一人でも多く輩出することに役立てば、著者として望外の喜びである。

2023年1月　杉田浩章

10年変革シナリオ　目次

序章

長い時間軸でのトランスフォーメーション戦略が必要な背景

第1章

時間軸のトランスフォーメーション戦略のコンセプト

第2章 長期時間軸の投資ポートフォリオマネジメント

第3章 自ら仕掛ける市場創造戦略

第4章 パーパスを変革の軸にする

第5章　将来価値向上への期待を生み出す投資家マネジメント

第6章 変革へのモメンタムを生み出すリーダーシップ

終章 時間軸のトランスフォーメーション始動のタイミング

序　章

長い時間軸での
トランスフォーメーション
戦略が必要な背景

なぜ抜本的なトランスフォーメーションが求められているか？

多くの経営層が抱える悩み

世の中の企業で今、何が経営にとって最重要のアジェンダになっているか？

筆者は長らく経営コンサルタントという立場から多くの企業の経営層のパートナーとして、核心的な経営アジェンダについて議論を重ねてきた。その中で感じることは、多くの経営者の悩みは、単に今の企業を構造改革して、もう一度収益が上がる企業体に復活させる、という短中期的な悩みを超えている、ということだ。

長期の時間軸でもう一度自社の存在価値を問い直し、自社であるがゆえの価値を世の中に提供できる企業に生まれ変わることで、長期的に成長できる企業としての基盤をどう再構築するか。将来を見据えた長期的な視点で「どうラージスケールかつロングタームのトランスフォーメーション」を実現していくか。ここにこそ、今の経営層の悩みがあると断言できる。

大きな環境変化を迎える中でその変化に適応し、グローバルかつ未来志向で全社的な構造を抜本的に変えていく。あるいは新たな機会を取り込み、もう一度持続的に成長できる市場に事業基盤をシフトするために、新たな企業のフレームを作り上げるといった、企業にとって非常にスケールが大きく、しかも長期で難度の高い変革が求められている。

その背景には、かつての成長を支えてきたコア事業のベースとなる事業ドメインの捉え方の賞味期限が切れつつある、あるいは今までの自らの市場であると定義したドメインの中で、いかに最適な競争戦略を繰り広げても、そこに将来はない、という認識が生まれていることにある。

わかりやすい競争優位性のメカニズム、例えば企業規模や業界での順位といった規模の経済や範囲の経済のメリットはすでにずっと前に崩壊していたが、過去に蓄積してきた資産で何とか生き延びてこられたという現実がある。その資産もすでに食いつぶして、このままでは生き残れない、という危機感が随分前から生まれ始めているのである。

かつては同業種や同業態において規模が大きければコスト優位性が高く、高い利益率を享受し続けられる、あるいは、得られたキャッシュを差別化に活用することにより持続的な優位性を実現し続けられるという単純な構造が成り立った。しかし業界トップが営業利益率でトップを維持できるという構造はとうの昔になくなっている。

そして、ひとたび業界の中でトップの地位を築いたとしても、単純な競争優位性だけでは

図表序-1　業界トップ企業が営業利益率トップである確率

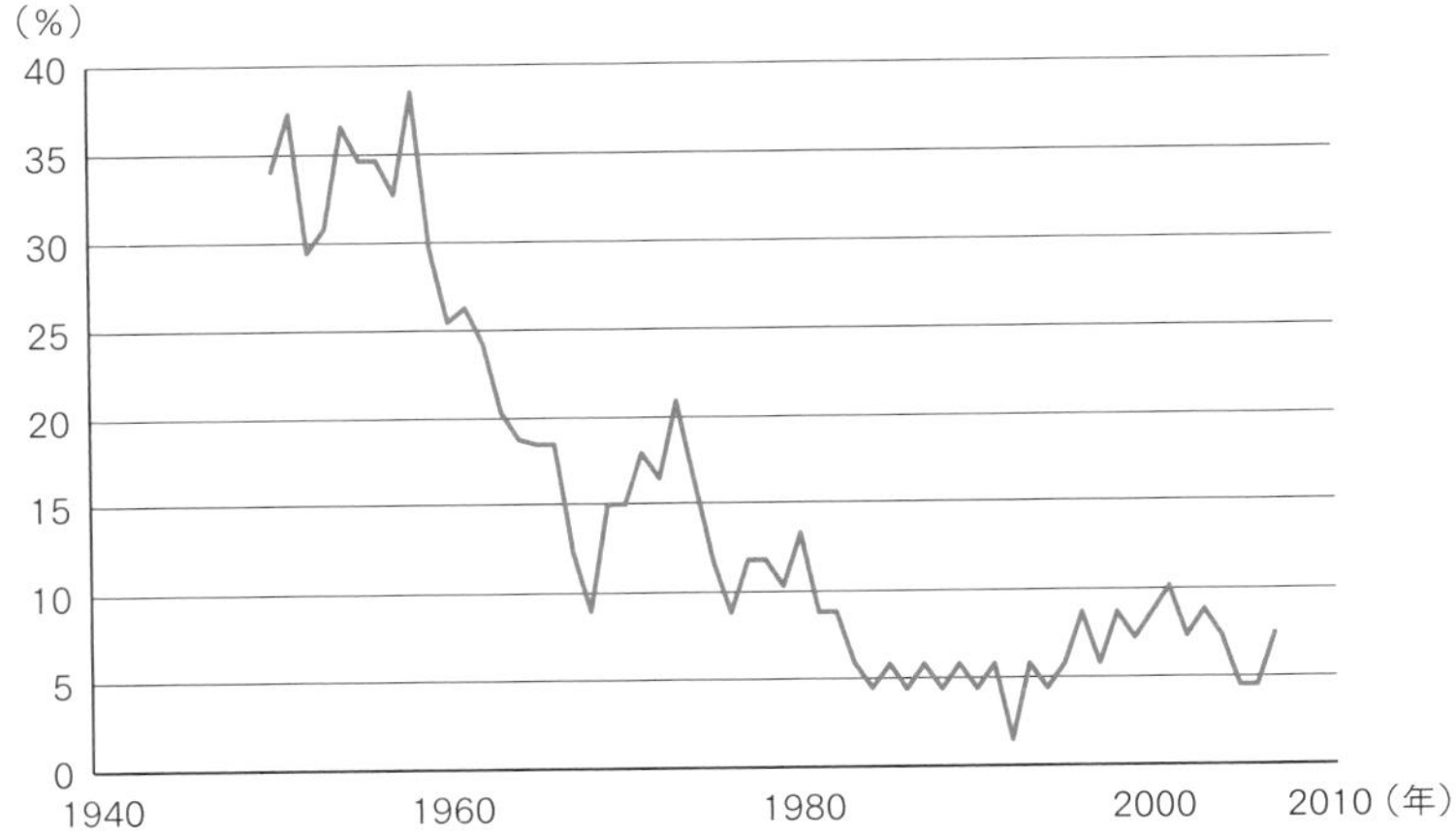

Source: Compustat; BCGブルース・ヘンダーソン研究所による分析（2014年9月）

その地位を維持できる期間はどんどん短くなっている。例えば、米国のメディア業界を例にとると、業界の上位10社の顔ぶれは、1950年代から80年代半ばまでほとんど変動がなかった。ところが80年代後半から2000年にかけて順位の入れ替わりが激しくなり、それまでトップテンにいた企業が大きく順位を落とすなど、変化の振れ幅が拡大した。そして2000年代に入ると、変化のスピードはさらに加速した。

メディア業界に限らず、他の業界の分析結果もまったく同様の状況である。業界によって振れ幅（ボラティリティ）の大きさやそれが顕著になったタイミングに差があり、例えば食品業界の順位の変動幅と期間はメディアほどではないものの、その順位

図表序-2　業界上位10社の毎年の順位変動：米国におけるメディア界の例

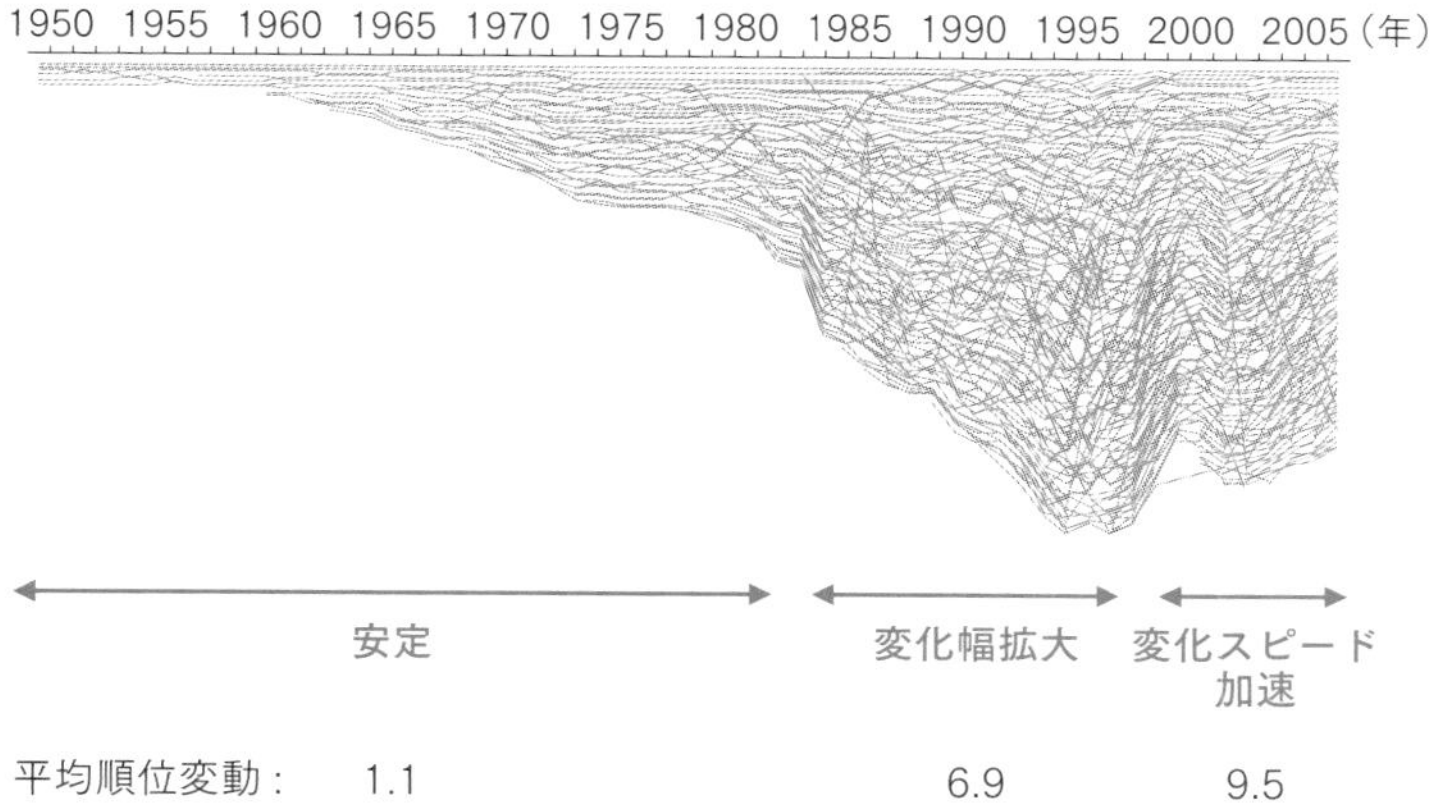

Source: BCG分析

変化のスピードはまったく同様の傾向を示している。

要するに、これまで企業競争力を決定づけていた規模とコストの戦略変数やある時点で確立できた差別的な競争優位性が、もはや持続的な企業の成長や差別的なポジションの維持に効かなくなっているということを示している。たとえ一度はそれによって優位なポジションを築いたとしても、激しい競争環境の中では、長期的にその企業の安定が約束されることはないということである。

不確実性を高める要因は増加の一途

企業のポジションや収益性を不安定にし、先が読めない不確実性を高めている構造的な要因は、近年ますます増加している。人口変動やグローバル化、地政学リスクの拡大や気候変動・サステナビリティといった新たな潮流、技術革新とそれに伴う競争の激化、金融経済におけるボラティリティの上昇やＳＡＲＳ（重症急性呼吸器症候群）や新型コロナウイルスなどの感染症パンデミックなど、様々なファクターが企業活動に重大な影響を与えている。

しかもこれらの要因やインシデントが企業活動に思いもよらぬ影響を引き起こす頻度と企業にもたらす影響力の大きさは、いずれも高まる一方である。今回のコロナショックをはじめ、それ以前のリーマンショックや東日本大震災など、以前なら「未曾有の危機」と表現されたような非常事態が短期間のうちに何度も発生している。２０２２年2月末から始まったロシアのウクライナ侵攻も、エネルギーコストの高騰、原材料コストの急激な上昇など、企業経営に想定以上の大きなインパクトを与えている。

しかもこれらの危機を並べただけでも、それぞれを引き起こした要因はまったく異なる。どのような要因が、どのタイミングで、どんなインシデントから発生し、その結果何がもたらされるのか。これらを先読みするのは極めて困難である。

このように急速に経営の前提条件が変化するとともに、先が見通せない不安定・不確実な環境下においては、今までの事業を守り維持していくことに注力する経営では通用しない。将来が読めない中でも、自社が乗るべき大きな潮流を見定め、自社の経営資源を成長できるポテンシャルを持った領域にシフトさせていくことが必要となる。

自社の未来のありたい姿を定義し、企業をトランスフォームさせていく方向性を定めて、自ら市場を創造する立場に変化させること。既存の産業・業界構造や競争条件、競争相手を変わらないものと定義するのではなく、長期の視点においては破壊的に大きく変わる可能性があることを見極めること。そして、古い業界秩序の中で自らのポジションを守るために汲々とする経営から、未来に向かって自らの事業や立ち位置を再定義し、本質的なトランスフォーメーションを始動させることが求められているのである。

これまで安定的な収益を生み出してきた自社の事業ポートフォリオや、今の競争優位を支えるアセットやケイパビリティを基盤とするコアコンピタンスに立脚した企業経営を行っていては、将来につながる成長力とそれを支える安定的な収益力は保証されない。目の前の競争を勝ち抜くことのみにとらわれ、その一点だけにあらゆる経営者のアテンションと経営資源を投入することは、非常に大きなリスクとなる。

企業経営に携わる者に今求められるのは、ロングタームの視点で将来を描き直し、現在から将来に向けた変革への道筋を示すことである。

長期的な世界観に基づき、「自分たちはどういう未来に懸けるのか」「そのために自社をどうトランスフォームしていくか」という視点に立って、外部的な環境変化に耐えられる企業体にダイナミックに変えていくこと。そして環境に適合し続け、絶え間なく変革を続けていける組織、風土に企業を変革していくこと。

それができない企業は存在価値を失い、やがて淘汰されることになる。

不確実性の時代を生きる経営者のミッションとは？

非連続な変革を遂げるために必要なこと

以上の環境変化を踏まえると、今日的な経営者のミッションは「長期的なトランスフォーメーション実現のリーダーシップを担うこと」と定義できる。しかも、このトランスフォーメーションに終わりはない。前述の通り、一度は変革によって収益性や企業価値が高まったとしても、激しい環境変化の下でその状態は長く続かないと考えるべきである。

企業変革の成果が見え始め、もう一度成長できる企業になり、安定的な収益が上がるようになった――誰しもがほっと一息ついてしまうこの瞬間こそが、実は再び奈落の底に落ちていくスタート地点になりかねないのである。

よって経営者は一時的な成果に安堵することなく、成功した過去を自己否定しながら、変化し続けなければいけない。さらにはトップのリーダーシップのもと、現在の経営陣から次世代の経営層、そして若い社員たちへと、何世代にもわたってトランスフォーメーションを継続できる企業に変貌させなければ、企業は長期的に生き残れない。

これこそが不確実性の時代を生きる経営者の最大のミッションとなる。

長期的なトランスフォーメーションを成功させるには、適切なタイミングで正しいアジェンダを定義し、解くべき課題を設定することが必要となる。なぜならタイミングが遅れれば、あっという間にディスラプト（破壊）されてしまうからだ。

GAFAなどのメガプラットフォーマーや、これまで視界に入らなかった外部のプレイヤーやベンチャー、あるいは今まで自社のバリューチェーンを支える味方だと思っていた取引先など、今はあらゆる存在が脅威となり得る。しかもいまや、そのメガプラットフォーマーですら成長力を失い、ディスラプトされる脅威にさらされ始めている。環境適合するためのアジェンダを適切に、かつその先のチャレンジを見据えてタイムリーに次のアジェンダを設定し回し続けなければ、自社の存在価値は瞬く間に失われる。

かといって、冷静な市場環境変化のティッピングポイント（変曲点）の見立てもないまま、拙速で的外れなタイミングでの変革を推し進めることは、自らの「死」を早めることになりかねない。現在の大きな収益の源泉を自ら潰してしまい、その結果、将来に向けて張るべき投資の原資さえ生み出せなくなり、結局は自滅に追い込まれることになる。

一方では現在の自社を支えているコアの事業領域における収益構造を持続的に進化させキャッシュを生み出せる事業体を維持しつつ、もう一方では将来の長期的持続的な成長力を生み出し、新たな収益基盤となる市場を見定めてそこに投資していく。これを同時並行でアジェンダとして設定し、両立させるためのトランスフォーメーション戦略と実行シナリオの構築が必要になるということだ。

10年経ったとき、その時点から現在を見ると、変化は非連続に見える。逆にまったく違う企業であるかのような非連続な変化ができていなければ、その時点で生き延びていないかもしれない。しかし一方で、現在から10年後に向けてのプロセスは、連続的な変化の積み重ねである。小さな変化の連続を速いスピードで日々繰り返すからこそ、長い時間が経過したとき、結果的に今とはまったく違う企業に変貌できているのである。

この連続的なステップを描くために必要なのが、適切なタイミングで正しいアジェンダをセットすることであり、そのためにはツボとなる戦略的な要素を押さえたプランニングと実行がリーダーに求められている。

明示的・暗黙的にあったミッション・パーパスの再考を迫られる

長期的なトランスフォーメーションを実現するために経営層が考えるべき要素は、戦略だけではない。

企業が新たな市場機会や新たなケイパビリティの獲得、そして企業メカニズムへの変革に踏み込んでいくには、「自分たちはどこを目指すのか」「社会にどのような価値貢献ができる存在になるのか」「そもそも自社の存在意義とは何か」を問い直さなければいけない。すなわちパーパス（企業の社会的な存在意義）の再考を迫られることになる。

戦略を実行する過程では、パーパスを起点に組織カルチャーの変革にも同時進行で取り組む必要がある。そして実行につなげるためには、新たな行動規範の前提となる価値基準や評価指標を設定し、今後は会社としてどのような成果や行動を高く評価するのかを明示する。これは一方で、古い価値基準や評価指標によって昇進・昇格を果たしたミドルクラスや役員クラスの既得権益を脅かしかねないため、困難を伴う変革となる可能性が高い。それでも目指すゴールや変革の旗印のもと、企業のカルチャーを変容させていくことが求められる。

さらには戦略、パーパス、カルチャーを結びつけながら、変革を牽引するリーダーシップチームの組成、そしてトップ層と現場をつなぐミドルマネジメントの役割の再定義と動機づけが欠かせない。これらの要素をつなぎ、一気通貫で変革を実現できるシナリオを描くことが必要となる。

長期的なトランスフォーメーションを成功させるために

時間軸の異なる2つの戦略をどうマネジメントするか

以上を踏まえ、長期的なトランスフォーメーションを成功させるために経営が果たすべきミッションを整理すると、図表序−3のように図式化できる。

まずは「ステージ1」として、今日の競争からキャッシュを得る。持続的優位な競争戦略により、目の前の競争を勝ち抜いて、どれだけ多くのキャッシュを獲得し続けるかが問われる。

そして「ステージ2」として、獲得したキャッシュを未来の創造のための基盤に投資する。このステージで必要なのは競争戦略ではなく、新たな市場を創り出すイノベーションである。今は存在しないか、その兆しはあるが臨界点を超えられずにいる市場を立ち上げるには、自図表序-3　経営にとってのミッション：持続的イノベーションと破壊的イノベーションを両立させ、時間軸で異なるコア事業を創造し続けること

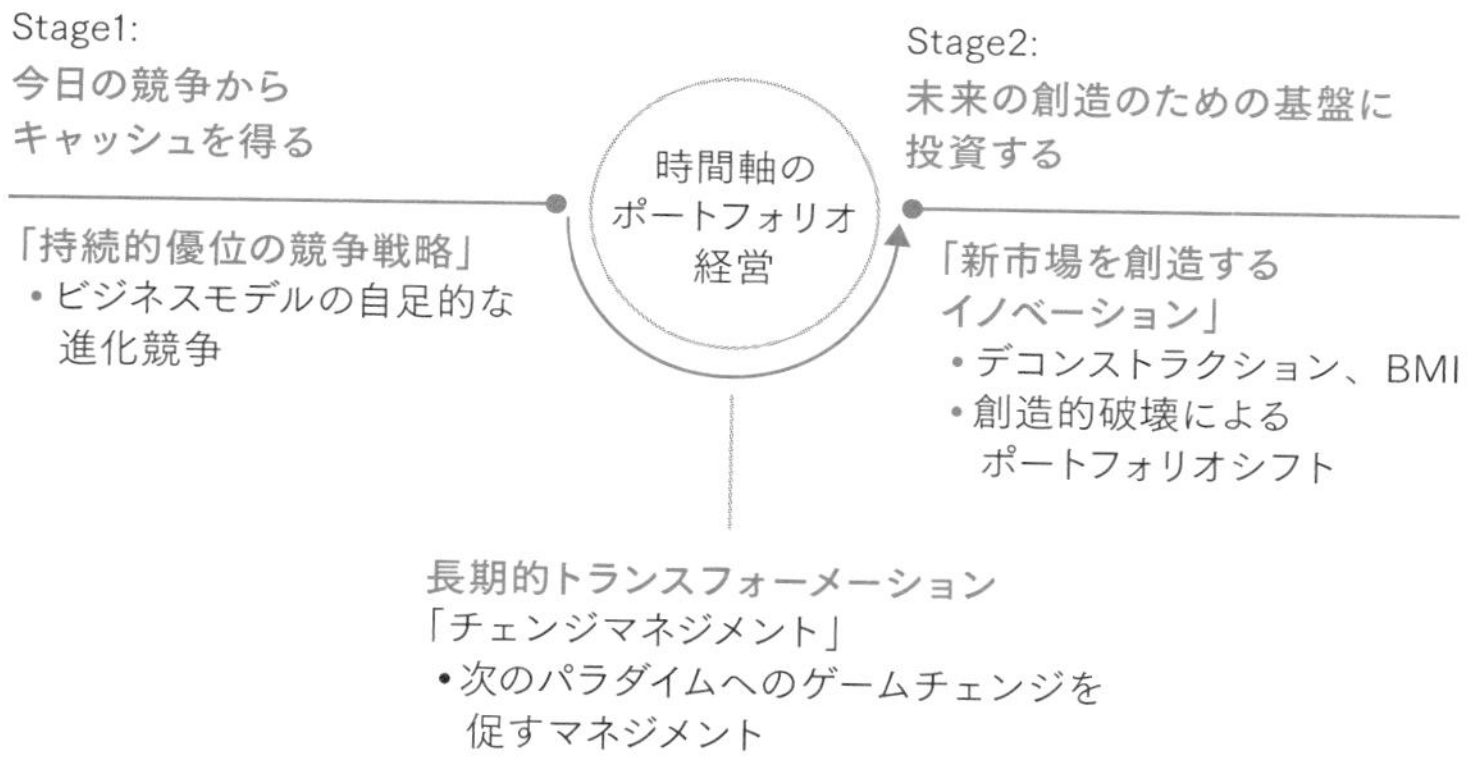

らリスクをとって市場創造をリードし、チャレンジと不屈の努力を続けていく視点がカギになる。既存市場のパイを奪い合ってレッドオーシャンに分け入るのではなく、ブルーオーシャンを切り開くための戦略を描き、獲得すべき必要なケイパビリティ、アセットを見極め投資し、新市場を切り開くことでコア事業を大きくシフトさせることが必要だ。

つまり持続的イノベーションと破壊的イノベーションを両立させ、2つの異なる時間軸で異なるコア事業を創造し続けることが、経営としてのミッションとなる。

この2つのステージのマネジメントの観点は、事業としてのビジョンや目的の設定、戦略そのものや、戦略を実行する際のステップ、その手順としてのシナリオ、さらには必要とするケイ

パビリティや評価基準などあらゆる要素において異なる。それをいかに両立させ、最適な時間軸とともにシフトさせるか。過去の経験からリターンを読みやすい今の事業への投資や、自分たちが理解しやすい既存事業に経営のアテンションが集まりやすい現状をどう打破するか、がポイントとなる。

いわば、クレイトン・クリステンセン教授が唱える「イノベーションのジレンマ」にどう立ち向かうか、ということである。特に欧米のグローバル企業と比較すると、必ずしも規模や収益力で優れているとは言い難く、しかもダイナミックな変化に尻込みする傾向がある日本企業にとって、イノベーションのジレンマを打ち破るという難度の高い戦略が求められているということである。

時間軸の異なる戦略を同時にマネージして、長期的な視点でポートフォリオを長期かつ持続的に成長できる領域にシフトさせていく変革アプローチ、という意味を込めて「時間軸のトランスフォーメーション戦略」と定義した。

将来を自ら創造し、もう一度成長できる基盤に創り替える長期的なトランスフォーメーション・ジャーニーは、会社そのもののパラダイムシフトであり、マインドセット、企業カルチャーの変革である。この長い時間軸の中で2つのステージを乗り越え、持続性のある成長

図表序-4　長期的なトランスフォーメーションに成功する企業はほんの10%にすぎない

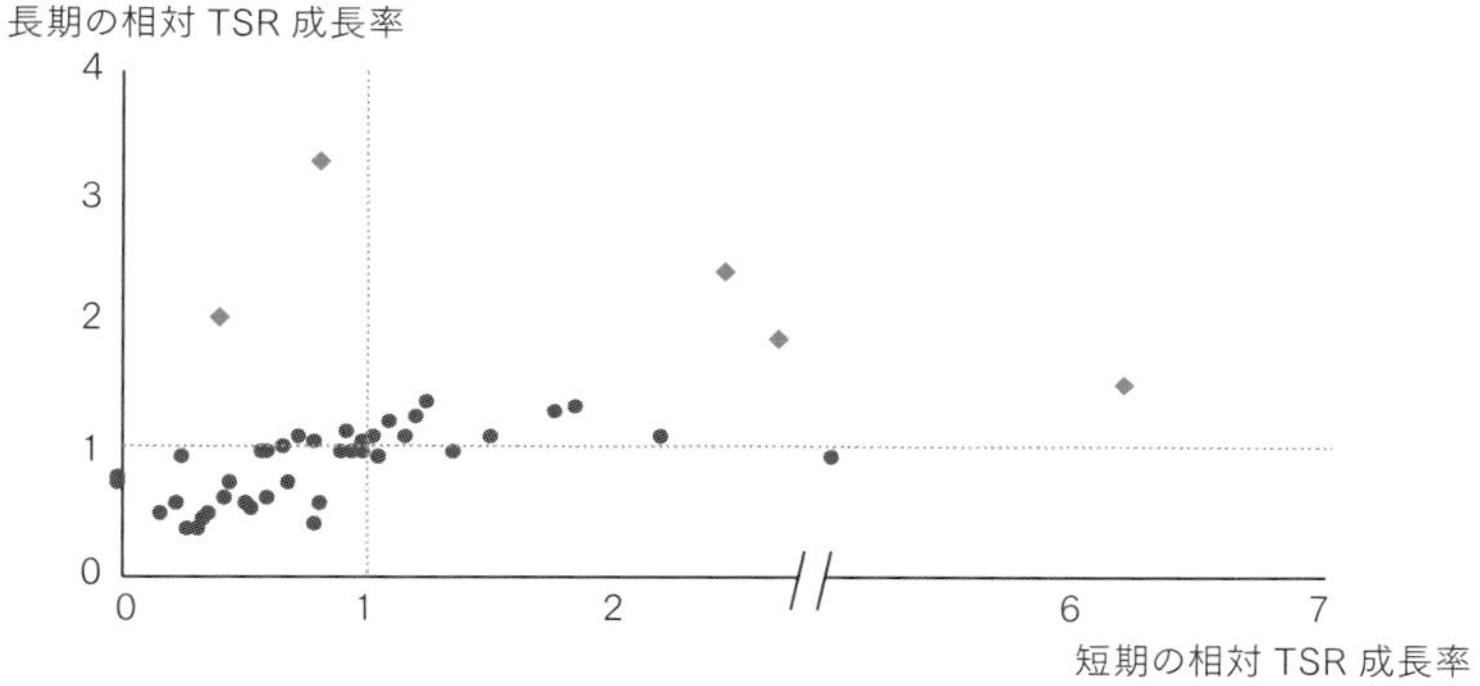

Source: BCG分析
Note: S&P500または同種の株価指数の成長率と比較して調整した株主総利回り（TSR）。調査対象企業の属する業界の成長率を1とする。対象は、2001年から2013年にかけてトランスフォーメーションを実行した88社
縦軸：トランスフォーメーション開始から5年または現在までの期間
横軸：トランスフォーメーション開始から1年の期間

企業へのトランスフォーメーションを実現できる経営が求められる。

構造改革に成功しても成長のための変革で頓挫する理由

過去にトランスフォーメーションにチャレンジした企業のうち、長期的な企業価値の向上につながったケースはごくわずかである。ボストン コンサルティング グループの調査によれば、長期的なトランスフォーメーションに成功する企業はほんの10%にすぎない。

図表序－4は、トランスフォーメーションに着手した後の企業価値の変化を、短期のリターンと長期のリターンでプロットしたものだ。

TSR（Total Shareholders Return）とは、その企業に投資した株主がある期間にどれくらいのリターンを得られたかの投資利回りを示す指標で、経営者の企業価値向上への貢献を測る指標として近年注目を浴び、使われている。これを見ても、株主に長期リターンを提供できた企業は極めて少ないことがわかる。つまりもう一度持続的に成長できる基盤が獲得できた、あるいはできつつあるとの評価を獲得できた企業は、ごく一部にとどまるということだ。

「ステージ1」では、今の事業を構造改革し、短・中期的に最大のキャッシュを生み出すため、コスト構造やプライシングの改革、リターンの低いアセットの切り出しや投資の抑制などを行う。つまり無駄なコストや投資をカットし、収益性の低いポートフォリオを切り離して、損益分岐点を下げることで収益性の向上を目指すことになる。

もちろんこれは痛みを伴う改革ではあるが、構造改革のために手を付けるべきレバーやメニューは大体そろっている。具体的に効くレバーを見つけるには、先行する他社の知見を応用したり、様々なしがらみにより自社内で手付かずとなっていた積年の課題に切り込めばいいので、改革プランの構築という観点からすれば比較的簡単なプロセスといえる。

問題は、その先だ。収益を生み出せる企業体になったとしても、次の「ステージ2」で行き詰まる企業が多い。

トランスフォーメーションに成功する企業は、ステージ1で構造改革を進める間に、「将来の成長のために新市場や新領域をどう創造するか」の戦略的な検討やシナリオ作りも同時並行で行い、ステージ2に向けて着実に動き出すための仕込みをしている。

それに対し、行き詰まる企業はステージ1で構造改革に取り組むことだけに汲々とし、一定の成果が出ると満足して変革の歩みを止めてしまう。そこへすぐに次のショックが襲い、再び収益性が低下すると、また慌てて一から構造改革を始める。

これを繰り返している限り、その企業に未来はない。どんどん体力が蝕《むしば》まれ、従業員の求心力を失っていく。しかし実際には、多くの企業がこの失敗パターンに陥っているのが現状である。

10年間で3つのウェイブをマネジメントする

10年間で2つのステージの構造変革を実現するために経営層に求められるのは、ステージ2を実現するための、長期視点で市場創造をする領域へと資源配分をシフトさせ、将来を創造することに力点を置いた投資ポートフォリオのシナリオを構築することであり、それに基づいたマネジメントを行うことである。くわしくは次章以降で解説するが、10年時間軸の中で、次の3つの異なる時間軸で企業に収益機会をもたらす3ウェイブを同時に回していくことでキャッシュフローをつないでいくイメージを持つことが必要となる。

①コア事業のディフェンス（投資を抑え、今の事業で徹底して稼げる構造に改革する）
②次の周辺収益事業群の構築（比較的短中期でリターンを生み出すことが可能な、強みが活かせる周辺領域への投資。長期の投資を途切れさせない、次のキャッシュを生み出す領域を創る）
③将来の持続的な成長基盤の創造（新たなケイパビリティの獲得、未来の持続的な成長の基盤を支える将来のコア事業候補へのR＆Dや機会探索・獲得的な先行投資を続ける）

コア事業で投資を抑えながら、できるだけ長く、徹底して稼げる基盤を築くための構造改革を推し進める。加えて今の事業領域が細ってきたとしても、その先で中期的な支えとなるキャッシュフローを生み出す領域を構築するために、投資に対するリターンがある程度読める収益事業に投資をする。

さらにその先では、必ずしもリターンが読み切れない、新たな基盤構築を目的とした投資によって、将来の市場創造の支えとなる新たなケイパビリティやアセットを獲得する。あるいは未来のコアになる事業体そのものを獲得するための十分な資源配分ができるように、その最適なバランスを経営層として見極めていく。将来にわたって長期的な成長ができる企業に事業構造をトランスフォームさせていくためには、どうしても後回しになりがちな、長期的な視点に立った資源配分を行うことが不可欠である。

この3ウェイブを回していくと、あるタイミングで、投資してきた周辺領域が中期を支える次の「コア事業」となり、さらにその先を見越して、先行して投資を続けてきた領域が10年後の成長を支える「コア事業」となっていく。その段階が見えてきたら、さらに次の持続的成長を支える新たな潜在領域のオプションを見つけて、遅れることなく、躊躇なく一歩先の領域への先行投資を続けていく。

こうして3つのウェイブを途切れさせることなくつないでいかなければ、持続的に成長を続けていける企業体に変わるためのトランスフォーメーションは完成しない。本書では、このコンセプトについて、具体的に解説していく。

企業が陥りがちな「5つの罠」

時間軸の異なる戦略を同時にマネージするトランスフォーメーションの経営はとても難しい。なぜなら、今までの常識に反する、あるいは二律背反することの実践が求められるからである。今までの中期的なリターンを定量的に評価して投資を意思決定するという投資リターンとは評価の考え方が異なる。10年後の未来を作るための長い時間軸で投資する価値を評価し、その前提としてのビジョンや戦略を描いて資源配分をシフトさせていくことと、将来に向けた持続的かつ大胆な投資を可能とする短中期のキャッシュを生み出すためのキャッシュカウ維持の戦略実行を同時にマネージする必要があるのである。

以下に、企業が陥りがちな「罠」について述べていきたい。

罠その1：中期経営計画至上主義

多くの企業が3年程度の中期経営計画を策定している。しかし、それらはファイブフォースやポジショニングビューといった、現状の延長線上にある市場と自社のケイパリティや強みを、現在の競合との比較などで詳細に分析することによって立案された戦略がほとんどである。中期の時間軸で語られる経営戦略では、既存の各事業や事業ポートフォリオをどうシェイプアップし、市場でのポジションを高め、収益力を強化し、それにより財務的な成果をどう引き上げていくのか、という「ステージ1」の発想から抜け出すことは難しい。

10年スパンでの長期的なビジョンが組み込まれることもあるが、「絵に描いた餅」で終わりそうな理想像が示されるだけで、そこにどう到達するのか、という短期と中期を結ぶ具体的な戦略シナリオが盛り込まれていることは少ないように見受けられる。

もちろん、今日の事業あるいは事業ポートフォリオから持続的に収益最大化を目指すための構造改革や持続的イノベーションをどう実現するかは重要である。しかし、長期的視点で持続的に成長できる新たな成長基盤をどこにどう作るか、というもう一つの戦略においては、もっとダイナミックなものの見方が必要である。今までの競争優位性を生み出してきた強みやアセットの源泉に疑問を投げかけ、既存市場や過去の成功モデルが破壊されるレバーや変化する前提条件に着目すること。そして、創造的に新たな価値を生み出せるポイントはどこにあるか、それがいつ、なぜ現実のものとなりうるのかといったものの見方を、時間軸の変化の中で洞察して自社の戦略シナリオとして取り込んでいく視点が欠かせない。

また、自社の現在の強みやコアコンピタンスにおいても、長期的な視点で見たときには、将来の成長基盤を支える事業あるいは事業ポートフォリオのそれと同じであるという保証はない。むしろ異なるコアケイパビリティを獲得し、ダイナミックに自社の強みと結合させて、それが新たなコアコンピタンスとなっている状況でなければ、新たな成長基盤となる経営システムは手に入れられていない可能性が高い。

中期経営計画は、しょせん未来を創る長期ビジョン達成の通過点であり、「ステージ1」と「ステージ2」をつなぐ具体的なストーリーとして描かれているか、そして中期的に質的に何を達成することがそのカギであるかが明確に定義されているか、ということを見ていく必要があるだろう。

罠その2：一律的な生産性向上への注力

日本の生産性向上への取り組みは、米国などとの比較において大きく後れを取っているといわれて久しい。

しかし個々の企業の生産性を論じるのであれば、事業の目指す目的やミッション、あるいは事業のライフサイクル上のステージによって、一律的に生産性の最大化を唱えるのではなく、事業の目的、ステージ別に数字をディーアベレージ（脱平均化）して捉える必要がある。

つまり既存の成熟した事業群においては、損益分岐点を引き下げ、コスト競争力を維持することで収益力を高めるために、労働生産性を上げ続けることが必要になる。これがステージ1の構造改革である。

一方で、将来の新たな成長基盤となりうる領域に投資し、その基盤を築いていくための新たなイノベーションへの人的な投資や、事業のインキュベーションのための投資が必要な過程においては、必ずしも売上や利益といった財務的な価値を生み出せるわけではない。むしろ市場創造のプロセスにおいて、単純な財務的な成果や労働生産性といった効率性の指標を用いると、将来の事業を潰してしまうリスクが高まる。

既存事業の生産性向上において周回遅れになった多くの日本企業にとって、1つ目のチャレンジは、今の成熟事業領域と将来の成長事業領域の2つを両利きでマネジメントすることだ。前者においては、徹底的に労働生産性を高めていくための構造改革にハイスピードで取り組む。後者においては、いったんは生産性に目をつむってでも、新たな機会の創造とその長期的な成長に賭けて必要なケイパビリティや基盤獲得のための投資をする。

この2つの領域は、投資に対するリターンが生まれる時間軸も、打ち手に対して生産性向上が表れる時間軸も異なる。それでも両方を同時に進めていかないと間に合わない。

日本企業にとって2つ目のチャレンジは、将来の新たな成長領域を創造するための投資を行うこと、そしてその投資の成果を評価する新たな指標を持つことである。つまり異なる時間軸を意識した未来のコア事業、コアケイパビリティのポートフォリオ・トランスフォーメーションを成功させるために必要な指標を定義し、方向性が間違っていないかモニタリングし、正しい方向に変化させていくことを適切にマネージすることである。

罠その3：財務分析偏重の投資判断基準

しかし、ここにも大きなチャレンジがある。ポートフォリオをシフトさせるには、新たな事業領域を築くか、新たな顧客セグメントを新たなビジネスモデルで開拓するか、それらを支える新たなケイパビリティを獲得し、それをてこに新たな領域を創造するなど様々な選択肢がある。しかしいずれにしろ、自社にとって経験のない領域への挑戦であり、使える人的アセットや事業アセット、経営ノウハウは少ない。あるいは、自社とのわかりやすい統合シナジーを期待できない事業領域や企業への大きな投資は、リスクを伴うチャレンジであることは明らかである。

クレイトン・クリステンセン教授は、「財務分析がイノベーションを殺す」というとても刺激的なタイトルの論文を「ハーバード・ビジネス・レビュー」誌に寄稿した。伝統的な財務判断基準を用いて伝統的な分析手法を行うだけでは、イノベーションを起こすべき長期的な領域は投資ＲＯＩが合わないということで適切な投資がなされず、イノベーションのジレンマから抜け出せない、ということが語られている。

例えばディスカウント・キャッシュフロー（ＤＣＦ）法では、イノベーションに投資しない場合のキャッシュフローと、イノベーションが生み出すキャッシュフローとを比較することが多い。前者においては何もしなくても現在の健全な状態が永遠に続くことを前提にしており、イノベーションを起こさなければ業績の低下を招く、という現実を反映していない。また、後者においても、イノベーションがどれだけの効果を生むかを評価することが難しいため、結果として「何もしない」という判断が支持されがちになってしまうという。

さらには自社株買いや増配といった、短期的な株主還元策を求める投資家の要求も強く、長期的な成長に振り向けられるはずの投資がそちらに回ってしまう、ということも少なくない。

罠その４：既存の投資家への固執

さらに、企業が未知の領域へ投資することに対し、投資家の視線は厳しい。ここ数年のＭ＆Ａ案件に対するその直後の株価の変化（＝投資家の評価）を見ても、統合シナジーが読みやすい事業買収にはポジティブなケースが多いが、新たな領域や企業にとってなじみのない領域への投資に対する反応は、大半がネガティブである。

最近の事例（2021年）だけ見ても、日立のグローバルロジックの買収発表の翌日には、格付投資情報センター（R&I）は「買収金額に比べて得られるキャッシュフローが小さい」との理由で、日立を「格下げ方向」に指定すると公表。パナソニックのブルーヨンダー買収においても、買収公表当日の株価の終値は、前日の1424円から1329円へと値を下げた。日経ヴェリタス紙の記事では、アナリストから「会社の重点領域が見えづらく、先行きに警戒感を持つ投資家もいそうだ」とのコメントが寄せられた。

過去を見ても、新たな事業領域への投資に対する既存の投資家の目は冷ややかである。例えば、旭硝子（現AGC）が新規事業領域を作るために、2016年末、欧州のバイオ医薬品製造大手のCMCバイオロジックス（デンマーク）を600億円で買収した際も、市場からは「買収企業の情報が少なく、目先の財務悪化の方が懸念材料」「高値づかみ」との厳しい声が寄せられた。

少し前の事例になるが、2008年の富士フイルムによる富山化学工業の買収においても投資家から同様の批判を浴びせられたようである。古森元CEOが2021年の「日経ビジネス」誌の取材に答えて次のように語っている。「(富山化学の買収については) 市場からは厳しい評価を受けたが、『100%安全な投資なんてない。だけど、私には成功する自信がある』と反論した」。その後も再生医療などの分野で、買収を繰り返し、成長へとつなげている。

また、リクルートホールディングスにおいても、グローバル化のためのM&A投資について、市場から辛口なコメントをもらった、と峰岸元CEOがビジネスインサイダーのインタビューで述懐している。

「上場の際、ロードショー（機関投資家向けの説明会）に出かけた時に、海外の機関投資家から言われました、『なんで海外なんかに出るんだ？ 日本企業で海外で成功している企業は少ないだろう』と。国内でしっかりとしたポジションを築いてるんだから、それをベースに広げていくことに集中したら良いじゃないかと言われました。しかし、それも今は言われなくなってきたので、ある程度評価していただけているということだと思います」

それでも資本市場の冷たい視線を乗り越え、ポートフォリオをシフトさせたり、新たな成長力の源泉となるケイパビリティやアセットを手に入れ、それをベースに実績を示した企業のマルチプル（評価倍率）は、中長期を経て向上している。つまり、未知の領域への投資に対するリターンは、投資家の視点からも長期的には正当化される。逆に、こうしたリスクを取って長期的な将来に向けた投資を行った企業と行わなかった企業のマルチプルは、中長期を経て大きく開いている。

明暗を分けた企業の事例としてよく取り上げられるのが富士フイルムと米コダックの2社である。1990年代後半、デジタルカメラの普及によって銀塩フィルムの市場は急減し、遠くないうちに完全に取って代わられることは明らかであった。こうした状況下で自社の稼ぎ頭であったフィルム事業を中心とした領域に固執して沈んだコダックと、自社のコアコンピタンスをベースにした事業ドメインの大胆な再定義をすることで、液晶フィルム事業や医薬品事業などの多角化により新たな成長機会と将来の成長基盤を手に入れた富士フイルムの差はどこにあったのか。

このケースについては様々な分析がなされているが、その要因の一つとして挙げられるのが、先ほどから述べている投資家からのプレッシャーである。常に一定のリターンを得ることに軸足を置きがちだった欧米の機関投資家は特に、目先の利益を削ってまで新たな分野に投資することに強い拒絶反応を示し、構造改革に着手するのが遅れた、といわれている。富士フイルムにおいても改革が始まった当時は、この変革を支持する投資家は少なかったという。

市場のネガティブな反応に対峙し、不確実で成功確率を読み切れない不安定な領域に対しても、自ら信じる将来にリスクを取って賭け、実績を積み上げていく。そして、それを投資家にきちんとアピールし、味方につけ、投資家のポートフォリオそのものを見直すべく働きかけていく。経営層がその意思決定に踏み切ることが、長期的かつ持続的な成長力に賭けてくれる投資家が支えてくれる企業に生まれ変わるためには必要な条件である。

罠その5：創業の志に根差した企業理念を有することへの過信

パーパスが注目される昨今、改めて社是や創業の志に注目している企業は多い。しかし、これが創業当時と同じ意味で受け止められているか、あるいは受け止めてよいのか。また、その時代背景の中で語られていた理念をそのまま伝えたところで、今の時代に合った社員としてあるべき行動規範につながっていくのかは今一度見直すことが欠かせない。

ソニーグループの創業者である井深大氏が起草した「東京通信工業株式会社設立趣意書」にある「真面目ナル技術者ノ技能ヲ最高度ニ発揮セシムベキ自由豁達ニシテ愉快ナル理想工場ノ建設」という言葉は、長らくソニーの原点として組織の中で語り継がれてきた。その精神自体は今も通用するものであるが「ものづくりが主役」の発想が強く、今の時代にマッチしたかたちで進化させることが求められていた。

ソニー前社長平井一夫氏の著書『ソニー再生』によると、2010年代の経営危機当時にソニーのトップの座についた平井氏、その次のトップである吉田憲一郎氏は、この創業の精神を今日的に読み替えることを検討し、新たな「パーパス」として打ち出した。「クリエイティビティとテクノロジーの力で、世界を感動で満たす」というものである。ゲームやコンテンツ事業、そしてそれを実現するハードまでをつなげて「感動」を提供するのがソニーである、と再定義したのである。

こうした考えを組織に浸透させるには、OBたちから相当な反発があったという。しかし、粘り強く語り続けていくことで、マインドを変えることに成功した。

このように、企業理念について今日的な社会課題や自社の存在意義とリンクしているか、現場の第一線、昔を知らない若い従業員、そして世界中のあらゆる場所にいる人々にとって、さらには顧客や社会など外部のステークホルダーに伝えたときに理解できるものになっているかを改めて見直すことが欠かせない。

戦略、行動指針や業績評価とリンクしているか、今のカルチャーをどう変えることがパーパスの実現に不可欠なのか、組織をどう進化させる必要があるかなど、経営システムのあらゆる面から分析し、変化ポイントをあぶり出す。その上で、長期の時間軸を持って、変化し続ける環境に適合していける戦略、組織、人材、カルチャーに変わるためのシナリオを描く。その起点となるものがパーパスであり、未来を創造していく企業に変わるための大きな旗印となるべきものを固めることが必要なのである。

トランスフォーメーション・ジャーニーを泳ぎ切るポイント

長い時間軸の概念を持って成長のための基盤を再構築するトランスフォーメーション戦略のマネジメントとは、すでに述べた通り、レッドオーシャンを戦い抜くための競争戦略ではない。自社の長期的かつ持続的な成長を可能とする新たな市場を創造するためのシナリオを構築する戦略であり、それが実現できる組織やコアコンピタンスやカルチャーを再定義、構築する戦略である。

そのためにカギとなる戦略コンセプトを改めてまとめると、次のようになる。

①中計をゴールに回す経営　↓　長期の時間軸でダイナミックに変革する経営
②リターンが読める領域に張る　↓　将来を作る基盤に張る
③大きなマーケットからパイを取る　↓　これから作るマーケットで圧倒的ポジションを創る
④企業を支えてきた理念やコアコンピタンスにこだわる　↓　将来の世界における存在意

義や新たなコアコンピタンスを再定義する
⑤今の投資家からの支持を第一に据える　↓　自社の長期の変革にベットしてくれる投資家を中心に据える
⑥計画をきっちり立ててその通りに回せるオペレーショナルエクセレンスの高いチーム　↓　長期のトランスフォーメーションにオーナーシップを持てるチーム

つまり、一言でいうと、ものの見立てや発想のあり方を、短・中期から長期の時間軸、競争から創造、スタティックからダイナミック、に変え、そういう思考で変革をリードできるチームで動かす、ということである。

次章から、この時間軸のトランスフォーメーション戦略について、くわしく見ていきたい。

第1章

時間軸のトランスフォーメーション戦略のコンセプト

10年の時間軸を「3ウェイブ」で回し続ける

この章では、「時間軸のトランスフォーメーション戦略」の骨格をなすコンセプトと実現のために必要な手法について、全体像を概観したい。

序章でも述べた通り、トランスフォーメーションに成功した企業は、10年後に現在を振り返ったとき、まったく違う企業に見える。つまり非連続の変化を成し遂げたように見えるのである。

しかし日々の改革は、現在から未来に向かう連続性の上にある。この連続的な変化を着実かつスピード感を持って積み上げないと、10年後に非連続の変化を遂げたように見える企業にはなれない。つまり、現在から将来を見てみると、連続の中に10年後の将来が存在することがわかるわけだが、10年後の現在から今を見てみると、非連続なまったく違った企業に見える。新入社員が10年前の話を聞いて、そんな時代もあったんだ、と感慨深く答える。今と10年前では、ビジネスの形も組織・人材も経営基盤そのものもまったく違って見える、というような変化を起こすことが、世の中の変化のスピードを考えると必要である。

ここでは、長期の時間軸を10年と置き、その間に3ウェイブを同時並行で走らせて回していく、と定義しているが、10年・3ウェイブというのは、いろいろな企業を見る中での感覚的なものである。企業や業界によっては、それが20年にもわたる、もっとずっと長い道のりになることもあれば、明確に3ウェイブとはいえないケース、例えば2つ目のウェイブと3つ目のウェイブが重なっていることや、2つ目のウェイブがいくつものウェイブが積み重なって起きるケースもある。ただ、複数の事例を見てきた経験から、ざっくり、10年間を3つのウェイブで考える、という発想はあながち間違っていないのではないかと感じている。

リクルートのトランスフォーメーションの概略

例えば第2章でくわしく解説するリクルートホールディングスについて、ここで概観してみよう。

同社は2000年代半ばまで紙メディアの売上が大半を占めていた。その後、インターネットによるオンラインメディアへのシフトを見越して、あらゆる領域で転換に向けた仕掛けを行った。その過程においては、まず、紙メディアでの圧倒的なドミナントなポジションと収益力を活かした「紙とオンラインメディアのハイブリッド」で収益力を維持。その後、インターネットメディアが主流になった2010年ごろからオンライン中心のメディア事業にトランスフォームさせ、売上の大半がオンラインメディアによるものとなった。

加えて、2004年ごろからグローバル化へのチャレンジも開始し、様々な海外事業の立ち上げを試みている。当初はなかなか成果が上がらなかったが、多くの失敗を繰り返しながら、その学びを糧に、M&Aを含めて継続的な投資を続けた。その結果、2000年代末にはほぼゼロだった海外売上高が、2012年度には20%超となり、2016年度には全売上の40%を超えるに至った。

こうした大きな事業構造の変化は、成果が表れる前からすでに仕込まれている。そして10年という時間軸の中で、一つのウェイブを立ち上げつつ、その先のウェイブ、そしてさらにその先のウェイブと、「3ウェイブ」を同時並行で回していく。それにより、連続性を担保しながら、結果的に非連続に見えるほどのダイナミックな変化を成し遂げられるのだ。

リクルートの場合なら、紙メディアからインターネットメディアへのシフト、国内市場のみの事業から海外事業を含むグローバル事業の立ち上げ、さらにはメディア企業からIT企業への進化に向けたチャレンジと、3つのウェイブを回したことになる。それを10年後から見たとき、事業構造やビジネスモデルは大きく変革を遂げ、まったく異なるコアケイパビリティや組織マネジメント、人材を持つ会社に生まれ変わったように見えるのである。

また、最初の10年間の事業ポートフォリオ変革の間に、次の10年の仕込みもしながら、変革の歩みを止めることなく、現在も進化のチャレンジを続けている。特に近年は、人材領域での採用マッチングにおけるグローバルナンバーワンへ、さらには営業をコアコンピタンスとする会社からＡＩなどによるデータ活用のテクノロジーをコアコンピタンスとする企業へと、大胆なＭ＆Ａを活用しながらトランスフォームを続けている。

トランスフォーメーション・ジャーニーは10年で終わりではなく、その先の10年、さらにその先の10年を重ね合わせて、絶え間ない変化とポートフォリオの革新、競争力の源泉となるコアケイパビリティの変革を続けていくべきものである。

ユニ・チャームのトランスフォーメーションの概略

同様にユニ・チャームも、10年の時間軸でトランスフォーメーションのシナリオを描き、成長力を取り戻した企業である。

同社は１９６１年の創業以来、約40年間にわたり成長を続けていたが、２００１年度は１９７６年の上場以来3度目の営業減益に直面した。その最中に新社長となった高原豪久氏は、トップに就任する前後から抜本的な選択と集中に着手。「本業多角化、専業国際化」の方針のもと、まずは創業者であり前社長である父親が参入した多様な事業の整理を進めるとともに、国内の本業である不織布・吸収体事業の立て直しに挑んだ。

それと並行して、「アジアでナンバーワンになり、それによって将来はグローバルでナンバーワンになる」という大きな戦略ビジョンを構想。10年先のメガトレンドを読み、長期の時間軸で世界市場を捉え、グローバル化を加速させた。

高原氏は、ある講演でこう語っている。

「戦略プランを構築するのに、10年先の未来を『大づかみ』するのはそれほど難しくない。例えば晩婚化や少子化、高齢化などは、人口動態のデータを見れば高い精度で予測できる。それによって、今後世界のどの地域が市場として成長するかも読み取れる」

その言葉通り、ユニ・チャームは成長を実現できる市場を次々と開拓。市場を創造できるタイミングにさしかかった新興国エリアに段階的に参入し、自ら新しい市場を立ち上げることでエリアポートフォリオを拡大した。同時に、ベビーケア、フェミニンケアといった、若い世代が人口の主流を占める人口ボーナス期にあり、かつ比較的所得水準が低い段階の市場にマッチした領域から、シニア世代が増え、所得水準も高まっていく段階の成熟期を迎えた市場にマッチしたアダルトケア（ウエルネスケア）やペットケアといった領域へとシフトし、次のウェイブとしてさらなる事業を拡大し続けている。

それにより2010年3月期には、売上高は8期連続、営業利益は5期連続の最高益を達成。この間に海外売上高比率も10％程度から40％近くまで伸長し、2015年3月期には60

%を超える水準に達している。2000年代初めには2000億円規模だった売上高も、2010年度に3700億円まで伸び、2015年度には7000億円を超えるまでになった。長い時間軸で将来の成長に向けた変革のシナリオを描き、事業ポートフォリオのシフトを実現した、時間軸のトランスフォーメーション戦略のマネジメントを成功させた代表的な事例といえるだろう。

そのユニ・チャームでさえも、今の成功に甘んじることなく、さらにその先へとジャーニーを続けている。次の10年の生き残りと新たな成長に懸けるため、「Kyo-sei Life Vision 2030」を掲げた。これは、世界のSDGs達成に貢献することをパーパスとし、パーパスを具現化するためのミッション、ビジョン、バリューの3階層を明確にしたものである。

ミッションは『共生社会』の実現」であり、これをどのように実現させるのかを示したのが、「NOLA＆DOLA」(Necessity of Life with Activities & Dreams of Life with Activities) というビジョンである。「NOLA」とは「生活者がさまざまな負担から解放されるよう、心と体をやさしくサポートする」ことを、「DOLA」とは「生活者一人ひとりの夢を叶えることに貢献する」という想いが込められている。

そして、ミッションとビジョンを支えるのが、同社の全世界共通のマネジメントモデル＝バリューである「共振の経営」となっている。

このように、ユニ・チャームは2030年を見据えて「パーパス・ミッション・ビジョン、バリュー」をより強力に推進するため、次なるウェイブを回し始めているのである。

富士フイルムのトランスフォーメーションの概略

序章で少しだけ触れた富士フイルムホールディングスも、長い時間軸でトランスフォーメーションのシナリオを描き、それをすさまじい胆力で実現した事例である。

1990年代の終わりから2000年代初めにかけて銀塩フィルムからデジタルカメラへの急激なシフトが起こり、圧倒的な収益基盤だった銀塩フィルム事業が縮小する中、事業の構造改革を推進。既存事業をディスラプトすることにつながる、デジタルカメラ事業に参入することで収益を維持しつつ、コア技術を起点に自社のポートフォリオを広げることで、将来の成長を支える事業領域の拡大に積極的に投資していった。液晶フィルムやプリンター、医療システム・医薬品、化粧品といった新たな事業群を次々に立ち上げ、収益基盤を維持・拡大し続けたのである。

2000年6月に社長に就任した古森重隆氏は、競合に先駆けて液晶パネル事業に1100億円を投じ、一気にトップメーカーに躍り出ると、2008年には富山化学工業を約1370億円で買収し、医薬品事業に本格参入。2019年には日立製作所の医療機器事業を1

790億円で買収するなど、大型の投資を続けた。

就任直後の2001年3月期には写真事業が総売上の6割を超えていたが、退任直前の2021年3月期にはヘルスケアとマテリアル事業が売り上げの約半分を占める中核事業となった。医薬品や先端素材など将来の高成長を支える領域における確固たる基盤を築いたことにより、長期的なコアとなる新たな成長領域を確立しつつある。

これらの取り組みにより、事業収益と株価を維持しつつ、2010年代前半から新たな事業ポートフォリオを成長軌道に乗せることに成功。2021年、2022年3月期と連続して過去最高益を達成するとともに、長期的な成長基盤を築き、ポジションを確立したことを市場から評価された結果、マルチプルも上昇し、時価総額も過去最大を更新する。まさに、20年を費やした長期の時間軸でシナリオを描き、将来の成長につながる基盤確立への資源配分を大胆に、適切にシフトさせることで時間軸のトランスフォーメーション戦略を実現した好例といえるだろう。

味の素、10年の時間軸で描くトランスフォーメーション戦略

味の素も10年単位で成長戦略を見直している。同社が2020年2月に公表した「2030年の目指す姿」からも、10年時間軸でトランスフォーメーションを続けていることがよく

わかる。

2000年代前半は、動物栄養などのバルク事業が成長を牽引したが、中国勢の台頭によって同市場のコモディティ化が進み、2005年以降は減速。2010年代前半は脱コモディティで効率性向上を目指し、新興国の中間所得層の需要を取り込んだグローバル化で長期的な成長基盤を確立してきた。海外食品事業の技術力と地域密着のマーケティング戦略によって業績を伸ばしてきたが、2015年ごろから新興国の中間所得層の伸長鈍化と、ローカル企業の参入による競争激化に対応しきれず、伸び悩んだ。

そうした状況を受け、味の素は「アミノ酸のはたらきで、世界の健康寿命を延ばすことに貢献します」というメッセージのもと、2030年に「食と健康の課題解決企業」へと転換することを目指している。「おいしい」「安全・安心」といった従来のコンセプトに加えて、高齢化という課題を抱えている日本市場で磨き上げた「健康」という価値を上乗せしていく。

これを実現するために、「人財と組織のマネジメント改革」「健康を軸とした商品開発・マーケティングへの積極投資」「重点事業の効率性改善とアセットライト施策を進め、持続性のある収益構造を構築」という3つの柱と、それらを横断するDXにより業務改革を進めることを計画している。

このように、マクロのトレンドを読みながら、およそ10年単位で戦略を見直し、それにあわせたトランスフォーメーションを行っていることが、味の素の持続的な成長を支えているといえるだろう。

ここで取り上げたケース以外にも、ソニーグループ、AGC、コマツ、DMG森精機など、「長期の時間軸でのトランスフォーメーション戦略」を実践している事例はまだまだある。詳細については次章以降に譲るとして、トランスフォーメーションに成功した企業に共通するのは、10年を超える長い時間軸の中で複数のステージを乗り切ることの重要性や、それを実現するシナリオの必要性を理解していることである。私もコンサルタントとして様々な企業でトランスフォーメーション支援を行ってきたが、その経験からも長期の時間軸で戦略を組み立て、それを単年度のプランとマイルストーンとしての中期の目標とリンクさせて、経営層と現場を同じベクトルでつないで、粘り強く実行し続けることの重要性を強く実感している。

やはり最低でも10年の時間軸を意識し、投資に対する成果が生まれるまでの長い時間軸での投資が必要となる事業領域や、まだ完全には見えていない自社の将来を支える成長領域に必要な新たなケイパビリティ獲得、蓄積への投資を繰り返していくことが、未来の成長基盤を構築するためのトランスフォーメーションの実現には不可欠となる。

図表1-1　時間軸のポートフォリオマネジメントのイメージ

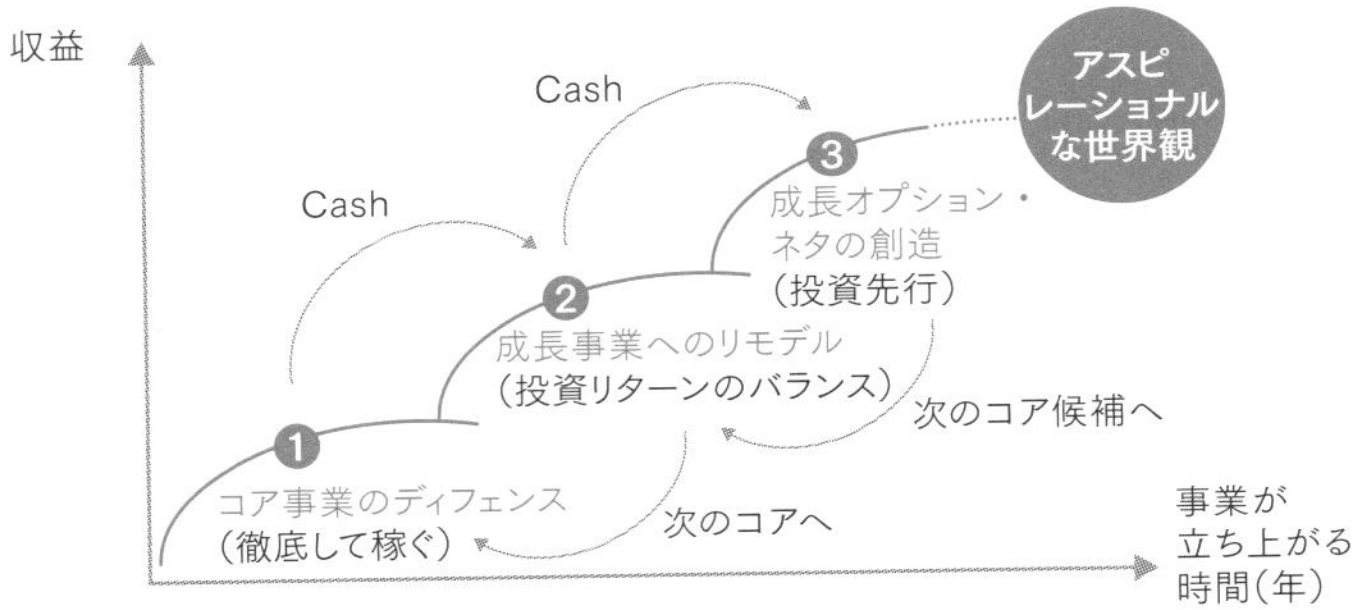

不確実性	低	中	高
ケイパビリティ	強い	足りない	ほぼない/見えない

3つのウェイブを同時進行で回す

そして、トランスフォーメーションを実行するには、すでに述べたように、10年（あるいはそれ以上）の時間軸で10年をつなぐ3つのウェイブを同時進行で回すことが重要となる。そのプロセスを図式化すると、図表1－1のようになる。

ここで経営に求められるのは、収益を生み出す時間軸の異なる事業領域のポートフォリオを描いて、それに基づいた投資マネジメントを行うことである。10年時間軸の中で、次の3ウェイブをつなぎながら回していくイメージを持つことが必要となる。

①コア事業のディフェンス（投資を抑えて徹

底して稼ぐ）

②次の周辺収益事業群の構築（リターンが勝ち取れる確率の高い投資にフォーカス）

③将来の持続的な成長基盤の創造（将来につながるオプションに先行的に投資する）

①コア事業で徹底して稼ぎながら、その先では②投資に対するリターンがある程度読める成長事業に投資し、短中期的にキャッシュフローを稼げる領域を立ち上げ、投資とリターンのバランスをとる。さらにその先では、③必ずしも確実にリターンが読み切れないが、自ら市場を創り上げ、圧倒的なシェアを獲得できる可能性のある領域、実現に必要なアセット、ケイパビリティに対し、マネージ可能なリスク範囲を見極め、投入可能な資源を最大限に振り向ける。

トランスフォーメーションに成功している企業は、変革の長い時間軸をこうした複数のウェイブを描いて途切れさせることなくつないでいくことで、成長のためのトランスフォーメーションを実行しているといえる。

10年時間軸のトランスフォーメーション　実現のための5ポイント

ここからは10年の時間軸で3ウェイブを回すための要諦について解説したい。長期的なト

図表1-2　時間軸のトランスフォーメーション戦略のイメージ

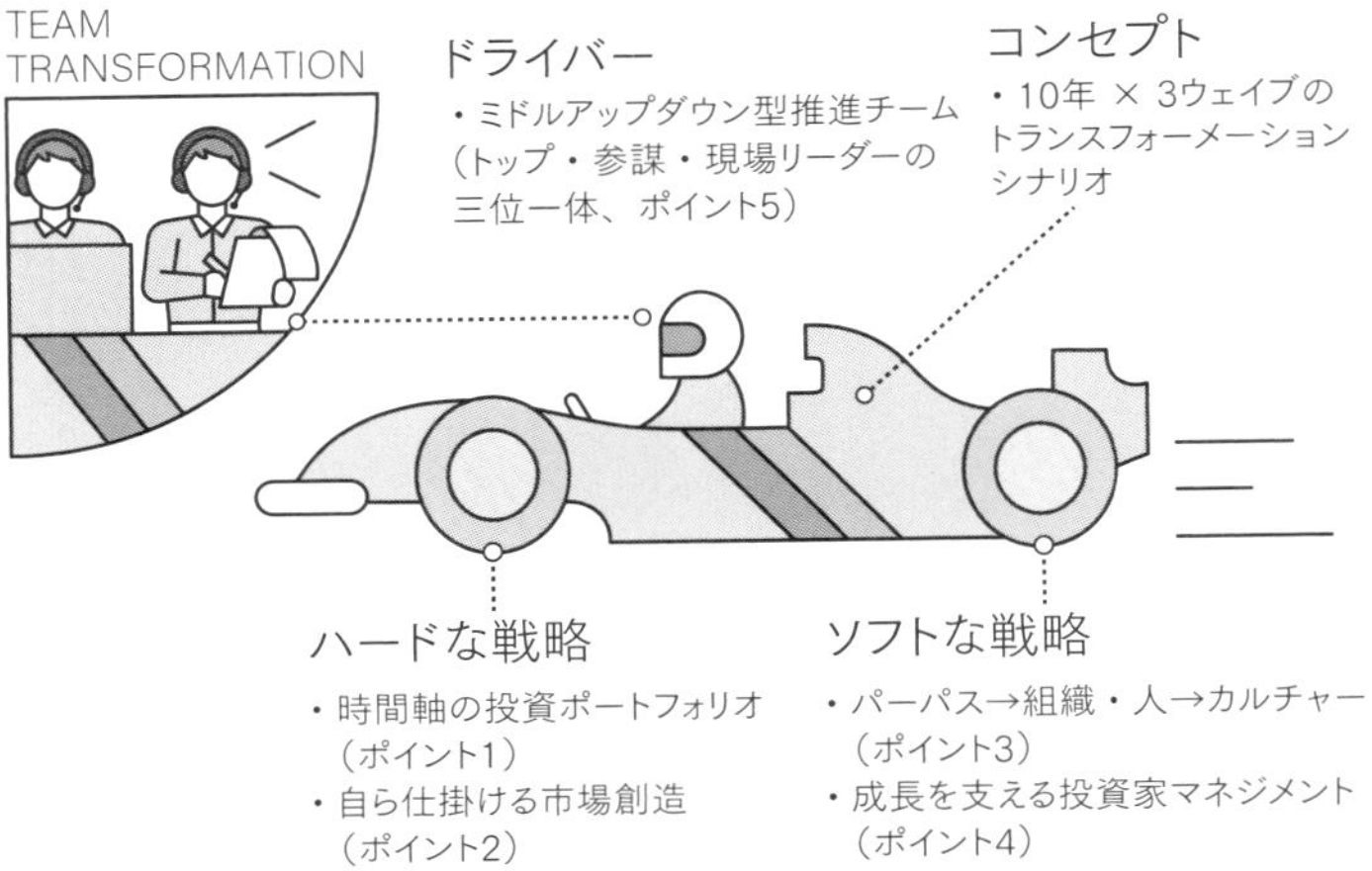

ランスフォーメーションを実現するために経営として具備すべきポイントは、以下の5点である。

ポイント1：長期時間軸の投資ポートフォリオマネジメントのフレーム

ポイント2：競争戦略に陥らない自ら仕掛ける市場創造戦略のアプローチ手法

ポイント3：ビジョン・ミッション・戦略とつながり、カルチャー変革を実現するパーパスのあり方

ポイント4：将来の成長価値への期待と信頼を生み出す投資家マネジメント

ポイント5：次世代と現場を巻き込むミド

ルアップダウン型のリーダーシップチームの組成

それは自動車にたとえるならば、図表1－2のように10年時間軸というコンセプトをボディに、ハードな戦略とソフトな戦略を前輪、後輪として連動させ、それを長期につないで実行していくドライバーとエキスパートがチームとなり、長時間の耐久レースを走り切るイメージである。

それでは、この3ウェイブを実現するための5つのポイントについて、順に見ていこう。

ポイント①長期時間軸のポートフォリオマネジメント

時間軸の異なる資源配分と投資評価のフレームワークを持つ

投資ポートフォリオマネジメントでは、「時間軸×リスク（成功の不確実性）」のフレームでシナリオを描くことが必要となる。

当然のことながら、既存の事業領域における経験値は高く、投資に対して期待できるリターンも読みやすい。つまり成功の不確実性が低く、自社が持つアセットや組織的なケイパビリティも活用しやすい領域である。これが先ほどの「①コア事業のディフェンス」における投資領域となる。

現在のコア事業に隣接した市場で、現状のアセットやケイパビリティをどう活用すべきかが一定程度イメージできる領域は、自社にとって次の事業機会になる可能性が比較的高く、手堅い戦略を組むこともできる。この領域に投資する場合、成功の不確実性は中程度で、投資に対するリターンが回収できるのは3年から5年ほどで済むケースが多い。これが「②次の周辺収益事業群」の投資領域である。

とはいえ、投資の成功確率は既存領域への投資に比べると低くなり、難度は高くなる。リクルートの事例でいえば、紙メディアの一部を市販誌からフリーペーパーに置き換えていくことや抜本的にインターネットメディアにシフトしていくチャレンジがこの領域にあたる。

その先の時間軸にあるのが「③将来の成長オプション・ネタの創造」のための投資である。このチャレンジはほぼ未経験の未知の領域に踏み出さなければいけないものである。従って成功の不確実性はぐっと高まり、投資に対するリターンの不確実性も極めて高く、収益化を実現する時間軸もずっと長くなる。新たな成長につながる領域を開拓し、新市場で成長できる実感が生まれたとしても、自社の将来を支えるコア事業として育つまでには、やはり10年

図表1-3　時間軸 × リスクでポートフォリオを形成し投資マネジメントするフレーム

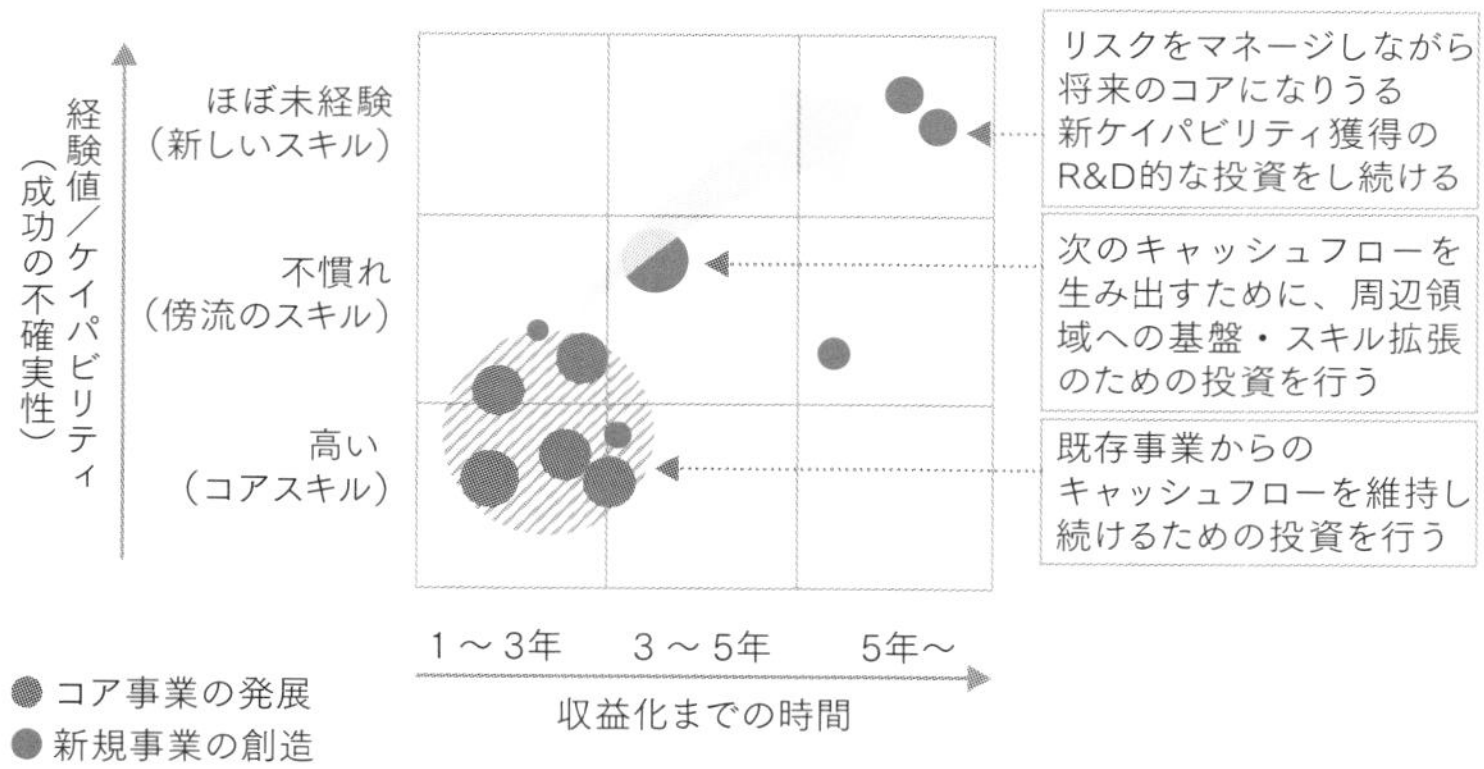
経験値／ケイパビリティ（成功の不確実性）
ほぼ未経験（新しいスキル）
不慣れ（傍流のスキル）
高い（コアスキル）
リスクをマネージしながら将来のコアになりうる新ケイパビリティ獲得のR&D的な投資をし続ける
次のキャッシュフローを生み出すために、周辺領域への基盤・スキル拡張のための投資を行う
既存事業からのキャッシュフローを維持し続けるための投資を行う
1～3年
3～5年
5年～
収益化までの時間
コア事業の発展
新規事業の創造

の時間軸が必要となる。

リクルートの事例でいえば、グローバル化による未来の新たな事業基盤構築を目指したことがここにあたるだろう。

新たな領域を自社のコア事業に育てるには、アクハイアリング（買収＋雇用）という造語も生まれているが、社内にはないケイパビリティやアセットの獲得が不可欠だ。リクルートがそれまでまったく知見のなかったグローバル事業に足を踏み入れたり、ITカンパニーに変貌を遂げるために、データを活用したテクノロジードリブンの事業を展開するインディードを買収したというのも、そのためである。

以上をフレームワークにまとめると、図表1-3のようになる。

リターンの生まれる時間軸を短期・中期・長

期と横軸にとり、投資に対するリターンの確実性／不確実性の違いを縦軸にとる。そして「既存事業への投資」「隣接領域への投資」「新しいケイパビリティの獲得および新市場創造へのチャレンジが必要な領域への投資」をセグメントし、投資ポートフォリオを戦略的に定義して、状況に応じて軌道修正しながら適切にマネージすることが必要となる。

3つの異なる時間軸の視点

その際に忘れてはいけないのが、短期、中期と長期の3つの異なる時間軸の視点を持つことである。

クレイトン・クリステンセン教授が『イノベーションのジレンマ』で指摘したように、経営が短期のリターンを求める投資家の目線だけを気にすると、最もリスクの少ない領域だけにすべての投資を集中させることになる、というのは序章でも述べた。既存事業の収益構造を改善するための投資や単純なスケールを求めるための企業統合、あるいは新たな設備投資など、リターンが読めて不確実性の低い領域だけに経営のマインドシェアと資源配分が偏ってしまうのである。

その結果、いったんは収益力を回復するものの、その先の成長につなぐための投資がないため、結局はすぐに息切れして縮小均衡のサイクルに陥る。

かといって、将来の成長だけにすべての投資を注ぎ込むのは、博打《ばくち》と同じである。10年後に大きな市場へと育つ可能性を秘めているかもしれないが、今は収益化の可能性が確実には見えない世界に一点張りして企業の屋台骨を揺るがすような多大な資金を投じるのは、企業にとって自殺行為でしかない。

だからこそ10年時間軸で3つのウェイブを回すことを意識し、不確実性と時間軸の2つの視点で投資ポートフォリオを形成し、マネージしていく経営が重要となるのである。

ポイント②競争戦略に陥らない市場創造戦略のアプローチ

市場創造を戦略シナリオの中心に据える

次に、2つ目のポイントである「市場創造戦略のアプローチ」の手法について述べたい。

ブルーオーシャンを切り開くためには、市場が立ち上がる際の「S字カーブの前倒し」が重要である。企業の革新的なプロダクトやマーケティングなど市場に変化を及ぼし、消費者や顧客や社会に行動変容を生み出すようなイノベーションを自らの努力で実現できるならば、市場の萌芽のタイミングを前倒しし独占的な市場を創り上げることができる。さらに、通常なら市場が完全に立ち上がるまでに7~8年かかり、利益を生み出す市場になるまで10年かかるところを、3~5年で市場を立ち上げ、7~8年で利益を生み出せることができるならば、圧倒的なポジションを維持し続け、高い収益性を実現できる市場を築くことができる。

そのためには、自社が挑むべきチャレンジを具体的に定義する必要がある。需要創造を促進するためのキードライバーは何か、どのようなテクノロジーやビジネスモデルの革新がこのイノベーションを実現するのか、それをどのように世に示すことで潜在的な受益者の行動変容を引き起こすことができるのか。これらを見定め、誰よりも早くチャレンジに乗り出し、適正な投資を続ければ、S字カーブの前倒しは可能になる。

チャレンジとは、一般的に信じられていることや過去の経験から当たり前だと思われていることに切り込み、常識を覆す取り組みである。ここでカギとなるのが「メガトレンド」と「ティッピングポイント」を見立てる能力である。

例えばユニ・チャームは、グローバルな人口動態の変化に着目した。自社の潜在的なターゲットユーザーとなる新興中間層の人口が増えていくのはアジアである。その絶対的な人口の変化はスローであったとしてもいずれ欧米を中心とした現在の先進国を抜くことになる。さらにその先には中近東やアフリカの新興中間層が控えている、という長期のメガトレンドに狙いを定めてアジアフォーカスを決めた。

さらに、インドネシアでは「新興国では一定の所得水準を超えないと需要は生み出せない」という常識に切り込み、新興中間層に生まれつつあった、「赤ちゃんとお出かけ」という機会を捉え、紙おむつの需要を創造した。中国では、働く女性の社会進出という機会における潜在ニーズを先読みして、ビジネスシーンに最適な、価格は高いが働く女性が待ち望んでいた生理用品の市場を創造することに成功した。このようにメガトレンドを読み、ティッピングポイントをつかむことで、S字カーブの前倒しを実現させた。

リクルートはインターネットというテクノロジーの進化が消費者の情報探索の行動を大きく変える、という変化をいち早く捉え、リクルート自身が創り上げた圧倒的なシェアを誇っていた紙媒体の広告市場を、インターネットビジネスに置き換える戦略を先んじて仕掛けた。自社の紙媒体を自らリプレイスすることで、ネット広告の世界においても圧倒的なシェアを手に入れたのである。

インターネットが生み出す市場の変化というメガトレンドを読み、それが消費者や企業の行動変容を促すタイミングを周到に読みながら、先にその流れが訪れると読んだ領域から紙とネットの併存、そして最終的にはネットへの完全シフトを自ら先んじて仕掛けて実現していった。消費者、顧客企業、社会の変化の潮目、つまりティッピングポイントを逃さずに自ら紙媒体のディスラプトを仕掛けて、S字カーブを前倒ししてネット広告市場を立ち上げたのである。

どちらも自ら戦略を仕掛けなければ、外部のプレイヤーに先を越され、自らの手で市場を創造することも、圧倒的なポジションを確立して長期的な売上、利益の拡大を享受し続けることもできなかっただろう。もしリクルートがそれまでの紙メディアの圧倒的なシェアや素晴らしく高い収益性に囚われて、紙媒体による収益を守るためだけに投資を続けていたら、すでにユーザーベースを抱え始めていたヤフージャパンやグーグル、あるいはインターネットという新しいテクノロジーをよく理解するベンチャーなどのプレイヤーに先に市場を創られて、彼らに独占的ポジションを確立され、紙媒体の事業は完全にディスラプトされていた可能性が高い。

ディスラプターの脅威に打ち勝つには、自らが既存市場のディスラプターとなることを恐れず、ブルーオーシャンを切り開くしかない。自社のコア事業を「カニバる」（自社内での競合を起こす）ことになるのでは、という懸念を感じる領域ほど、イノベーションのジレンマで一歩遅れた場合に、すべてを失うリスクが高い。

一方、カニバる領域というのは、今までの基盤や知見を誰よりも活用できるアドバンテージを発揮しやすい領域ともいえる。ここに新たなケイパビリティを取り込んだ上で、先に市場創造と自社のコア事業のディスラプションを仕掛けられれば、その成功確率は高くなると考えられる。

いつかは来る未来を待つのではなく、自分から仕掛けて誰よりも先にS字カーブの立ち上げを主導し、新たな需要を生み出し、そして市場のニーズの変化を先取りし続けて、「早い、長いS字カーブを自ら創り出す」ことがポイントになる。このチャレンジが脅威に打ち勝ち、大きな機会をつかみ、持続的な成長力を再生する10年時間軸のトランスフォーメーション戦略において不可欠である。

市場創造において求められる視点

新たな市場を創造するには、マーケットをクリエイティブかつユニークな切り取り方で再定義する視点が求められる。

一見すると成熟しているように思える市場でも、これまで業界が勝手に線引きしていたドメインを定義し直せば、新たな需要を生み出す領域を切り取ることができる。

今はごく小規模だが、その商品やサービスが実現する世界観に価値を感じて、熱狂的に支持してくれるユーザーが存在する市場を見つけること。そして、ユーザーが価値を感じる背景と支持するロジックを理解すること。さらには、その背景にある時代の変化の兆しが将来は主流になるかもしれないとイメージし、何が変化を促進するドライバーになるかを想像すること。潜在的な将来の成長市場を切り取るには、これらの視点を持ってイマジネーションあふれるシナリオを描かなければいけない。

加えて、人口動態の変化、変曲点やテクノロジーの進化、さらにはレギュレーションの変化、規制緩和の可能性に対する理解も欠かせない。今後どのマーケットでどのような構造変化のドライバーが生まれ、今までの競争優位の軸やコアコンピタンスに革新的なディスラプションが起きるか。あるいは、今まで解決できなかった、どの社会課題が何の変化により、どのような形で解決される可能性があるか、あるいは市場として成立しえなかったものが市場になりうる可能性があるのか。どのように顧客の行動変容が起きうるのか。そうした「What if」で高い想像力を働かせ、これがこうなったらこうなるかも、というシナリオドリブンで市場の将来を捉えることが必要となる。

シナリオを作成するときに重要なのは、世の中の大きな構造変化、すなわちメガトレンドを正確に捉えることだ。

自分たちの業界や会社のバリューチェーンの範囲内でものを考えるのではなく、外の世界まで視野を広げて思考を巡らせ、想像力を発揮する。自社が所属する産業の枠を超え、消費者、生活者に対して自社が価値提供しているプロダクト領域や手法も超えて、もう一段大きなスコープで社会課題解決の可能性を考えてみることが必要だ。

つまりEnd to Endで市場をワイドに捉え、自社のコアドメインを拡張したり、組み直したり、ドメインの切り取り方を再定義する視点が求められる。

コラム❶ 市場を再定義する際にヒントとなる切り口

ドメインを再定義し、新しい市場や自社の存在領域を見出し、そして変化の起きる潮目、ティッピングポイントを見極めるには、ヒントとなる切り口をいくつか持っておくといい。

「タイムマシーン経営」という言葉でよく語られるように、「時間差への着目」は一つの有効な切り口となる。具体的には、次のような時間差が着目点になる。

遅れてくる国

「日本は米国に比べてデジタル領域で3年遅れている」といったように、変化が遅れてやってくる国がある。そこに着目し、「先行する国で起きていることが、なぜ遅れてくる国では今起きないのか」「どのような条件がそろえば、その国で新たな市場が立ち上がるのか」を考えれば、遅れてくる国において自社が新たなS字カーブを立ち上げるためのシナリオが描ける。国ごとの違いは、慣習や規制、インフラ、経済環境などの差異から生じるため、遅れてくる国を変化に適合させるための解決策を見出すことが、新市場創出のヒントとなる。

遅れてくる業界

同様の時間差は、業界ごとにも生じる。自社が遅れてくる業界に属しているなら、先行する業界で起こっている変化に目を向け、「何が変わればこの業界にも同様の変化が起きるのか」を考えることが手がかりとなる。規制や古い慣習が多い業界ほど変化が遅れてくるため、課題解決策を見出せる可能性は高い。逆に新たな規制が課せられる可能性のある業界においては、他の規制産業における競争のルールがどう違うのか、を理解することで、新たな規制が入るとゲームのルールが今とどう変わるか、それにより競争を左右する要因や必要なコアケイパビリティがどう変わるのかを考えることに有用であろう。

遅れてくるセグメント

大企業ではデジタル化が早く進んだが、中小企業では遅れてくるといったように、セグメントによる時間差もある。その理由が「大企業は資金面で余力があり、組織やオペレーションに合わせてシステムソリューションを最適化できるため」という理由だったならば、ＩＴベンダーがＳＭＢ市場で同じサービスを提供するのはコスト面で難しい。

よって中小企業に対しては、マス・カスタマイゼーションによるパッケージシステムや、オンプレミスではなくクラウドによるサービス提供など、ユーザー企業のコスト構造に合ったビジネスモデルを開発することで、ロングテールの獲得、さらにはプラットフォーマーになれる可能性が出てくる。最近では、小規模事業者に提供されていたコスト優位でアセットライトなSaaS型のサービスを大企業に提供し、従来の企業ごとに個別最適化されたシステムがディスラプトされる逆パターンも多く見受けられる。

遅れてくるテクノロジー

これまで製造や営業といった労働集約型業務のウエートが高い領域では、業務をインターネット上やリモートですべて完結できる領域に比べて、テクノロジーの活用が遅れていた。しかし今後は、AIやロボティクスなどの活用により、人を介在していたオペレーションの自動化・効率化が劇的に進むと予想される。従来はテクノロジーが追いついていなかった、あるいはコスト的に人力のほうが有利であった領域に着目することで、新たな市場を創出するチャンスを見出す可能性がある。

もう一つの有効な視点が、ブルーオーシャン戦略における「バリューイノベーション」だ。これは差別化と低コスト化を同時に実現するための概念であり、ブルーオーシャンを切り開くための土台となる考え方である。

バリューイノベーションでは、「4つのアクション」によって、価値要素のドラスティックなトレードオフを実行する。

・業界の常識として既存の製品・サービスに備わっている要素のうち、取り除くべきものは何か
・業界標準と比べて、思い切り減らすべき要素は何か
・業界標準と比べて、大胆に増やすべき要素は何か
・業界でこれまで提供されていないが、今後付け加えるべき要素は何か

この4つの問いから投資する要素を絞り込み、新たな価値提案（バリュー・プロポジション）を打ち出して、自社の商品やサービスを熱狂的に支持するユーザーを獲得する。それがバリューイノベーションの考え方である。

これらの視点や切り口から市場創造戦略を構築し、誰よりも先にターゲットとする領域への投資を仕掛ければ、レッドオーシャンに迷いこむことはない。長期的に成長を実現できるブルーオーシャンへ泳ぎだし、市場で独占的なポジションを確立することが可能となるだろう。

ポイント③パーパスを戦略とつなげ、カルチャーまで変革する

パーパスドリブンでカルチャートランスフォーメーションを実現する

戦略的なフレームワークを持ち、シナリオを組み立てることと並行して、必要となるのが組織・ケイパビリティの再定義および変革である。強い駆動力を持って変革を実行していくには、このソフトな側面の取り組みが不可欠となる。

その際に1つ目のカギとなるのが、パーパスドリブンでカルチャーそのものをトランスフォームしていくこと。パーパスと戦略を連携させ、両者の一貫性を担保しながら、最終的にはパーパスをカルチャーにまで昇華させることが重要となる。

2つ目のカギは、事業成果およびチーム・個人を評価するための価値基準を再定義すること。そして経営層が基準に則って評価し、組織への一貫したコミュニケーションを図っていくことである。

パーパスとして目指すべき企業像と自社の社会的な存在意義を再定義したのち、それを実

現していくには、従業員の意識、計画、活動、評価など、組織や個人の行動におけるプライオリティのあり方を過去の成功体験から解き放ち、しがらみを断ち切って、新たな成功の定義に整合した意思決定とオペレーションに変えなければいけない。この変革を強力に後押しするには、組織、個人としての価値基準を再定義することが欠かせない。

さらには、経営が新たな価値基準に適合したメッセージを発信することも重要だ。ここで不適合が起こると、企業変革の実行を目指してモチベートされていた従業員ははしごを外されたと感じ、トランスフォーメーションはすぐに頓挫する。

短期的な構造改革であれば、無駄を省いて筋肉質になるというゴールが明確なので、何をもって成果を評価すべきかもわかりやすい。よって、事業・機能単位の成果やチーム・個人の成果を測る価値基準をセットすることも比較的容易である。

しかし、その先で変革の2つ目や3つ目のウェイブを仕掛けていく場合、それを担う組織やチーム・個人に対してどのような評価指標を新たに定義すべきか、どんなメッセージを発していくのかを定めるのは、経営層にとって難しい意思決定となる。

それでも腹をくくって意思決定し、パーパスと連携した戦略の構築・実行・評価のサイクルを回し続けることが必要だ。すると組織で働く人たちは「この会社では何が評価され、尊敬されるのか」を理解し、それが深い共通認識となって、最終的には暗黙知化した行動規範に昇華される。その時にようやく「新たなカルチャーへのトランスフォーメーションを成し遂げた」といえるのである。

パーパス、ビジョン・ミッション、戦略、価値基準、カルチャーをリンクさせる

前述の通り、パーパスは戦略との一貫性が求められる。パーパスとしてキャッチーで訴求力のある世界観を社内外に示すことは重要だが、同時にそれが自社の戦略的な勝ち筋とどうつながるのかを明らかにし、それを勝ちパターンとして定義しなければいけない。勝ちパターンを定義するとは、新たなコアコンピタンスを明確化することであり、コアコンピタンスを実現するために不可欠な組織としてのケイパビリティを再定義することである。

今日ではESG（環境・社会・ガバナンス）やサステナビリティを企業のパーパスとして掲げるケースが増えているが、きれいなパーパスだけを先に描いても、納得性のある戦略とのリンクは組み立てられない。パーパスを定義したら、それを企業の持続的なビジョンやミッションに置き換え、戦略に落とし込んで実行する。あるいは先に、自分たちがやりたい戦略がおぼろげながらでもあるのならば、「なぜ自分たちはその戦略が大事だと思っているのか」「自社がそれを実現したら、社会にどのような価値を提供できるか」を考え、そこからパーパスへつなげていく。このパーパスとビジョン・ミッションを戦略としての勝ちパター

ンと接続してどう形式知化するか。さらにはその勝ちパターンに沿った検討や実行に落とし込み、回し続けるためには、何を大事なKGI／KPIとおいて評価指標に落として込んでいくのか。そしてそのPDCAを回し続ける中で、組織、人の行動において何が最も重視される価値基準なのか――以上について全従業員が理解することで、それが新たなカルチャーを形成していくことにつながっていく。この、「パーパス～ビジョン・ミッション～戦略～価値基準」のリンクを作り上げ、PDCAのサイクルを通して、カルチャーのトランスフォーメーションにまでつなげていく日々の活動が欠かせない。

この組み立ては、企業にとってかなり難度が高い。パーパスの設定はいまや企業の間で流行となっているが、本当に難しいのは、働く人たちがパーパスを信じ、それを自らの行動規範として日々の判断基準や活動にリンクする組織にすることである。

それを実現するには、カルチャーという推進力が必要となる。従業員の行動規範をルールとして明文化するだけでは、自律的に回る組織にはならない。

全員がまず頭でパーパスを理解し、経営層が評価やメッセージで行動として示し、働く人たちが「この会社ではどう行動するのが正しいのか」を肌で感じて納得し、最終的に暗黙知として皆が共有する。こうして新しいカルチャーが醸成されるところまで持っていくことが必要である。

強固なカルチャーを有する企業は、縦・横・斜めでの連帯や相互評価が可能なフラットな組織となり、日々の仕事がアジャイルかつスパイラルに進化を遂げながら回るので、イノベーションも生まれやすい。ただし繰り返しになるが、暗黙知のレベルまで昇華させるのは極めて難しい。

スタートアップなら、ゼロからカルチャーを創り上げればいい。だが既存の大企業には過去の成功体験があり、大事にしてきたものがたくさんある。パーパスを再定義し、評価の価値基準から日々の活動のあり方まで変わるためには、従業員は今まで磨き上げてきた仕事のやり方やオペレーション、そしてそれを支える考え方やインセンティブをゼロベースで見直し、従来の判断基準やオペレーションのあり方を破壊し再設計しなければいけないことも出てくる。

しかも一方では、1つ目のウェイブとして既存のコア事業で稼ぐ必要がある。こちらでは、過去の成功体験やこれまでに培った資産を最大限に活かして、できるだけ多くの収益を上げることが求められる。

相反する2つの目的がある中で、新たな世界観を示してカルチャーそのものを変革していく。それは確かに大きな困難を伴うチャレンジではある。しかし企業が10年時間軸のトランスフォーメーションを実現するには、カルチャーそのもののトランスフォーメーションは決して避けて通れない道であることを理解しなければいけない。

ポイント④将来の成長価値への期待と信頼を生み出す投資家マネジメント

ステークホルダーを味方につける

10年後の成長を支える事業ポートフォリオを創り上げるには、将来の競争優位の源泉となるコアコンピタンスの再定義と、それを支える新たなケイパビリティの定義・獲得が必要となる。従来のコアケイパビリティから強みとして活きるものを生かしつつ、どのようにして新たなコアケイパビリティを融合し、新しいコアコンピタンスを持った企業へと進化させていくかを考えなければいけない。

新たな人材とケイパビリティを獲得するには、自ら人材を獲得して新たに創り上げるのか、M&Aやジョイントベンチャーの活用やエコシステムを構築するのかなど、様々な選択肢がある。何を選択するかについては、戦略実現における近道は何か、何が自社の固定観念を打破する上で有効なのかを考える必要がある。一方で、自社として取るべきリスクをコントロールするために今までの考え方、やり方の何をどう変えてマネジメント、ガバナンスしなければならないのか、そのために何の準備を並行して進める必要があるかを考え、綿密なシナリオのプランニングを行うことが必要となる。

新たなケイパビリティの獲得を伴う新領域創造のための投資においては、経営層が投資家をマネジメントする能力を備えていることも重要となる。キーになる外部ステークホルダーである投資家に対し、成功が不確実で長期にわたる大きなチャレンジに挑むことを納得してもらい、支持を得られなければ、トランスフォーメーションを成功に導くことは難しい。

投資家からすれば、「成功するかどうかわからない領域に投資するくらいなら、配当に回してくれ」とか「自社株買いで株主還元して株価を上げてほしい」と要求をしたくなるのもよくわかる。特に短期のリターンを求める投資家は、その傾向が強い。

それに対し、経営層はどのような長期的な戦略を描き、企業をトランスフォームさせていくのか、それがどういう投資家にとってどう魅力的なプランなのかの説明責任がある。なぜ短期的なリターンを求める投資家の要求に応えることよりも、将来の新たな成長領域への投資に賭けた方がいいのか。たとえ不確実性が高いとしても、なぜチャレンジすべきなのか。これらの論点について説得力を持って語り、企業の長期的なトランスフォーメーションのビジョンを支えてくれる投資家を増やすことが求められる。つまり、長期の戦略を支えてくれる投資家層に投資家のポートフォリオそのものをシフトしていくことが必要となる。

投資家マネジメントを怠り、投資家を無視して長期のトランスフォーメーションを推し進めようとすれば、すべての投資家から見放される。そうなれば、経営者はその地位を追われることになるだろう。経営層が内部はもちろん外部のステークホルダーを味方につける力を備えていることも、組織として不可欠な重要なケイパビリティである。

TSRマネジメント

長期的な株主価値の向上に対して、何が有効な戦略変数となるのか。昨今では、TSR（株主総利回り）を分析し、投資家が評価する要素を的確に捉えられれば、戦略を株主価値の創出に結びつけられるようになる、と考えられている。

TSRは通常、株式投資による収益（キャピタルゲインとインカムゲイン）を投資額で割って算出するが、単純に株主にどれだけ還元したかを示すだけの指標だと受け止めている人も多い。しかし、企業が株主リターンについて競合他社と比較した上で目標TSRを設定し、それを実行するための事業戦略、財務戦略を策定し、資金調達活動やIR活動を行う、という一連の取り組みを行うことで、戦略策定や経営に有効に活用できるのである。

TSRの構成要素には、キャピタルゲインとインカムゲイン、利益成長、バリューエーショ

図表1-4　TSR（株主総利回り）の計算方法

TSRは株主にとってのリターンである「株価上昇」と「配当」を合算した指標であり、企業価値創出を測るためのモノサシ

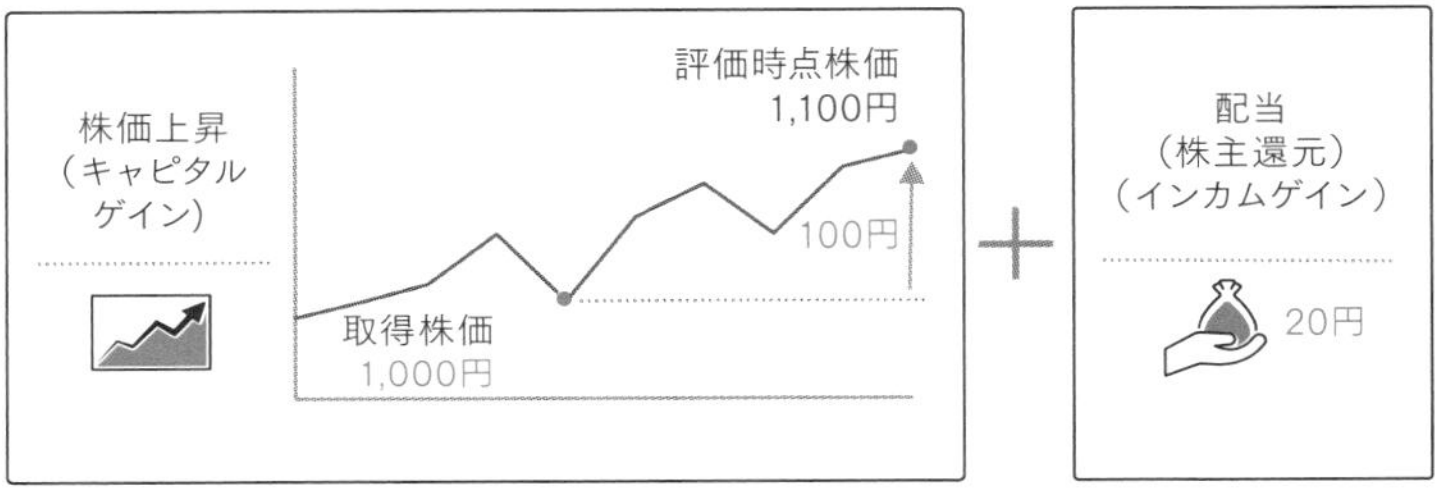

$$\text{TSR} = \frac{\text{株価上昇} + \text{配当}}{\text{取得株価}} + \frac{100\text{円} + 20\text{円}}{1{,}000\text{円}} = 12\%$$

ン・マルチプル変化、フリーキャッシュフロー利回りなどがある。このうちマルチプルは、ごく単純にいえば株価が企業の単年のリターンの何倍で取引されているかを示す指標だ。PER（株価収益率）、EV（企業価値）・EBITDA（利払い・税金・償却前利益）倍率などがその代表例だ。いずれも競合他社と比較しつつ、自社の潜在的な成長力、リスク、利益の質、競争優位の持続可能性などの諸要因について、投資家がどう評価しているかが反映される。

マルチプルには将来の利益とリスクに関する広範な情報が織り込まれている。その結果、一見するとランダムな動き方となり、「この施策を打てば成果が出る」という直接的な因果関係が見えにくい。マルチプルは「市場が決めるもの」であり、経営上の有効な打ち手はないと思っている人も多

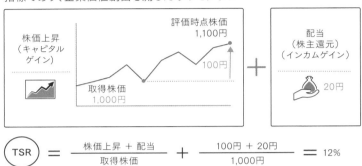

図表1-5　TSRはキャピタルゲインとインカムゲインの合計

まとめ：TSRはキャピタルゲインとインカムゲインの合計であり、
キャピタルゲインは利益成長とマルチプル変化の掛け算で決まる

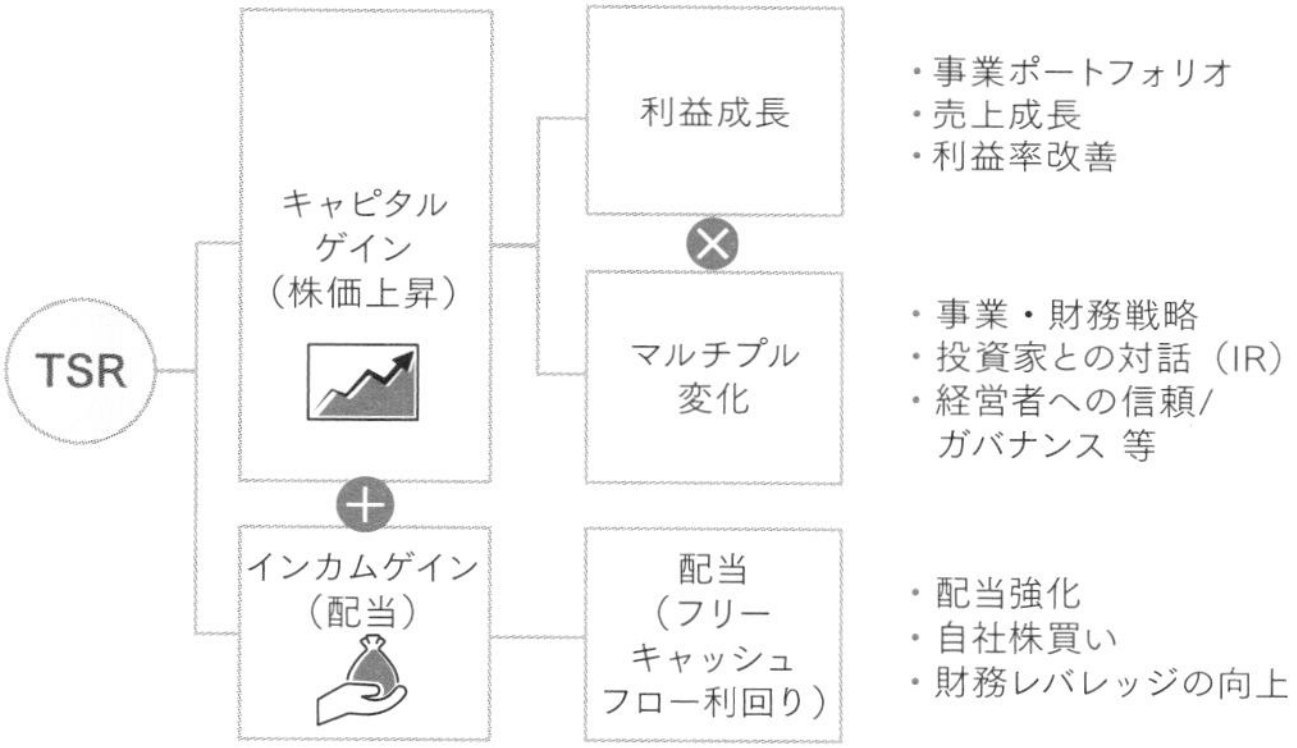

い。

　実際には、マルチプル変化はランダムでも、コントロール不能でもない。例えば、ＢＣＧでは重回帰分析を用いた独自モデルを作成し、売上成長や粗利率など、マルチプルの変化と関連の深い要因を割り出し、「定量的」な数値に落とし込む仕組みを持っている。

　図表１－６に示した通り、マルチプルを決める戦略レバーとして、特に成長性・収益性の影響が見られることが多い。伸びる市場にポジションを築いており、今後の成長性が期待できる企業ほど、マルチプルは高く評価されやすい。また、収益性が高く、資本投下に対して効率的に利益を生み出す企業ほど、マルチプルが高く評価される傾向にある。

　ＴＳＲで測った自社の立ち位置、さらには

図表1-6　マルチプルを決める戦略レバー

なお投資家の期待値を反映するマルチプルは、様々な戦略レバーによって
決まるが、特に成長性・収益性の影響が見られることが多い

マルチプルを決める戦略レバー	一般によく影響が大きいとされる要素
・事業の成長性/収益性の向上 ・事業/財務リスクの低減 ・事業の持続性・安定性 ・キャピタル・アロケーションの最適化 ・適切な投資家構成 ・投資家との積極的な対話（IR） ・経営者への信頼/ガバナンス強化	成長性： 伸びる市場にポジションを築いており、今後大きな成長が期待される企業ほど、マルチプルが高く評価されやすい ・市場のTAMの大きさ・成長性 ・市場におけるシェア・ポジショニング ・自社の成長余地の大きさ・成長スピード 等 収益性： 収益性が高く、投下資本に対して効率的に利益を生み出す企業ほど、マルチプルが高く評価されやすい ・企業の競争優位性 ・変動費⇔固定費構造 ・必要投下資本の大きさ 等 成長性と収益性のどちらがより強く影響するかは、業界やその成熟度によって異なる

各構成要素における競合企業との差を把握することで、自社はどこが弱く、改善の余地があるのか、成長機会があるのかを整理する。

これにより、投資家コミュニケーションにおいても、中長期的なTSRの向上を目標に成長戦略を設計し、ストーリーに沿ってステップごとに語り、それがTSRにどう影響してくるのか、定量的な数値に落とし込んで具体的に伝えることが可能になるのである。以下に、具体的な例を示したい。

経営層の投資家マネジメント力が企業の未来を拓く

長期的なトランスフォーメーションの

成功事例を見ると、どの企業も例外なく、世代をまたいで絶え間ない変革を続けている。

リクルートホールディングスもその一例で、2014年の上場以降、投資家への適切なコミュニケーションとマネジメントによって長期的な成長に軸足を置いたビジョンを評価してくれるステークホルダーを増やし、その長期ビジョンに向けた成果のトラックレコードを示すことで、投資家の信頼を勝ち得てきたからである。

2014年の上場当初に主力に置いたのは安定的なリターンを返してくれることを望む投資家で、リクルートにとって未知数で、成功の不確実性の高いグローバルに大胆な投資を振り向けることに、市場の評価は必ずしもポジティブなものではなかった。しかし、「グローバルのHR領域でナンバーワンになる」という成長に向けた明確な長期ビジョンを打ち出し、投資家に成長のビジョンを適切に開示し、投資家と丁寧なコミュニケーションを続けたことによってリクルートは成長銘柄である、という評価を受けるに至ったのである。

その結果、数年の時を経て、マルチプルも飛躍的に高まった。特に2016年3月期に1ケタ台だったマルチプル（時価総額÷同社公表のEBITDAにて算出）は、2017年3月期に2ケタを超える水準へと急拡大している。買収したインディードの将来価値を市場が高く評価し始めたのがこの時期だ。機関投資家によるアナリストレポートでも、当時のホールディングスのトップであった峰岸氏による粘り強いコミュニケーションも考慮して、軒並み目標株価を引き上げた、と記載されている。

これは長期の成長基盤を構築するトランスフォーメーション戦略が投資家の信頼を勝ち取った証といえるだろう。自社の新市場創造による持続的な高い成長性を何度も、時間をかけて説明し、そのトラックレコードを示すことによって、マルチプルの向上につなげた。経営層による投資家マネジメントのたまものである。

富士フイルムの投資家マネジメント

富士フイルムホールディングスも世代をまたいだトランスフォーメーションを続けている。21年間にわたってトップを務めた古森重隆氏のリーダーシップが優れているのはもちろんのこと、次の世代へ変革をつなぐ優秀な人材が育っているのが同社の強みである。

デジタルカメラの台頭で銀塩フィルム事業が落ち込んだとき、富士フイルムはキャッシュフローを回すため、規模は大きくないが既存の技術を活かして新たな収益を生み出す可能性が高い事業に投資した。そこから生まれたキャッシュを将来の成長事業になり得る領域に投資し、その先のウェイブへとつないでいったのである。

それに対し、同業であるコダックは、短期的に株価を維持するために株主への還元を優先する策に出た。しかしそうした株主還元策は株価を維持するためのカンフル剤にしかならず、新たな事業を生み出すための適切なタイミングでの十分な投資がままならず、結局は経営破綻を迎えることになった。

一方、富士フイルムは苦しい時期も投資家からのプレッシャーに耐え、株主還元よりも将来への投資を優先した。2000年代に入り、同社のマルチプルは一ケタの低い水準のままで推移し、市場とのベンチマークにおいて株価の伸びも劣後していた。お世辞にも投資家に期待通りのリターンを提供できているとは言い難かった。特にヘルスケア事業に参入を始めた2008年前後にもマルチプルはまだ低迷を続けていたが、2010年代に入ると、粘り強いコミュニケーションと成果が表れ始めて投資家からの評価もじわじわと高まってくる。2020年代にはマルチプルが2ケタを超え、収益性・成長性の両面から、同社の変革が評価されたことが明らかになってくる。

10年以上にわたって投資を続けたヘルスケア事業は、今では同社の事業ポートフォリオの中核を担うまでに成長している。将来が不確実な中、経営層が次世代に向けた投資を続けると意思決定し、投資家に対して長期的なトランスフォーメーションの意義を理解してもらうための努力を続けてきたからこそ、ポートフォリオのシフトが実現したのである。これもひとえに富士フイルムの経営層がステークホルダーを味方につける努力とその能力を高めていったからであろう。

富士フイルムとコダックの対比でも明らかなように、長期の成長への投資を支持してくれる投資家を惹きつける経営層のマネジメント能力は企業の未来を大きく左右する。企業経営に携わる者は、そのことを理解しなければいけない。

ポイント⑤ミドルアップダウン型のリーダーシップチームの組成

トランスフォーメーションをリードする人材の問題

10年時間軸のトランスフォーメーションを考える上で、最後に残るのがリーダーシップと推進体制の問題である。

必ずしも成功が保証されているわけではない不確実な環境下で、企業のあり方を抜本的に変え、もう一度長期的に成長できる基盤を作るためのチャレンジという局面において、トップはどのような役割を果たすべきか。そしてトップと共に、不透明な将来に向かって変革を成し遂げようとする意欲を持ったチームをどのように組成するか。

この問題に頭を悩ませている企業は多いだろう。

長期的なトランスフォーメーションを回すには、一人のリーダーだけが牽引するのではなく、実行を支える参謀や現場で変革を推進するリーダーを含めた「リーダーシップチーム」を作ることが重要となる。トップの号令一下、強烈なトップダウンで推し進めていくやり方では、長期的な時間軸で世代を超えた変革を持続することは難しい。さらには自社の存在意義と自分たちの事業ドメインを再定義し、それに適合する組織への変革や新たなケイパビリティを持った人材の獲得、融合を行い、カルチャーまで変革していくためには、変革へのオーナーシップを持った、次世代を担うミドルクラスの社員をリード役に据える必要がある。そして、最終的には全社員を巻き込んだ動きに変えていくことが欠かせないのである。

まずは、リーダーの役割が変わっていることを理解しなければならない。短期と長期の二項対立を乗り越え、最適なバランスを見定めながら、困難なチャレンジが続く長期のトランスフォーメーションをリードしていく上において、トップにしか意思決定できないことが増えてくるのも事実である。従来のような役員全員の合議型の意思決定ではトレードオフを乗り越えられない局面も出てくる。それを強い意思を持ってボードメンバーへの粘り強い説得を行い、局面を切り拓いていくリーダーの役割は、従来の戦略をオペレーショナルエクセレンスで着実に実践することで責任を果たせた時代のリーダーの役割とは明らかに違う。

しかし、経営層が適切な意思決定を行うには、経営者に幅広い視点を投げかけ、意思決定を支援する経営参謀的なメンバーや、変革の実務をリードし、現場を巻き込んでいける次世代を担うミドルクラスの現場リーダーたちの存在が不可欠だ。

経営層が近視眼的な考えに陥らないよう自社の産業に閉じない世の中の変化を適切に伝え、経営層の思考の幅を広げ、必要な論点やフレームを提供しながら意思決定を迫っていく。これが経営参謀の役割である。

さらには意思決定を受けて、適切な実行を推進する現場リーダーも欠かせない。現場のオペレーションは古い価値基準で動いており、従業員たちも過去の成功体験に基づいて動いている。未来のビジョンに向けて今までのやり方や価値観を変えていくこととの矛盾を理解し、その間に立ちながら強いオーナーシップで現場の変革をリードすることに意欲を持ったミドルマネジメントは、10年越しの長期的なトランスフォーメーションを絶え間なく推進する要である。

よって企業トップ・経営参謀・現場の次世代リーダーから成り、「ミドルアップダウン」型の意思決定で戦略の構築、実行を推進できるチームでリーダーシップを発揮することが、長期の時間軸のトランスフォーメーションを成功させるための条件となる。

リーダーシップチームには何が必要か

リーダーシップチームに必要な資質とは、「このままでは会社や組織がなくなるかもしれない」という将来に対する強い危機感はもちろんのこと、変化から自社にとっての機会を見出し、変化を機会に変えることに前向きなわくわく感、例えば、「このトランスフォーメーションを成し遂げたら、未来において大きな存在意義を示せる会社に変貌することができる」「自分たちでその未来を創り上げたい」という強烈なアスピレーションや変化への渇望感を持っていることである。

そのためにはこれからやってくる将来は、自分が知る世界とは異なる世界にその機会があるかもしれないと考え、自ら外に探索する、外の異質の知見を内に取り込むなど、自社の業界や事業ドメイン、さらには今までの強みでありそれを支えるケイパビリティといった既存のバウンダリーに閉じず、多様かつ新しい知識や人々の価値観を理解し、そこからヒントを取り込んで自らを変えようという野心に燃え、ダイバーシティを活かして新たな知恵を取り込んでいく能力が求められる。

未来志向を備え、変化を捉えて活かす能力と、行動を起こす胆力を持って、組織のチェンジマネジメントをやり遂げるリーダーシップチームを作れるか、そしてトップが変わったとしてもその火を絶やさず次の世代へとバトンをつなぎ続けていける連続性を担保できるチームを組成できるかが、10年後に魅力的な企業として生まれ変わっているかどうかを決定づけることになる。

この章では「時間軸のトランスフォーメーション戦略」の骨格をなすコンセプトについて概要を説明した　次章からは、これを実際に推進するにあたって必要となるフレームワークのポイントについて具体的に解説していきたい。

第 2 章

長期時間軸の投資ポートフォリオマネジメント

長期のフレームワークが必要な理由

前章で示したように、時間軸のトランスフォーメーション戦略を実現するための1つ目のカギが、「長期時間軸の投資ポートフォリオマネジメント」である。投資・リターンが長期にわたり、成功の確度や財務的なNPVやIRRといったROIの分析での評価が必ずしもフィットしないようなイノベーション領域に対して、持続的かつ十分な投資ができる経営に変化するということである。

先述のクリステンセン教授が提唱する「財務分析がイノベーションを殺す」という意思決定の罠を打破しなければならない、ということだ。成功確度が読みやすく財務分析で説明できる投資が、長期的なイノベーションを起こすための投資に優先してしまう、という意思決定のメカニズムに陥る状況を打破し、投資・リターンの時間軸の異なる投資領域のポートフォリオをマネージするためのフレームワークを持つことが必要となるのである。

同教授がハーバード・ビジネス・レビューの論文で示したポイントを引用すると、以下の通りである。

・ＤＣＦの罠：投資せずとも現在の健全な状態がいつまでも続くという誤った考えのもと、イノベーションが生み出すキャッシュフローを、何もしない場合のデフォルトのシナリオと比較しがち

・将来投資をする際に、固定費と埋没費用を考慮する。その結果、既存領域に投資をする場合のリターンのほうが大きくなり、新しいケイパビリティ獲得への投資が劣後する

・株価の上昇において、短期的な株価変動に影響が大きいＥＰＳ（一株当たり利益）を重視しすぎるあまり、すぐに見返りが期待できないイノベーション投資に二の足を踏む

本章では、こうした「罠」に陥らないための手法を見ていくことにしたい。

時間軸のポートフォリオマネジメントのマトリクス

クリステンセン教授の主張をまとめると、究極まで企業システムが磨き上げられると、結果的に不確実性の高い新規領域より、確実性の高いリターンが見込める既存領域の投資が優先される。そしてイノベーションを創出する投資の機会を自ら潰してしまう、ということだ。

このジレンマが発生する原因は、既存領域への投資を正当化する価値基準や評価基準によ

図表2-1　時間軸のポートフォリオマネジメントのマトリクス

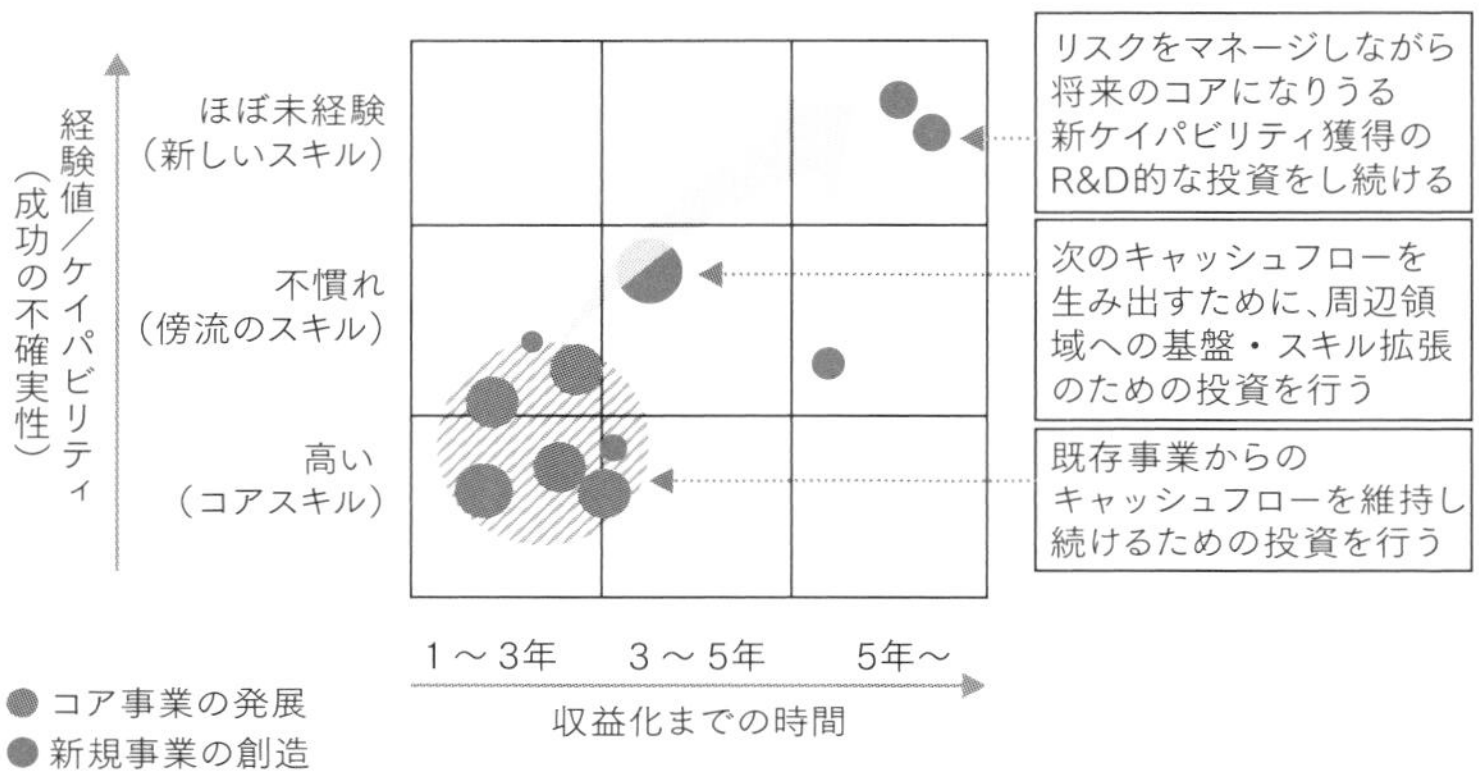
経験値／ケイパビリティ
（成功の不確実性）
ほぼ未経験
（新しいスキル）
不慣れ
（傍流のスキル）
高い
（コアスキル）
リスクをマネージしながら将来のコアになりうる新ケイパビリティ獲得のR&D的な投資をし続ける
次のキャッシュフローを生み出すために、周辺領域への基盤・スキル拡張のための投資を行う
既存事業からのキャッシュフローを維持し続けるための投資を行う
1～3年
3～5年
5年～
収益化までの時間
コア事業の発展
新規事業の創造

って、経営層が意思決定することにある。この前提がある限り、成功確率の低い長期的なイノベーションへの投資は経営会議で否決される。仮に経営層が投資を認めたとしても、現場は従来の基準によって動いているため、やはりジレンマが生まれてイノベーションは封殺される。これがあらゆる企業で往々にして起こるイノベーションのジレンマである。

　では、これをどうやって打破するか。それには伝統的なフレームワークではなく、時間軸も評価基準も異なる長期のトランスフォーメーションに則した投資ポートフォリオマネジメントが必要となる。

　そこで新たなフレームワークとして有用なのが、第1章で示した、このマトリクスである（図表2－1）。

このマトリクスが伝統的なＰＰＭ（プロダクト・ポートフォリオ・マネジメント）とどう異なるかについて解説してみたい。

伝統的な事業ポートフォリオマネジメントの概念

ポートフォリオマネジメントの伝統的な考え方として、ＰＰＭがある。「市場成長率」と「相対的マーケットシェア」の2軸によるマトリクスで、自社の事業領域の成長性が高いか低いか、自社のシェアがトップならば2位のプレイヤーと比較して、あるいは自社のシェアが2位以下ならばシェアトップの企業と比較して、相対的なシェアポジションがどこにあるかを分析する。現時点で見通せる市場の存在を前提としての成長性と今までの競合を前提にした、という意味においてはスタティックな視点で、投資をマネージするフレームワークである。

このフレームワークはボストン コンサルティング グループが開発し、多くの企業経営に影響を与えてきた（図表2－2）。

例えば、1977年における本田技研工業（ホンダ）の事業領域をＰＰＭでプロットすると、図表2－3のようになる。

これを見ると、当時大きな売上を生み出していた二輪車は相対的マーケットシェアが大き

図表2-2　伝統的なポートフォリオマネジメントの考え方

現時点で見通せる市場の存在を前提としたスタティックな視点で
投資をマネージするフレームワーク

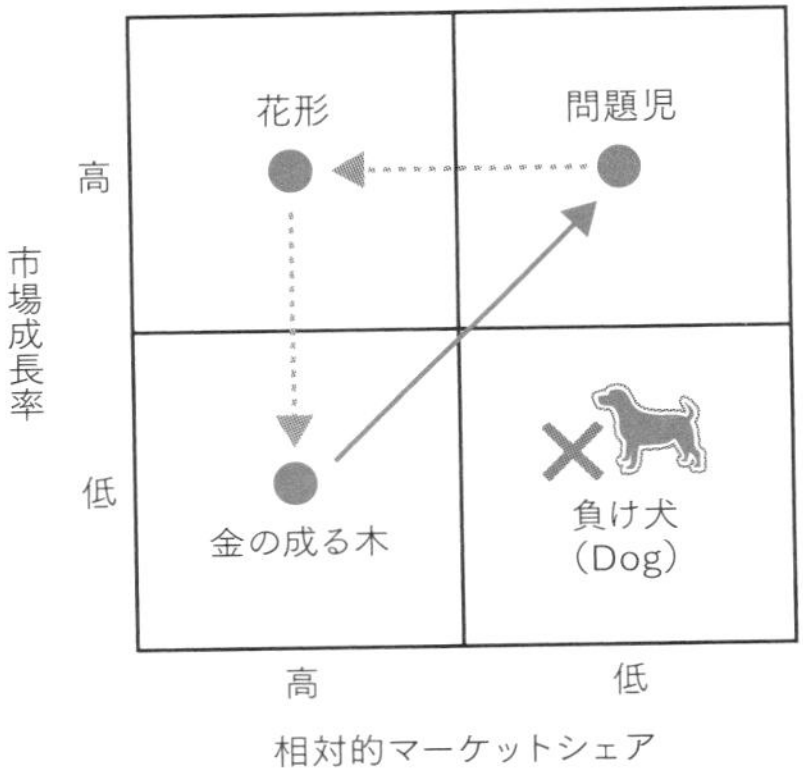

いが、50cc以下を除けば市場成長率は低い「金の成る木」エリアに位置づけられる。

よって相対的マーケットシェアが低く、市場成長率が高いという「問題児」領域にある四輪車か、二輪車の中でもさらなる成長の余地があり「花形」領域にいる50cc以下に投資を注ぎ込むべきという判断になる。ホンダの場合は、投資領域を二輪車から小型乗用車や汎用モーターにシフトすることで、将来の成長領域を築いていった。

市場成長率は低いが、相対的マーケットシェアが大きい左下の象限は、企業にとってキャッシュを生み出す事業で、「金の成る木」といわれる領域だ。そして市場成長率が低く、相対的マーケットシェアも小さい右下の象限は、企業にとっては「負け

図表2-3　本田技研のポートフォリオ・チャート（1977年）

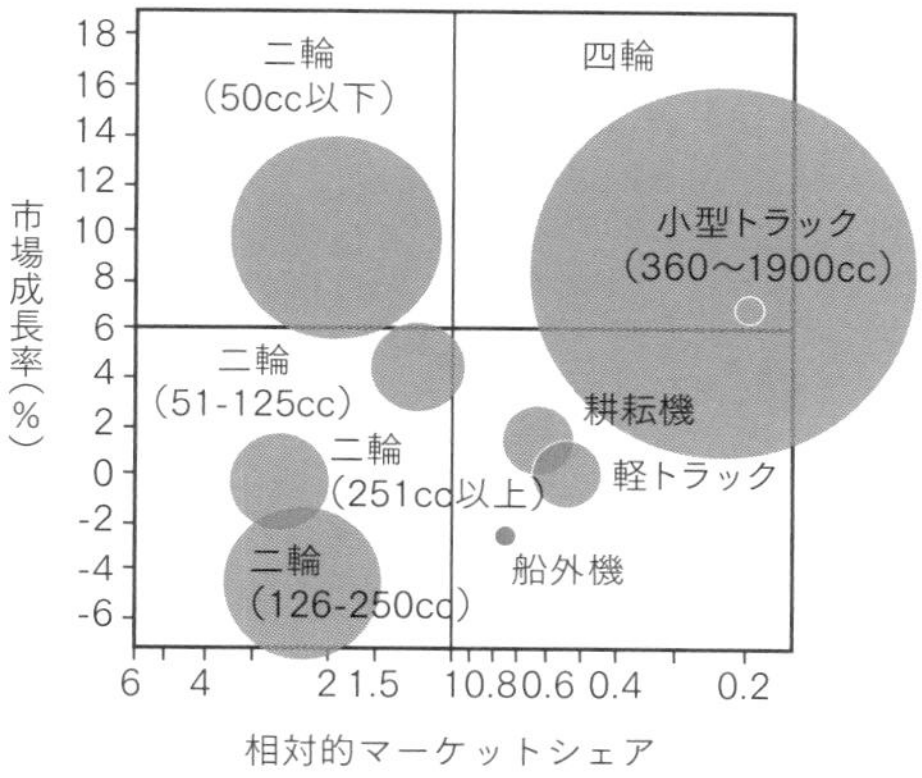

本田技研の投資ポートフォリオの考え方

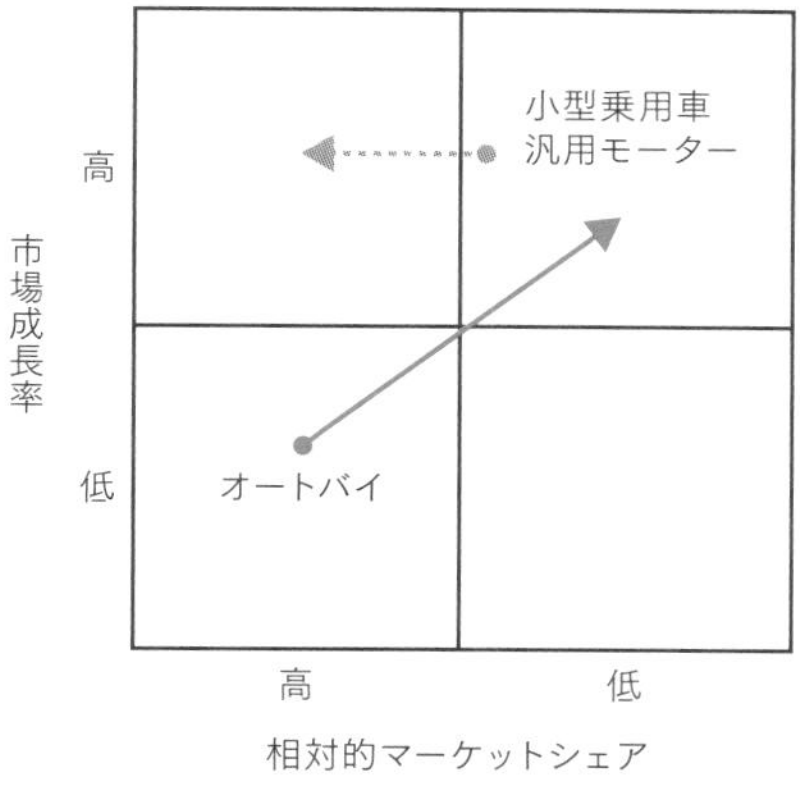

Source: BCG分析; 機械統計年報; 自動車統計年報'77; マーケットシェア事典'77

犬」と評される事業が該当し、ホンダのケースでいえば耕転機や軽トラックなどがこれにあたる。

金の成る木の領域の事業が生み出す潤沢なキャッシュを、成長性が高く市場としての魅力度は高いが、相対シェアで劣位にある問題児に投入しシェアを高め、花形に持っていくことにキャッシュを回していく。そして、成長性も見込めず、相対シェアも低い負け犬からは撤退することで、投資ポートフォリオを適正化する。これが伝統的な考え方だ。つまり、すでに市場が存在し、将来の成長がある程度まで予測できる市場環境において、どこに投資をすることが成長性と収益性の両立の観点から最適かを考えるには大変有効なフレームワークといえる。

長い時間軸で考える投資ポートフォリオの概念

だが、後段で詳細を説明するリクルートや次章以降で解説するユニ・チャームや富士フイルムなどの事例を見てもわかるように、今の時代はこれほどシンプルには市場を捉えられない。まだその存在が明確に見えていない黎明期《れいめいき》の市場に張って自ら市場創造を仕掛けていく、あるいは時間軸が長く市場として成立するかが不透明な領域への投資を判断するためのフレームが、長期の成長基盤となるブルーオーシャンを獲得するためには求められる。

いつ、どれくらいの市場になるのかが必ずしも読めず、未知の領域であるがゆえに成功確率を高い確度で見通すのは困難な中で、自社の長期的なビジョンを達成するために、張っておきたい領域。探索、獲得し、スケール化にチャレンジしてみたい「機会」に対する投資にはそうした目的に合った長期投資を可能とする枠組みを持つことが必要である。

いくつか例を挙げてみよう。長期ビジョン・戦略と紐づけて、投資対象領域を明確化。事業からのキャッシュフローとレバレッジの上限をD／Eレシオとして定め、具体的な投資金額の枠を設定し、その意義を明確に説明できるようにすることで、長期に成長が見込める領域への投資枠を確保するやり方。

機会探索のためのコーポレート・ベンチャー・キャピタル（ＣＶＣ）的なファンド枠を設け、それを将来の事業価値で評価することで、投資に対する将来リターンの正当性、納得性を得るやり方。

あるいは自社の強みの源泉を再定義し、それとリンクさせた新たなケイパビリティを獲得するためのＲ＆Ｄ投資枠として投資が可能なようにするやり方。毎年、売上の何％かを決めてＲ＆Ｄ投資枠を持ち、その資金を活用して事業機会の創出につながる種に張っていく方法である。

ここで例として挙げてみた方法のどれが良いのかは様々であるが、自社にフィットしたやり方を模索して、説明可能なロジックを組み立てた上で、こうした長期的な投資枠を持つこと、そしてこうした領域への資源配分を適正化する手法を持つことが必要である。

これが時間軸の長い未来を創る領域への投資を可能とする「時間軸の投資ポートフォリオマネジメント」の概念となる。

リクルートに限らず、時間軸のトランスフォーメーションを実現している企業は、同様の考え方や視点を持って、異なる時間軸と評価基準を持つ投資案件のポートフォリオマネジメントを行っている。

例えばグーグルは、持株会社アルファベットを設立して経営を行っているが、これは成果の生まれる時間軸が異なる領域へのBig Betを一つの会社の中に置くのではなく、それぞれに独立した事業ユニットとして明確に切り分けることで、適正な投資ポートフォリオマネジメントを可能にするためのものだといえる。アマゾンにおいても、既存のＥＣビジネスにおける投資基準やリターンを考える時間軸と、かつてのＦＢＡ（Fulfillment by Amazon）やＡＷＳ（Amazon Web Services）のような、これから新しい市場を創造する領域における投資基準や意思決定のポイントは異なるものであると考えられる。

リクルートもインディードなどへの買収や買収後の投資においては、同様の思考でポートフォリオを描いていたと想定される。

時間軸の投資ポートフォリオのマトリクス

先に提示した時間軸で投資ポートフォリオを考えるマトリクスについて、その考え方を以下で説明したい（図表2－4）。

横軸は「市場の存在」である。つまり市場が「すでに存在している・していない」、あるいは市場の成長機会やどの程度の成長率で伸びていくかが「かなり見えている・見えていない」を示す。縦軸は「市場の理解」、すなわち自社に「コアとなるケイパビリティや技術、狙う領域での知見・経験がある・ない（または足りない）」を示す。

この2軸による4象限で事業機会を捉えたとき、先ほども述べた通り、IRRやNPVによる財務評価で案件の優劣をつけて投資判断をする経営層は、左下の領域にしか投資しないという意思決定になりがちだ。市場の存在が見えていて、自社が市場をよく理解している領域、つまり財務的に投資リターンの確実性が見込めるものにしか資金は投入されない。

そして本来なら自社が将来生き残るために投資すべき領域、あるいは自らの未来を創るためにベットすべき、自社にないコアケイパビリティを獲得するような領域、つまり右上の領域は、イノベーションのジレンマによってまったく投資されないまま放っておかれる。

多くの企業では、このような構造で意思決定が行われがちだ、というのはすでに何度も述

図表2-4　時間軸の投資ポートフォリオマネジメント①

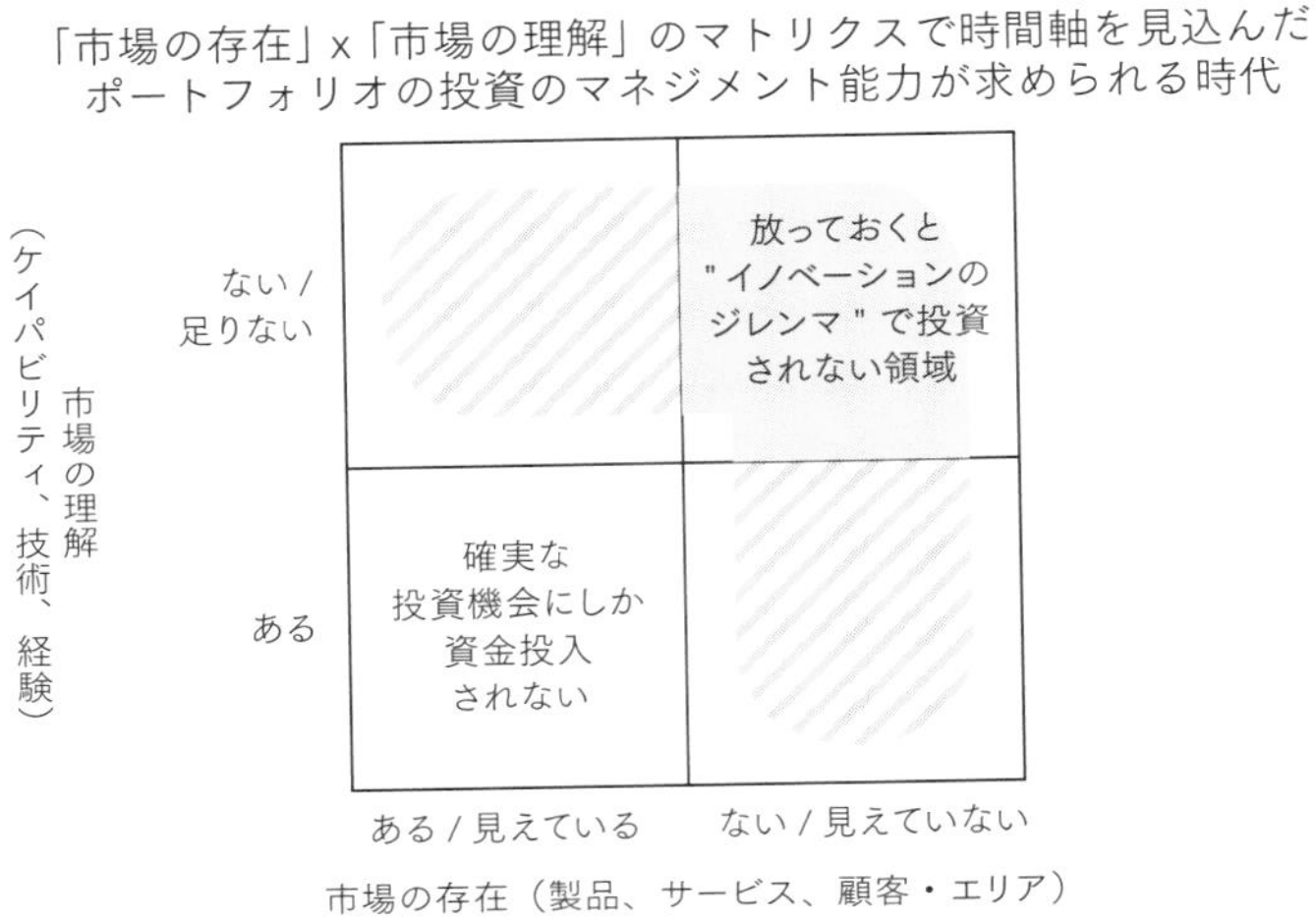

「市場の存在」x「市場の理解」のマトリクスで時間軸を見込んだ
ポートフォリオの投資のマネジメント能力が求められる時代

べてきた。では、この現状を認識した上で、時間軸の投資ポートフォリオマネジメントを考えるためにはどうすればいいのか。

重要なのは、将来の不確実性が高く、財務的な指標では投資判断できない領域への投資をどう織り込むかだ。そこで先ほどのマトリクスに「市場成長の不確実性」と「自社の成功の不確実性」を重ねてみよう（図表2－5）。

こうして2つの不確実性の大小を重ねると、左下の象限はリスクが小さく、右上の象限はリスクが大きいことを示す構造となる。

よりくわしく説明すれば、左下は各社が目先の利益を求めて競争戦略に汲々としているレッドオーシャンだが、投資・リター

図表2-5　時間軸の投資ポートフォリオマネジメント②

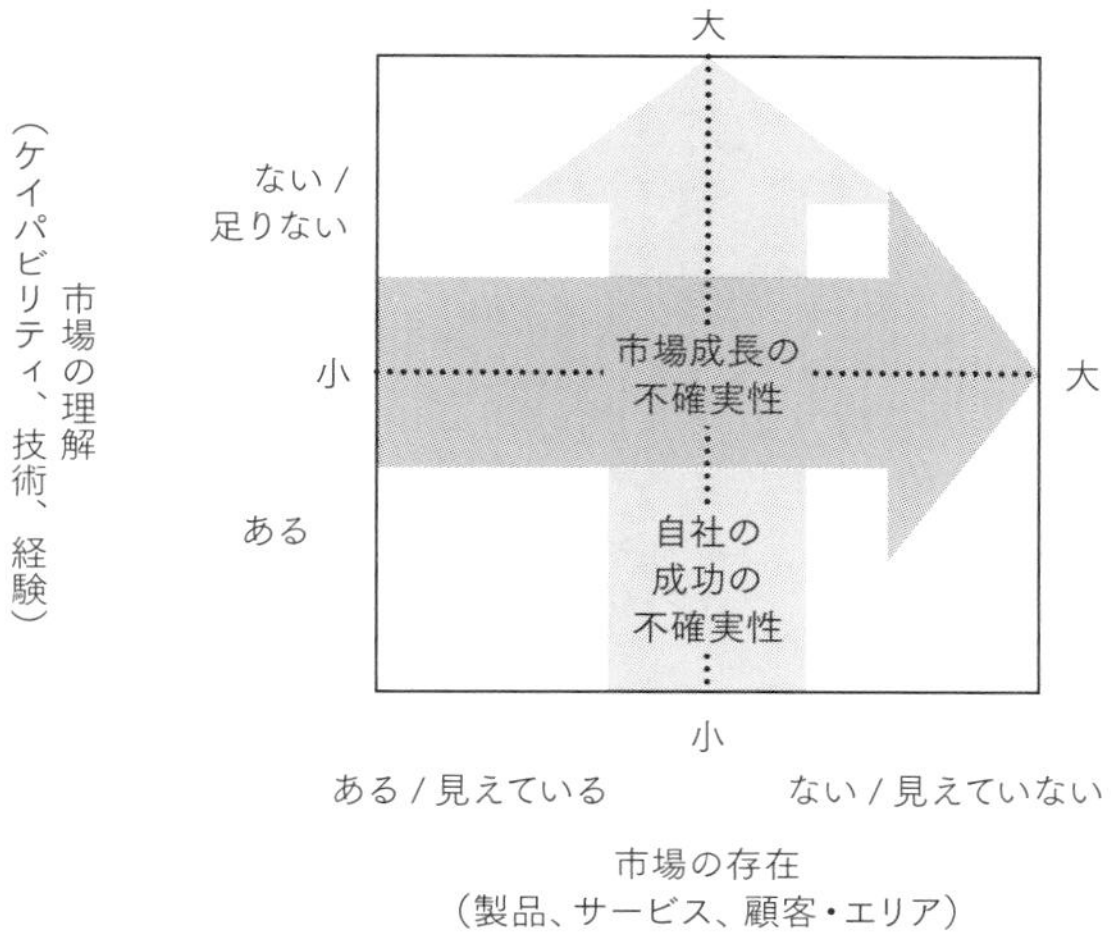

ンのボラティリティが低く、財務的な投資リターンでＩＲＲを評価して、自社の投資基準のバーを上回るかどうかが定量的に評価できる。

一方で右上は、大きく成長していく可能性を秘めたメガトレンドにうまく乗れれば、まだ誰も目をつけていない、あるいは市場として成立させられていないブルーオーシャンを創り出すことができる。そして、その読みが当たれば将来大きな市場で圧倒的なポジションを確立し、利益を総取りできるが、外れればなにも残らないというボラティリティが極めて高い領域である。

また左下は成熟市場あるいは成長性が読めて将来の成長の踊り場も比較的見えている市場であり、マルチプルが小さいが、Ｐ

／L（損益計算書）に表れる収益化するまでの時間軸は比較的短い。それに対し、右上はエマージングな市場であり、破壊的に市場構造が変わっていくインパクトを秘めたディスラプティブな領域である。いったんその存在が明らかになると幾何級数的に伸びていく可能性が高いためマルチプルは大きいが、仮に市場が生まれたとしても収益化するまでの時間軸が長い。

このことを前提とすると、図表2－6のように左下は既存事業のバリューアップを図ることに投資するプライベートエクイティ的な意味合いの領域であり、財務的な評価がフィットするが、右上は新たな産業や市場定義やビジネスモデルを創り出すことに投資するベンチャーキャピタル（VC）的な領域と考えることもできる。そうであるならば、右上の評価基準は投資する領域や案件の潜在的な市場価値および事業価値を評価することで、VCのように疑似的な時価総額で評価したら今の企業価値はいくらと推定できるか、という時価価値で評価したほうがフィットしているといえる。

まさにこれから説明するリクルートがそうである。右上の領域への投資にフォーカスする経営に変えていくために、会社全体の経営指標そのものをP／Lから時価総額に変更したと考えられる。

こうした何に投資しているのかの本質的な目的の違いを理解した上で、投資領域のバラン

図表2-6　時間軸の投資ポートフォリオマネジメント③

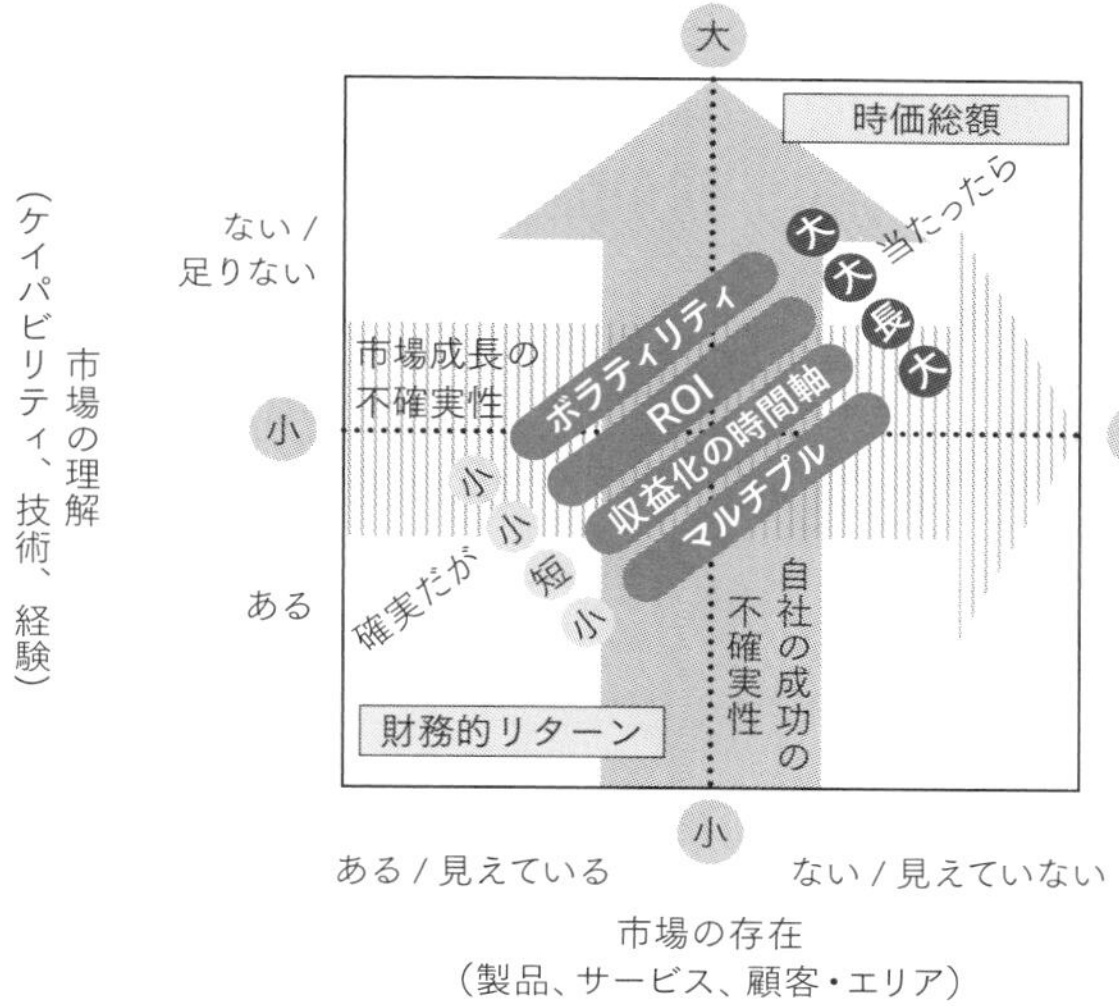

スをとるとともに、投資およびモニタリングの評価基準をそれぞれの目的にかなったものに変えることが求められる。この中でリスクと収益化までの時間軸を取り出すと、第1章で紹介したマトリクスになる。投資のバランスが適正かどうかを評価するには、すでに示したような時間軸と領域の未知／新規度合いを軸にとったマトリクスに、自社の投資領域をプロットしてみるといいだろう。

もし左下に投資案件が集中しているなら、長期的な成長のための投資が少なすぎる。反対に、右上にだけ投資案件が集中している場合は、非常にリスクの高い経営を行っていることになり、中短期で新たなキャッシュを生み出すマトリクス

図表2-7　長い時間軸で考える投資ポートフォリオの概念

長期的な成長力を再生、維持するためには、新たなケイパビリティの獲得のための投資を、適正なバランスで仕掛け続けることが必要

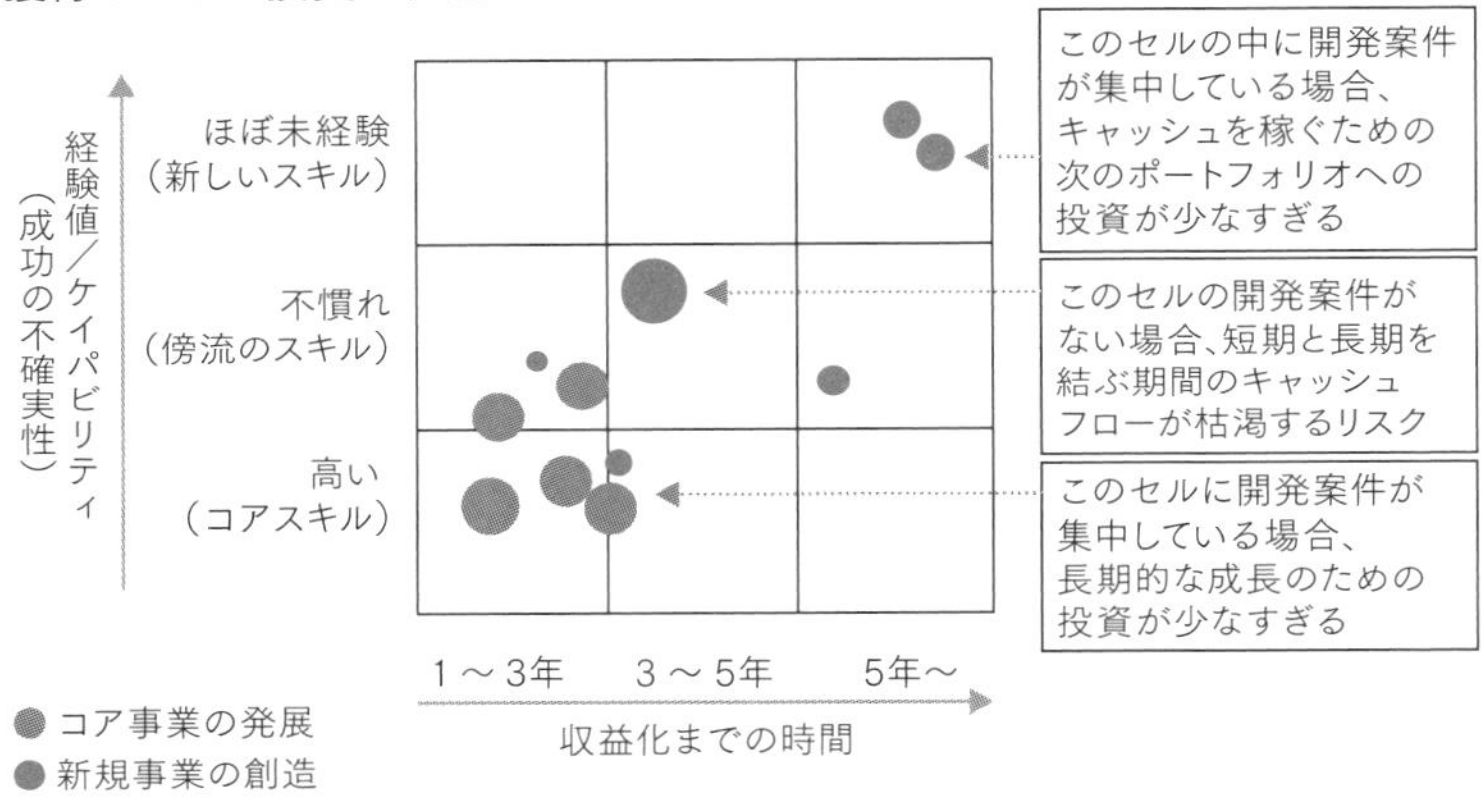

経験値／ケイパビリティ（成功の不確実性）
ほぼ未経験（新しいスキル）
不慣れ（傍流のスキル）
高い（コアスキル）
1～3年
3～5年
5年～
収益化までの時間
このセルの中に開発案件が集中している場合、キャッシュを稼ぐための次のポートフォリオへの投資が少なすぎる
このセルの開発案件がない場合、短期と長期を結ぶ期間のキャッシュフローが枯渇するリスク
このセルに開発案件が集中している場合、長期的な成長のための投資が少なすぎる
● コア事業の発展
● 新規事業の創造

の真ん中にあたる、将来の成長のための、つなぎ領域への投資が少なすぎるといえるであろう（図表2－7）。

キャッシュを生み出す基盤を構築しないまま、将来の成長領域にだけ過大な投資をすると、いずれ企業経営は立ち行かなくなる一方で、リスクを取って将来の自分たちの新しい船を創るための投資が足りなければ、その企業はもって10年で立ち行かなくなるであろう。「リターンの時間軸×機会とリスク」の中で最適な投資バランスを考えていくことが重要な理由である。

右上の領域への投資は、先ほど説明したようにある意味、ベンチャー企業に投資するようなものであり、投資に対するリター

ンが読みづらい。財務的なリターンを生み出すまでの時間軸も長くなる。企業買収という手段をとるとしても、エマージングな領域であるため、買収金額も財務的ROIの視点から見ると、非常に割高に見えるだろう。

一方で、高い成長性とマルチプルを持続できるようなら、将来的には大きな収益機会を創造することが期待できる。適切な資源を適切なタイミングで、自社の持つ有用な経営資源をつぎ込むことでシナジーをきかせられれば、将来の持続的な成長基盤の中核をなす事業ポートフォリオと、それを支える新たなケイパビリティの獲得が可能となり、さらにそれを既存の強みと掛け合わせた新たなコンピタンスの確立が実現できる。

ここで重要になるのが、「ハードとソフトの考え方」である。本書は10年を一つの時間軸としてトランスフォーメーションの考え方を解説しているが、実際には10年ちょうどできれいに変革できるわけではない。戦略的なレイヤーとしては、10年後の姿を描きながら、どこに経営資源を投入して市場を創造するのか、そのためのヒト、モノ、カネといった経営資源をどう確保するのか、というハードの戦略レイヤーがある。

一方で、それを実現するために欠かせない、現在の自社にはないケイパビリティをどのように獲得していくか、というソフトのレイヤーについては、見過ごされがちである。自社がこれから創造する市場に必要な組織能力・人材とはどのようなものでそれをどう蓄積するのか。内部で投資して育成するのか外部から買収などによって調達するのか、といった視点であり、新たなケイパビリティの獲得と既存の強みとの融合による新たなコアコンピタンスの構築は、2~3年でできあがるようなものではない。もっと長期の時間軸で獲得し、融合し、変容させていく必要があるものである。上意下達のトップダウンでどうにかなる話ではなく、現場のマインドまでを含めた組織能力をどう新しい姿に変えていくのかを経営層はマネージしていくことが求められているのだ。

ここからは、こうした長期と短中期の複数の異なる時間軸の投資ポートフォリオを意識して、長期的な成長基盤確立のためのトランスフォーメーションを実現したリクルートホールディングスの事例を紹介したい。時間軸が重なりあいながら動いていった4つのウェイブに分けて、20年にもおよぶ長い変革の道のりをたどってみたい。

リクルートが長い時間軸で果たした再成長の軌跡

リクルートは2014年に上場したが、当時の日本における時価総額のランキングで同社は50位以内にも入らなかった。それが2020年1月時点で10位へとジャンプアップし、上

図表2-8　リクルートが長い時間軸で果たした再成長の軌跡

1兆円超の借金を10年で返済し、2000年前半から再成長に
向けたトランスフォーメーションを継続実行中

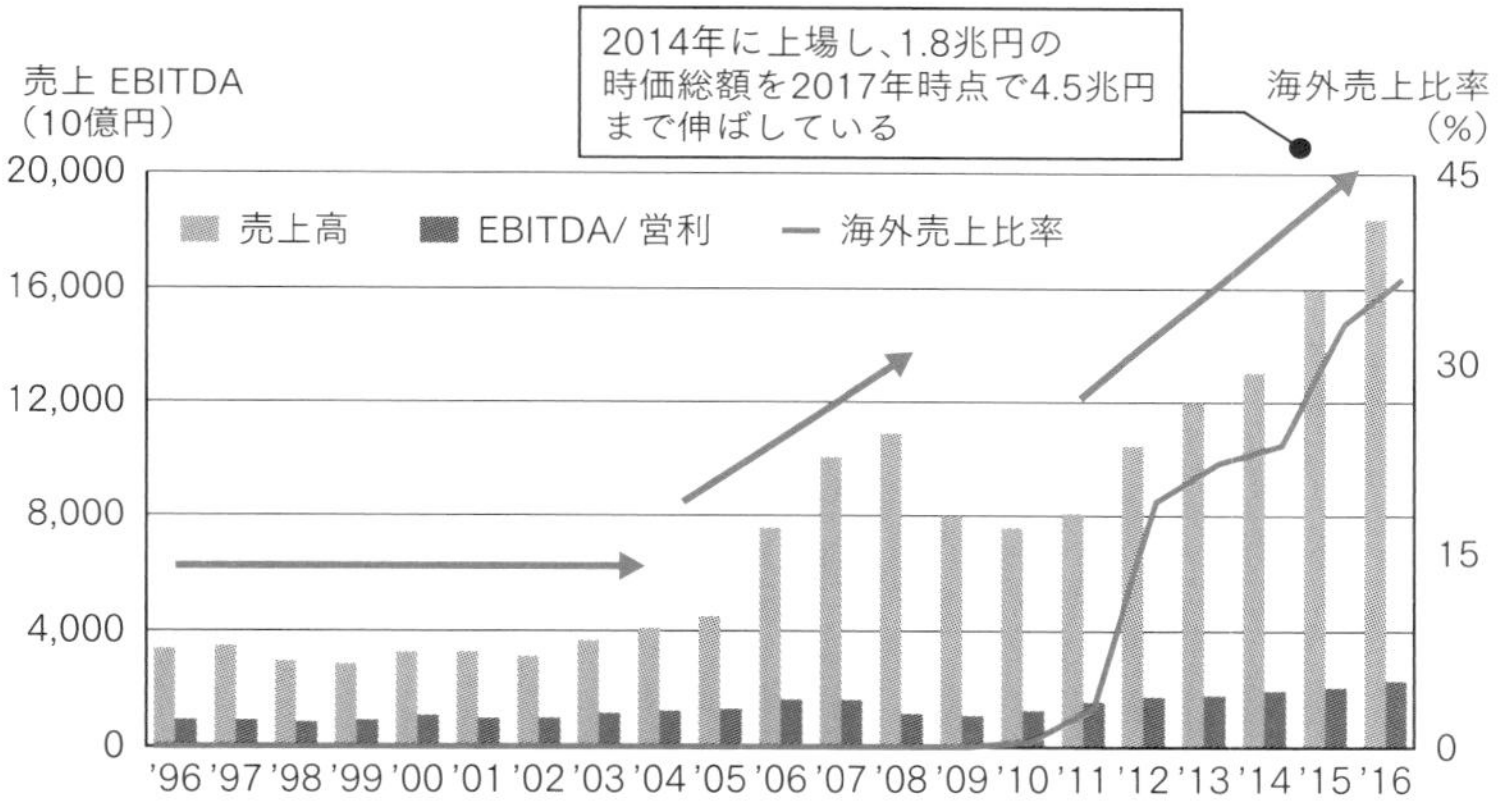

場から5年あまりで時価総額は3倍に成長して、7兆円を超えるまでになった。

しかしリクルートは2000年の半ばまでほとんど成長していない、極めて低成長の企業であった。そして本格的な再成長の軌跡を歩み始めたのは2010年を超えてからのことである（図表2－8）。

これはひとえに上場よりもずっと前から議論を積み重ね実践してきた、長期的に成長する市場に自社の立ち位置を移し、そこでのポジションを築くことで長期的に成長できる基盤を新たに構築するという長期的なトランスフォーメーションの成果である（図表2－9）。

まずはリクルートがこの20年でたどった再成長への歩みを見てみよう（図表2－

10）。

1960年に創業した「大学新聞専門の広告代理店」から始まったリクルートは、学生と企業の求人のミスマッチを解消する情報誌を立ち上げ、大きく成長した。住宅情報誌など、次々と新しいメディアを立ち上げ、日本を代表するベンチャー企業として一世を風靡してきた。

ところが1980年代末にリクルート事件が起こり、さらにバブル崩壊によって不動産や金融関連の事業が不振に陥ったことで、1990年代に入ると同社の借金は1兆円超まで膨れ上がった。この借金を10年かけて毎年1000億円ずつ返済し、

図表2-9　リクルートの長い時間軸のポートフォリオマネジメントのイメージ

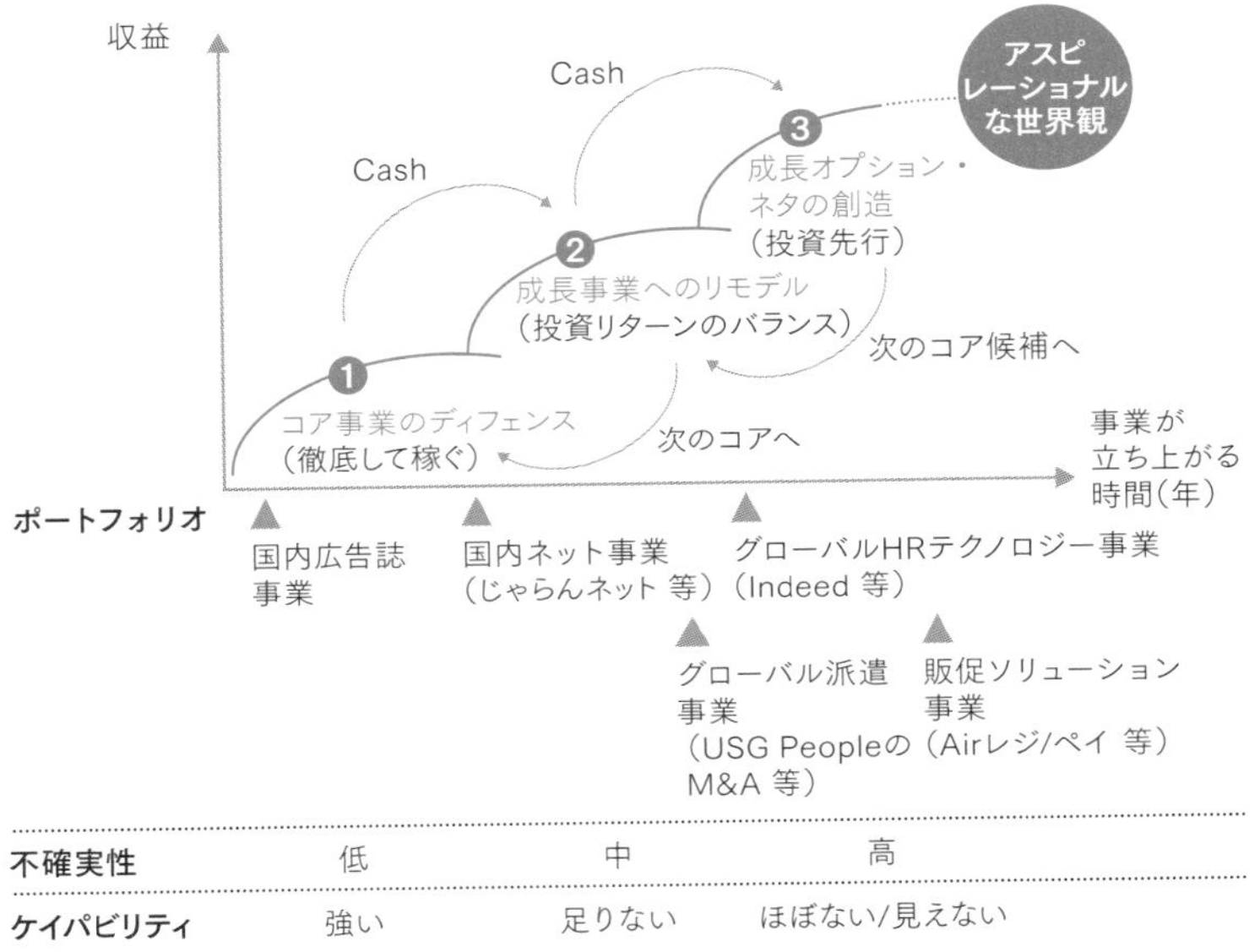

図表2-10　リクルートの長期トランスフォーメーション：4つのウェイブ

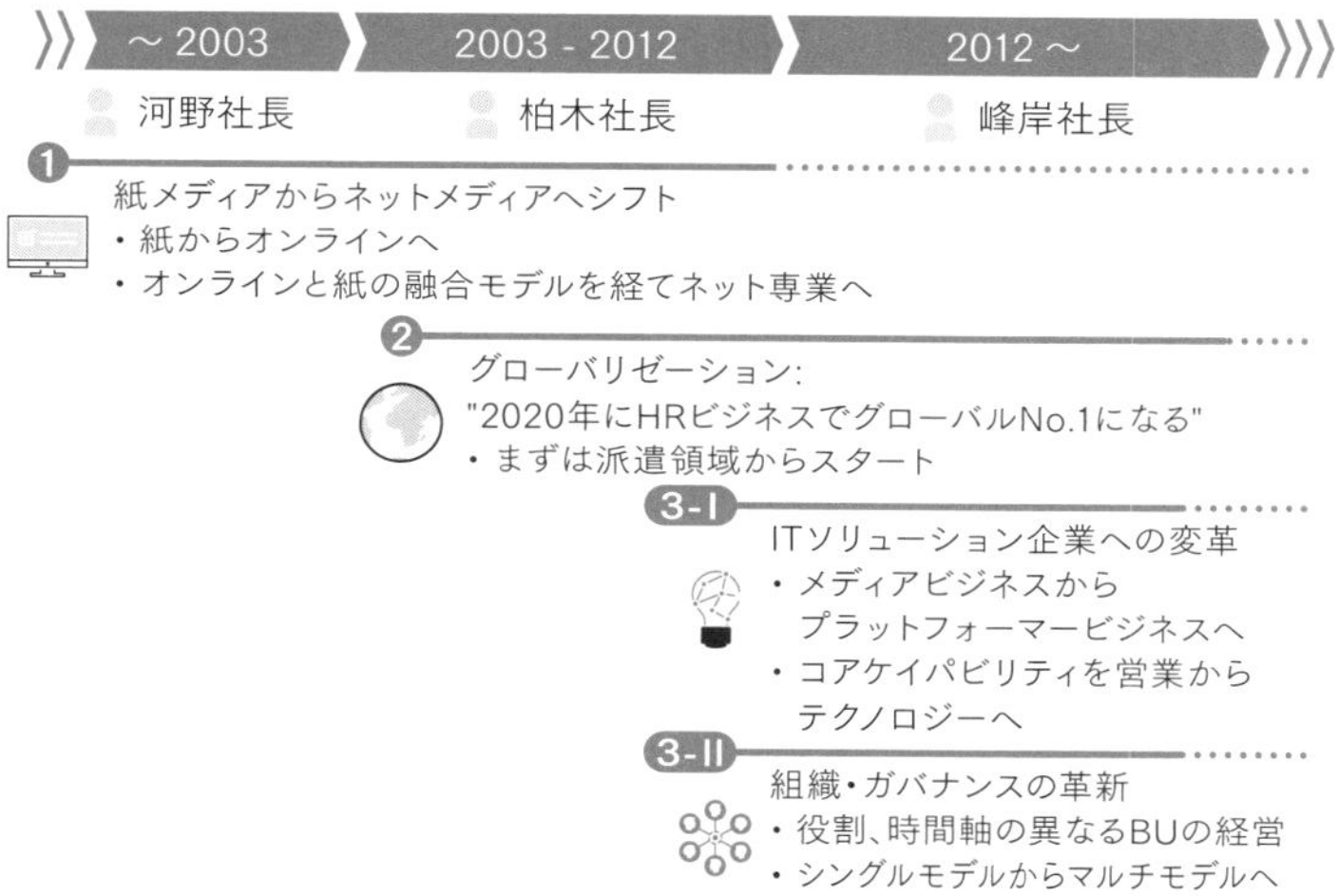

ようやく2000年代前半から新たな成長に向けた投資ができる環境となった。

借金返済中も売上高は伸びなかったが、徹底したコスト削減と不振事業の売却などにより、営業利益率は約30%まで高まっていた。ただしスリム化に注力したため、新たな領域に投資できず、当時のリクルートは完全に成長力を失っていた。そこから再成長へのチャレンジが始まったのである。

リクルートの長期トランスフォーメーションは、同時並行で進むものを含んだ4つのウェイブによって進められた、と著者は考えている。

ウェイブ①紙媒体からネットへのシフト

ウェイブ②グローバリゼーションの本格化

ウェイブ③―Ⅰグローバルテックカンパニーへの変革
ウェイブ③―Ⅱ長期的な成長のための組織・ガバナンスの革新

それでは、これらの4つのウェイブについて、順を追って見ていこう。

ウェイブ①紙媒体からネットへのシフト

紙媒体が生み出すキャッシュを投入

最初のウェイブは、紙メディアからインターネットメディアへのデジタルトランスフォーメーションである。2003年まで社長を務めた河野栄子氏が徹底したコストカットによって利益を積み上げ借金返済を成し遂げた後、紙媒体からオンラインへのシフトに着手し、次の柏木斉社長時代に加速度的に本格的な変革を行った。

紙媒体のメディアビジネスをネットメディアビジネスに変革するには大きな投資を伴う。まず、ネットビジネスに必要なインフラは紙メディアと大きく異なる。こうしたインフラ基盤構築への投資に加えて、ネットビジネスを普及させるためのマーケティング投資にもキャッシュが必要である。

紙からネットへのシフトの初期的な過程では、大きく成長できなかったイサイズ事業など、様々な失敗を繰り返していた。そうした失敗の反省を活かしながら、さらに既存の収益事業を自らディスラプトしてしまうのでは、という不安と恐怖を乗り越えてネットビジネスへの構造変革に投資し続けたことが、結果としてリクルートの2000年代の成長と収益基盤を支えた。

その背景には、紙媒体のメディア事業が生み出す膨大なキャッシュフローがあり、それをネットビジネスで収益を生み出す企業に変革するために惜しみなく投入する資金的な余力があったことが挙げられる。そして、まだ収益を生み出せるビジネスモデルを誰も確立できていない中で、圧倒的な顧客資産とHR、販促領域における事業経験と市場理解のあるリクルート自らが、収益基盤をディスラプトしてシフトさせる変革を決断し、その筋道を主導できたことが成功につながった。2003年ごろからの取り組みの成果が少しずつ実り始め、先ほどのグラフで見たトップラインと収益の成長を実現したのである。

「来たるべき危機」への意識を醸成

ウェイブ①のスタートラインについて見ると、2000年当初は経営層の間に危機感を醸成するフェーズだったと位置づけられる。

経営層に危機感を植え付ける役割を果たしたのが、経営参謀である。当時の経営企画室長で、のちの峰岸社長時代にホールディングスの取締役専務を務めた池内省五氏のエピソードを、拙著『プロフェッショナル経営参謀』のインタビューも交えながらご紹介したい。当時はまだ収益の大半を紙媒体事業が生み出していたが、池内氏は「今のままではグーグルやヤフーに潰される」「既存事業に安住していたら、テック系プレイヤーにディスラプトされる」と迫り来る脅威を経営層に伝え続けたのである。

池内氏は、インターネット時代の到来によって失われる既存事業の収益をシミュレーションし、「今後6年間で営業利益が10分の1に縮小するリスクがある」という分析結果を示した。それが1998年のことである。

ところが翌年も営業利益はまったく減らなかった。それでも「ネットの時代が来る」と言い続けたため、池内氏は社内で「狼少年」と呼ばれていたと語っている。

だが2000年代に入ると、売上高も営業利益も明らかに右肩下がりに転じた。ついに経営層もこの構造変化を認識し、紙メディアからネットメディアへの移行は避けられないとの判断に至った。

だが新たなビジネスモデルへのシフトは、同時に自ら既存事業をディスラプトすることを意味する。今のコアビジネスを自ら殺してしまうことになるかもしれない領域に既存ビジネスから稼いだキャッシュを振り向けるという投資を意思決定することになる。こうした葛藤が現実のトランスフォーメーションには付きまとう。

国内旅行事業「じゃらん」を例にとり、情報誌の広告ビジネスからネット予約ビジネスへイノベーションしたプロセスをたどってみたい。

この領域でインターネットへのシフトを進めた背景には、競合の存在があった。当時は宿泊施設や航空券などの予約サービスを提供する「旅の窓口」の登場により、旅行業界でのインターネットシフトがビジネストラベル領域で一定程度起こり始めていた。しかも2003年に楽天がこのサービスを買収して傘下に収めたことで、広告を掲載する媒体も旅行雑誌から予約サービスを提供するウェブサイトへの移行が加速すると予測された。

そこで「じゃらん」についても、従来の情報誌ビジネスを自らディスラプトすることになったとしても、ネット予約ビジネスへの投資を加速させ、事業をトランスフォームすることを経営層が意思決定したのである。

ただしこれには、現在の大きな収益を失うリスクが伴った。情報誌の広告ページへの掲載料は、単価が20万円。一方ネットサービスでは、成約ごとの課金が1件の予約につき800円である。これでは一軒の宿から獲得できる単価は劇的なデフレを起こしてしまい、とても収益を守れないというのが、社内における支配的な見方だった。

また社内にインターネットの技術者が少なく、プロダクト開発を外部に依存せざるを得ないのも課題だった。加えて顧客企業や一般ユーザーのネットリテラシーがまだまだ低く、ウェブサイトで旅行の予約をするのはビジネスユーザーを中心に一部の層にとどまっている現状もあった。これからどの程度のスピードでネットユーザーが拡大するかは、この時点では予測困難だったのである。さらには先行するネット企業も、成長は著しいが売上は小さく、利益は出ていない状況だった。

これらの課題すべてが経営にとってクリアすべき大きなテーマとなった。そして疑問や懸念を一つひとつ潰しながら、変革を前に進める意思決定を行った。

その結果、「じゃらん」はリクルートの販促領域において、情報誌からネットへのトランスフォーメーションに成功した最初の事例となった。

前述の通り、広告単価は20万円程度だったものが成約課金で1送客当たりの単価は数百円へ低下したが、代わりに取引するホテルの数は数倍に、宿泊施設への送客数は数十倍へと劇的に増加した。

以前は20万円の単価を払うことに価値があるホテルや旅館しか広告を掲載しなかったが、成約ベースのビジネスモデルなら、「とりあえず広告を掲載してみよう」と考える宿泊施設とも取引が可能となる。また情報誌の広告は、あまり人気のない宿泊施設が集客のために出稿するケースが中心だが、成約課金モデルの媒体なら、一般ユーザーから人気のあるホテルや旅館からの参画も見込めるし、むしろこういったセグメントからの収益機会が大きくなっていく。そして、ホテルや旅館からしても、ネット予約の効果が徐々に認識される中で、旅行代理店に払う手数料よりもずっと低い手数料で済むネット予約は、クライアントにとってもメリットがあり、提供される宿泊在庫もどんどん増えていき、ユーザーにとってもネット予約の魅力度が加速度的に高まっていった。

送客が見込める取引先数と予約可能な在庫数の拡大とユーザー数と予約頻度の拡大の相乗効果で成約のマッチング総数はうなぎのぼりに増加していき、事業は飛躍的な成長を遂げたのである。そして「じゃらん」の成功を皮切りに、他の領域でもネットへのトランスフォーメーションが一気に進んでいった。

紙メディアからネットメディアへのトランスフォーメーションの成功が、その後のグローバリゼーションとITソリューションカンパニーへの変革のための大きな投資の原資を生み出し、その後の次の成長基盤確立のための長いトランスフォーメーション・ジャーニーを支えたのである。

ネットビジネスへのトラウマを残した2つの失敗

こうして時間軸のトランスフォーメーションを成し遂げたリクルートだが、ここへ至る過程ではいくつかの大きな失敗も経験している。

一つは、1999年にヤフーに対抗して立ち上げたポータルサイトの失敗である。それ以前から運営していた情報サイト「ミックスジュース」を「ISIZE（イサイズ）」のブランド名で新たに展開し、リクルートが扱う就職・転職、グルメ、旅行、中古車販売など各領域の情報を横断的に提供するサービスを開始した。

だが結局、3年も経たないうちにこのサイトを閉じることになった。理由は収益が上がらなかったからだ。同社が手がけてきた情報誌ビジネスでは、スタートから1年で単年度黒字化、3年で累損解消が常識で、これを達成できなければ事業は失敗と認識された。

一方、ネットビジネスでは事業の成功・失敗に対する概念がまるで違う。まず重視すべきは獲得ユーザー数やアクティブ率、ユーザー当たりの売上単価、そしてユーザー1人当たりの獲得コストやリテンション率などの指標であり、それによってまずはトップライン・グロースを実現できる事業となることである。そして、圧倒的なユーザー数からもたらされる売上スケールの増大により固定費が吸収され、利益が生み出されていくというのが基本的な考え方だ。もちろんヤフー・ジャパンもそうした考えに基づくKPIを設定し将来に向けた投資を先行し続けたことで、その後、長期にわたる高い成長性と収益性と時価総額の伸びを実現したことはご存じの通りである。

しかし当時のリクルートは、この発想の転換ができなかった。情報誌ビジネスの常識から脱せないまま最初から利益を追求し、短期間で収益化できないという理由で撤退した。この手痛い経験は、リクルートにネットビジネスに対するトラウマと教訓、次につながる学びを残したと想定される。

もう一つは、「旅の窓口」を運営するマイトリップ・ネットの楽天による買収である。マイトリップ・ネットの年間売上高の約10倍に達する323億円での買収である。これにはきっとリクルートは驚いたのではないだろうか。2003年9月の日経クロステックの記事によると、当時、楽天は2年以上前から旅の窓口を買収する意思を持っていたそうである。しかし、親会社の日立造船が手放さないと見るや、自ら楽天トラベルを立ち上げた。そして、日立造船が本業不振から手放すと決めたとき、楽天の三木谷社長は一切の迷いなく、この金額を投じることを決断したという。これは結果的にとても安い買い物になった。この当時、こうした大きく成長する可能性を秘めているが、投資に対するリターンが必ずしも読み切れない領域、特にこの当時のネット系の領域において、リクルートには同じ判断ができなかったのでは、と推察することができる。

デジタルテクノロジーを強みとするプレイヤーへの投資価値の判断や、エマージングな領域への投資・リターンの考え方において、既存の古い伝統的企業の買収や既存事業領域を評価するのと同じ基準で判断することが、いかに将来の重要な成長機会を奪うことになるのか。大きな学びがあったに違いない。

ウェイブ②グローバリゼーションの本格化

アジア進出での失敗

ウェイブ①の紙メディアのネット化の一方で、2004年ごろから、リクルートにとってまったく未知の領域であり、勝ち筋が見えていなかったグローバル市場へのチャレンジが始まっている。国内メディア事業のネット化の先は、リクルートにとっての圧倒的な白地領域であり、次の大きな成長機会をもたらすグローバル領域へのチャレンジに乗り出したのである。

リクルートは、2004年に中国市場に結婚ビジネスのゼクシィ事業で参入した。日本の勝ちパターンを中国に移植すべく、まずは小さな投資からスタートさせた。その後も中国でのその他の事業へのトライ、東南アジアにおける販促領域の事業会社への小規模な買収と、それをテコにした日本モデルの移植によるバリューアップなど、企業全体への大きなリスクを伴わない範囲で様々なトライをした。残念ながらそれらはいずれも実を結ぶことはなかった。しかし、ここでの投資がその後のグローバルビジネスの飛躍につながる大きな学びとなった、と峰岸氏はメディアでの取材で述懐している。

本気のグローバルモードへM&Aを加速

峰岸氏のインタビュー記事をもとに、その後に本気でグローバルに打って出ることを意思決定した当時の様子を見ていきたい。峰岸氏は、社長就任前の2010年ごろから、経営企画の担当役員として当時のリクルートのボードメンバーと中長期戦略の検討を行う中で、もう一度、海外に行くか行かないか、が大きな課題だったと語っている。侃々《かんかん》諤々《がくがく》の議論を繰り返した末、本気で海外に打って出ることを決断。やるからにはグローバルでナンバーワンになるとの強い意志のもと、当時の経営陣はまず、リクルートの祖業であるＨＲビジネスにおいてグローバルナンバーワンを目指す覚悟を固めた。その方針を掲げて社長になった峰岸氏は、海外戦略を支える一つの資本戦略として上場という意思決定を行い、２０１２年６月の株主総会で、「上場します」と宣言した。

グローバルナンバーワンという壮大なビジョンを実現するために、長期の時間軸でリクルートのトランスフォーメーションをやり切る覚悟を固め、それを始動させたのである。

ここで、２０１０年からのリクルートの主な海外Ｍ＆Ａ展開について見てみよう。２０１０年の米国の人材派遣会社ＣＳＩの買収を皮切りに、２０１１年にアドバンテッジ・リソーシング（米、オランダ）を４５０億円、スタッフマーク（米）を３２０億円で買収し、人材派遣事業を拡大した。そして、２０１２年には、米国のオンライン求人情報専門検索サイトを運営するインディードを約１０００億円で買収し、人材関連事業をＡＩのデジタル技術で変革するＨＲテクノロジー事業に本格参入した。

グローバルＨＲ領域のＭ＆Ａにあたっては、国内メディア事業のネット化の成功により生み出された膨大なキャッシュフローが注ぎ込まれた。さらに、２０１４年の上場時には７０００億円のＭ＆Ａ投資枠を設けると宣言し、長期的な成長を目指してグローバルＨＲへの投資を加速していったのである。

こうした海外M&A積極化の背景には、前述の中国・アジア事業での失敗がある。自前で海外進出を行っても、必ずしも日本の勝ちパターンが通用するとは限らない。文化も慣習もものの見方も違う市場に日本での勝ちパターンを持っていって成功させるのは厳しい。現地を知る企業、あるいはリクルートにないケイパビリティを持った企業を買収することによって「相手を活かして事業を創る」方針をとった。

海外に行くなら海外でやっている人が経営を執行するのがベストであり、革新的な技術を生かした新しいビジネスモデルを手掛けている人たちを取り込みながら攻めよう、という方向に舵を切ったのである。これからのコアコンピタンスを支える、自社にないケイパビリティを、M&Aによってグループ内に獲得し、それによって自らを変革する手法といえるだろう。

一方で、自社にとっての勝ち筋となる強みを持てるかどうか、どのように定義するかがM&Aの成否を左右するカギである。リクルートは、そのカギは祖業である人材ビジネスであれば、マネタイズ（収益化）する能力にある、と結論付けた。それにより買収後の事業をバリューアップさせていく、という勝ち筋をセットしたのである。

過去の失敗の教訓を活かす

グローバル化において最初に着手したのは、派遣領域からであった。この買収の手法においても、過去のグローバルビジネスの失敗からの学びが活きているという。

一つは買収チームの選定である。経営企画や投資チームといった本社スタッフが買収の案件をサーチし、意思決定して、その後の買収プランを策定しても、買収後に社内の別の人間にそのマネジメントを任せていたのでは、結局は当事者意識が生まれない。任された側からすればもともとのプランニングに無理があった、任せた側からすればなぜプラン通りに執行できないのか、といったお互いに責任のなすりつけ合いになる。

その反省から、グローバルでの買収においては、買収後も現地に乗り込んで会長かCEOをやると決めた人間に、買収すべき企業を選定させる、そして買収企業の価値算定や買収後の事業プランの策定を本人に描かせる、と決めてそれを実践した。実際、グローバル派遣領域においては、当時リクルートスタッフィングの社長であった本原氏自らが、派遣領域におけるグローバル化の責任者となることに手を挙げて、当事者としてM&Aとバリューアップを推進していった。インディード買収にあたってはその役割を担ったのが、現リクルートホールディングス社長の出木場氏である。

そして失敗から学んだもう一つのポイントが、現地への権限委譲である。例えば、派遣領域においては「ユニット経営」という経営手法を買収先に移植することで利益率を引き上げると目標を決めた後は、大事な意思決定を東京の本社ではなく、現地で行えるようにした。

このように、現地のオペレーションは現地に任せながら、短期間でマージン率の改善を行うことでバリューアップを実現。買収先の投資資金を回収し、次の成長への投資ができるキャッシュを生み出していった。

リクルートは、その後も矢継ぎ早に派遣領域のグローバルM&Aを進めていく。2016年、自社最大規模となる約1897億円を投じて、当時欧州4カ国で事業を展開していたオランダの大手人材派遣会社USGピープルを買収し、HR領域で世界トップスリーの一角を占めるまでになった。この買収により、リクルートの海外派遣事業は年間4800億円から2016年には7600億円規模に急拡大（USGが通期で寄与したと換算）。現在ではリクルートグループのグローバル人材派遣事業のRGFスタッフィングの本社はオランダに置かれ、そのCEOは買収先のUSGのCEOであったオランダ人が務めている。

こうして、グローバル派遣事業は、国内のメディア&ソリューション事業に続く、第二の重要な収益基盤となっていった。そして、次の10年を支える高成長領域のHRテクノロジー領域への大きな資源投入を可能としたのである。

ウェイブ③―①グローバルテックカンパニーへの変革

インディード買収

続いて、リクルートの変革においてデジタルテクノロジーを活かしたグローバルトランスフォーメーションについてくわしく見ていきたい。その転換点となったのが、2012年の米オンライン求人情報専門検索サイト「インディード」の買収である。

当時のインディードは、売上高が100億円にも届かない会社だった。2004年創業で、何十億円もの赤字を出していた時期もあったという。それをリクルートは約1000億円で買収したのだ。この決断をしたとき、インディード以外にも候補があったという。しかし短期的に構造改革で利益を増やせるといった目先の判断ではなく、「人材領域において将来、長期的に採用決定数でグローバルナンバーワンになれる先進的なテクノロジーを持った企業かどうか」という長期スパンの視点から、同社に白羽の矢を立てたという。

図表2-11　グローバルテックカンパニーへの変革①

人材領域でグローバル No.1 を掲げ、エマージングな HR テクノロジー企業を買収。売上 100 億円の会社に 1,000 億円の投資を決断

インディードの買収：収益成長の推移

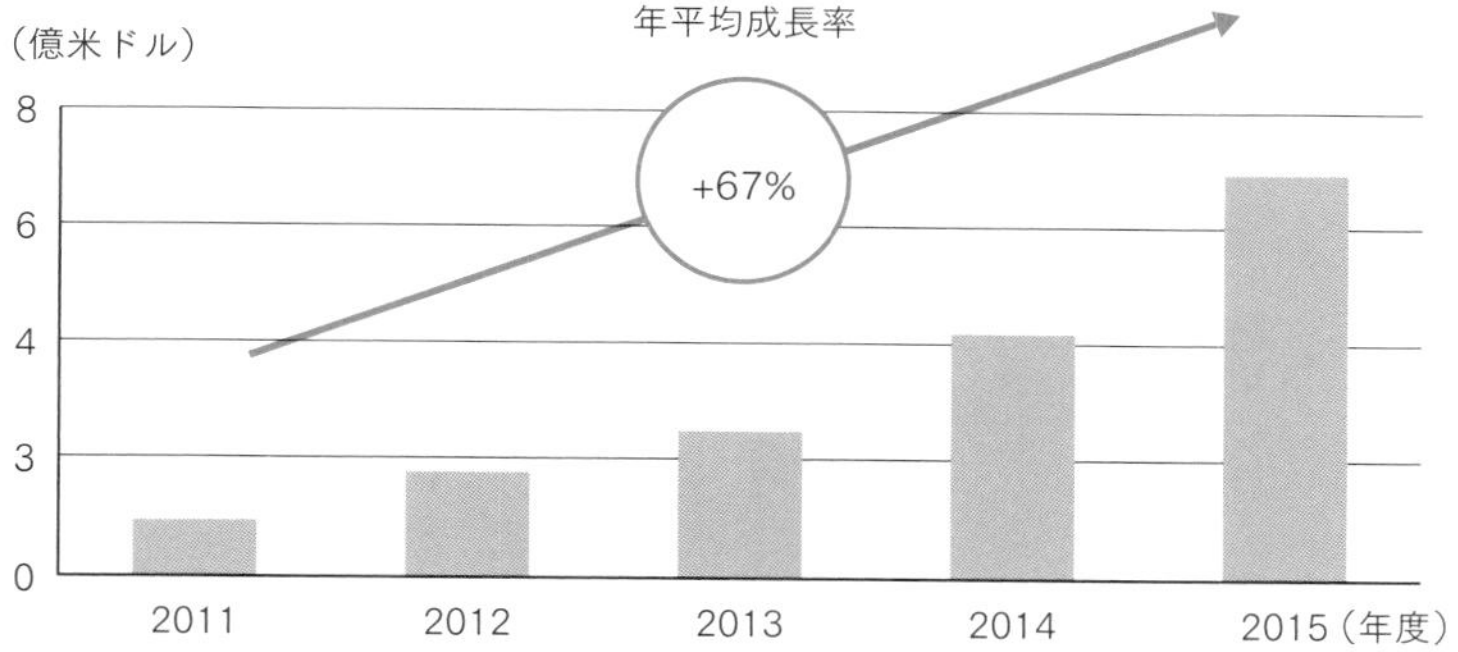

Source: News Picks

リクルートが長期に成し遂げたいビジョンとインディードが目指した姿とが近く、親和性が高いと判断した結果である。後の章で改めて解説するが「パーパス」「企業風土」というのも、時間軸のトランスフォーメーションを実現させるために、重要な要素となっている。

この経営判断には、今までの旧来型の投資とリターンの考え方による失敗の教訓が活かされていると思われる。インディードへの巨額の投資を決断したのは、新たな市場を創造し、将来のリクルートの屋台骨を支えるグローバルテックカンパニーへの変貌を成し遂げるという長期的なビジョン達成のためである。そのために、買収後も既存の国内事業が生み出

すキャッシュをインディードに惜しみなく投入し、同社を中核としたHRテクノロジーセクターは、利益の最大化ではなく、トップライン・グロースの最大化を唯一の経営目標に据えて、長期かつ持続的な成長基盤の進化のミッションを回し続けていった。

長期時間軸の中で、国内のメディア&ソリューションセクターで生み出されるキャッシュと、M&Aにより獲得したグローバル派遣事業セクターのユニット経営により生み出されるる新たなキャッシュを、将来の中核となるコア事業であるHRテクノロジーセクターに投入するという投資ポートフォリオマネジメントを回しているのである。

その結果、インディードのトップラインは2011年から買収後の2015年までの5年間において年平均67%の成長率となった。2015年の売上高は6億8300万ドルを達成し、HR領域のデジタル・プラットフォーマーとしてナンバーワンの地位を築いたのである(図表2-11)。

さらなるキャッシュを投入し、急成長

リクルートはその後もインディードへキャッシュを注ぎ込む投資をまったく緩めることなく、2016年から2019年までの3年間でトップラインを300%伸長させるという非常に野心的なプランを2017年3月期の通期決算説明会で打ち出した(図表2-12)。

図表2-12　グローバルテックカンパニーへの変革②

HRテクノロジー事業に投資キャッシュフローを集中して圧倒的なトップラインググロースを目指す

2019年3月期の売上高の見込みを、2016年3月期の2倍から、新たに3倍へ

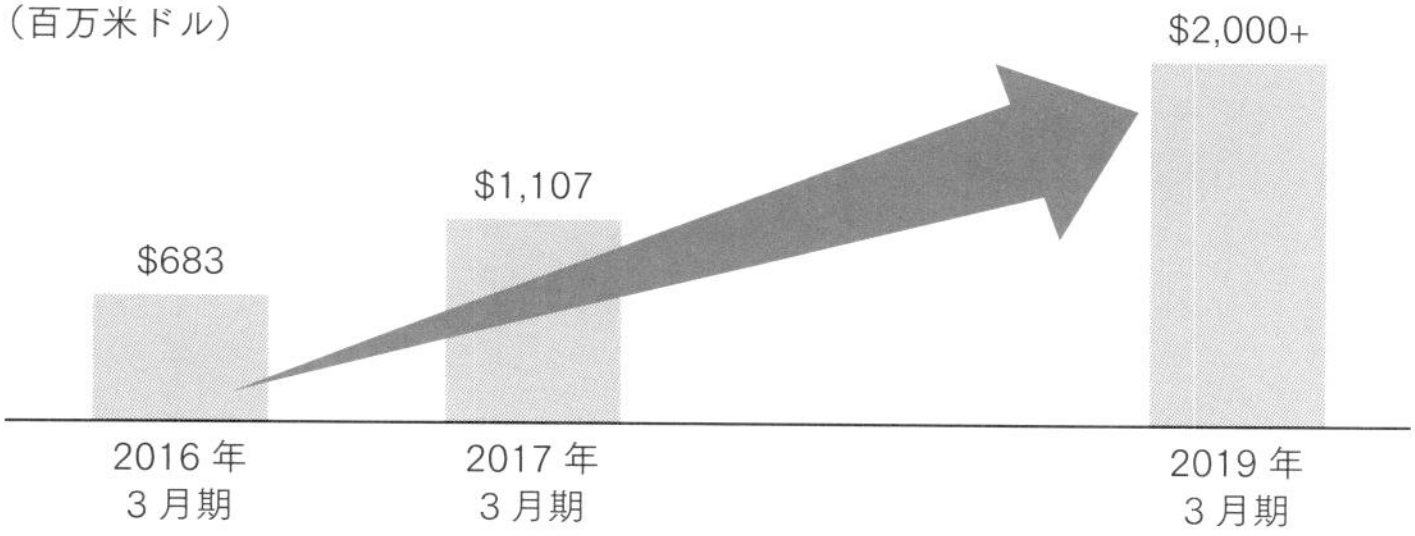

Source: リクルートホールディングス 2017年3月期 通期決算説明会資料

さらにＨＲテクノロジーの競争力を圧倒的なものとするために、インディードの経営層のリードのもと、２０１８年には米国の就職支援の口コミオンラインを運営する米グラスドアを売上の7倍となる約１２８５億円で買収し、テクノロジー領域におけるさらなるケイパビリティの強化と圧倒的な競争優位性の確立に邁進している。

そして、２０１８年3月の決算発表資料によれば、求人検索サイトの利用者数やビジネスモバイルアプリのダウンロード数、雇用決定者数などの指標でグローバルトップを獲得。60カ国28言語に対応し、月間利用者数は２・５億人にのぼるなど、ＨＲ領域でのグローバルナンバー

ワンを目指す際に決めた、雇用決定者総数グローバルナンバーワンのポジションを数年早いタイミングで実現した。

その高い売り上げ成長と市場での圧倒的なポジションは、いまや大きな利益も生み出し始めており、2022年3月期の第3四半期累計は、売上収益6247億円、調整後EBITDA2278億円を記録している。

エンジニアを中心に据えたマネジメント

一方で国内においては、テクノロジーに強い高度なエンジニア人材をプールする仕組み作りにも力を入れた。

すでに述べたように、IT化やデジタルトランスフォーメーションを進めるにあたり、社内の人材不足は当初からの課題だった。リクルートは創業以来、営業系人材が経営や事業創出を牽引してきた歴史があったため、エンジニアから見れば活躍の場が少なく、就職・転職先として魅力がない会社に映ったのである。

2012年当時、IT部門の社員数は百数十名程度にすぎず、大半の開発は外注に頼っていた。就職先の候補となる割合を示す就職意向率も、IT人材については極めて低い水準にとどまっていた。

この現状を改善することも、新経営層にとって重要なアジェンダとなった。そこで優秀な人材が集まってチャレンジできる環境を作り、目に見える実績を出し続けて、デジタル組織を強化する取り組みに着手したのである。

当時の峰岸社長が打ち出したのが、エンジニアを中心に据えたマネジメントに変革することである。そのために、①エンジニアがリスペクトするエンジニアを採用、②エンジニアがリスペクトするエンジニアに権限移譲、③エンジニアがわくわくする仕事をアサインすることを決めた。エンジニアをスターにすることをマネジメントの中心においてリクルートのIT化という新たなケイパビリティ獲得への大きな投資を行ってきたのである。これは、前述の「ソフトのケイパビリティをどうマネジメントするか」という視点だといえる。

その一つとしてリクルートテクノロジーズという新会社を設立し、グループ内の技術開発を担うデジタル組織を立ち上げた。リクルート本体と別組織にすれば、エンジニアにとって魅力的な評価制度や給与体系を構築できる。また採用においても、「事業会社ではなく、テクノロジーの会社が募集する」という形をとれるので、エンジニアを惹きつけやすい。

そして採用されたデジタル組織の人材を彼らにとって魅力的な未経験の業務領域にアサインし、新たなチャレンジの機会を積極的に作った。グループ内の事業会社にテック人材を供給し、商品開発や業務BPRなど様々な領域に挑戦させながら目に見える実績を出し続け、グループ全体でデジタル化の機運を高めることを狙ったのである。これらのチャレンジから、ＰＯＳレジアプリ「Ａｉｒレジ」や「Ａｉｒペイ」、サロン管理システム「サロンボード」など多くのサービスがテック系人材によって生み出されている。

これらの取り組みにより、優秀なテクノロジー人材が活躍できる土壌が作られた結果、ほぼ5年で2000名規模のエンジニア人材のプールを創り上げ、リクルートへのＩＴ人材の就職意向率も急上昇したのである。

ウェイブ③―⑪長期的成長のための組織・ガバナンス革新

3つのSBUに再編

グローバル化やＩＴソリューション企業への変革と並行して、長期的な成長機会に投資を振り向ける投資ポートフォリオマネジメントを明確にするために、「組織・ガバナンスの革新」のトランスフォーメーションにも取り組んだ。

Ｍ＆Ａを進めることによって、事業ポートフォリオが多様化し、それぞれのコアコンピタンスの違いにより、ケイパビリティや集まっている人材の価値観が異なる組織を保有することになった。こうした中で、それぞれの事業体がグループ全体のポートフォリオの中で担う目的をはっきりさせ、異なるカルチャーを維持・強化していくことが求められるようになる。目的の異なる事業単位を明確に区分けし、そのミッションに合わせた最適なガバナンスを効かせるために行ったのが、事業を3つのSBUに再編することである。

具体的には、すでに試行を始めていた3SBU体制に変革することを2017年に発表した。グループの事業を「メディア&ソリューションSBU（現マッチング&ソリューションSBU）」「人材派遣SBU」「HRテクノロジーSBU」の3つの事業単位に分け、インディードなどは「HRテクノロジーSBU」として他の事業会社から切り離したのである。

海外エンジニアを中心とするこれらの会社は、従来のリクルートとは異なるカルチャーを持つ。その強みや良さを殺さないためには、独立した事業セクターの中でテクノロジー人材を中心としたカルチャーを維持しながら、ディスラプティブな市場創造による長期的な大きな成長を目指す戦略が有効となる。さらに、M&Aの戦略立案や実行もその責任を負うべき実質的な当事者となるSBU長が主導することとした。これは、前述した中国事業の失敗の教訓を活かした方針といえる。

コーポレートとSBU間で握る目標においても、3つの事業体のミッションに応じて、それにフィットする経営指標をセットした。メディア&ソリューション事業のミッションは、着実に毎期ごとに生み出されるキャッシュを増やし続けていく経営にフォーカスすることである。大きな投資をすることなく、高いＥＢＩＴＤＡマージンを維持し、安定的かつ持続的な成長を実現して、グローバル領域への投資のためのキャッシュを生み出すことを目指す。

人材派遣事業のミッションは、Ｍ＆Ａで買収したグローバルの派遣会社へのユニット経営の移植により、短い時間軸で売上高利益率の改善を行うことにある。トップラインの成長はマージン率の改善よりも劣後してもかまわないので、マージン率改善にフォーカスしたバリューアップを行う。そして短中期で投資を回収し、新たなキャッシュを生み出す事業体に変革することが求められる。

そして、ＨＲテクノロジーのミッションは、他事業セクターから生み出された潤沢なキャッシュをさらなる成長のための投資に活用し、圧倒的に高いトップライン成長とグローバルプラットフォーマーとしての強固なポジションを維持、発展させ続けること。例えば、2018年のグラスドア買収も、自らの成長基盤を強化するためにＨＲテクノロジーＳＢＵの主導で行われた案件である。

こうした各事業セクターの異なるミッションにフィットした、異なる最適な経営指標をセットすることで、各ＳＢＵの経営層の役割を明確にし、インセンティブも含めて整合性を取っていった。各事業セクターの組織、人材を支えるそれぞれのカルチャーを維持するとともに、戦略の自由度や自律性を高めるために、必要な機能とそのリード役を委譲していった。

P／Lから時価総額で評価される経営へ

その一方で、ホールディングスは、各SBUの持つ強みやユニークな手法をお互いが学び、活用できるような機会を作り、ベストプラクティスを広める役割を担った。各SBUの意思を尊重しつつもグループ全体のシナジー創出を最大化するための役割を担うといった、各SBUの自律性とオーナーシップを前提としたガバナンスのあり方に進化させていったのである。

投資対リターンや経営指標がそれぞれ異なる時間軸を持った3つのセクターをSBUとして自立させ、将来の長期的な成長に向けた資源配分を最大化できる投資ポートフォリオとして組み立て、回し続けることで、持続的かつ長期の成長を実現できる基盤作りを推進しているのである。

その結果、HRテクノロジーセクターの売上は伸長し、トップラインの成長に引っ張られてEBITDAも成長し、売上、利益ともにHRテクノロジーが占める割合は急速に拡大し続けている（図表2－13）。そして、その成果はP／L上の成長にとどまらず、3つの事業

図表2-13　長期的な成長のための組織・ガバナンスの革新①

SBU別の売上・EBITDAの伸びと構成比の変化
2017年3月期～2019年3月期3年間の総括

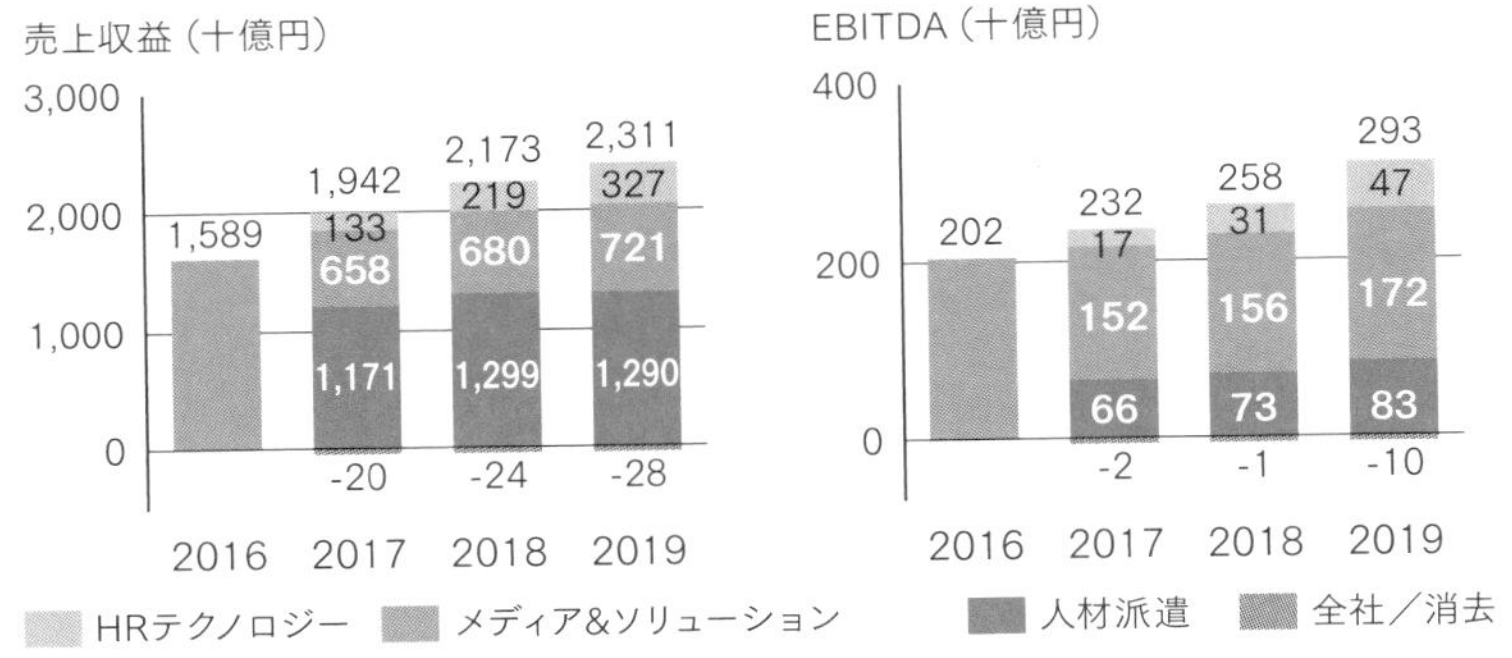

Note1: 当社は2018年3月期よりIFRSを適用しており、比較情報のある2017年3月期以降の数値を掲載しています。2016年3月期の日本基準の数値は、参考情報として記載しています。また、2019年3月期にIFRS第15号を適用しましたが、2018年3月期以前の遡及修正は行っていません
Note2: 当社は2017年3月期より報告セグメントを変更しており、変更後の報告セグメントに基づく2016年3月期以前の数値はありません
Source: リクルートホールディングス 2019年3月期 通期決算説明会資料

セクターの異なるマルチプルの評価を前提とした時価総額がSOTP（Sum Of The Partsの略で、それぞれの事業セクターが属する市場を異なる市場と見立てて、セクターごとに異なる類似企業のマルチプルをベースにして、セクターごとの疑似的な時価総額を評価して、それの合算で時価総額を評価するもの）で評価されるに至っている。

もともとのマルチプルを前提とした時価総額を大きく超える時価総額を、HRテクノロジーセクターの高いマルチプルと事業収益の高成長により実現しているのである。企業の価値を従来の財務指標から時価総額で評価する経営指標に変えることで、将来の成長市

図表2-14　長期的な成長のための組織・ガバナンスの革新②

リクルート: 企業価値の推移

リクルートの企業価値は、EBITDA拡大・マルチプル上昇により、2015年3月の1.8兆円から6年間で8.8兆円まで向上。特に2017年3月期前後において、HRテック(Indeed) のSOTP算入1により、マルチプル・企業価値が向上

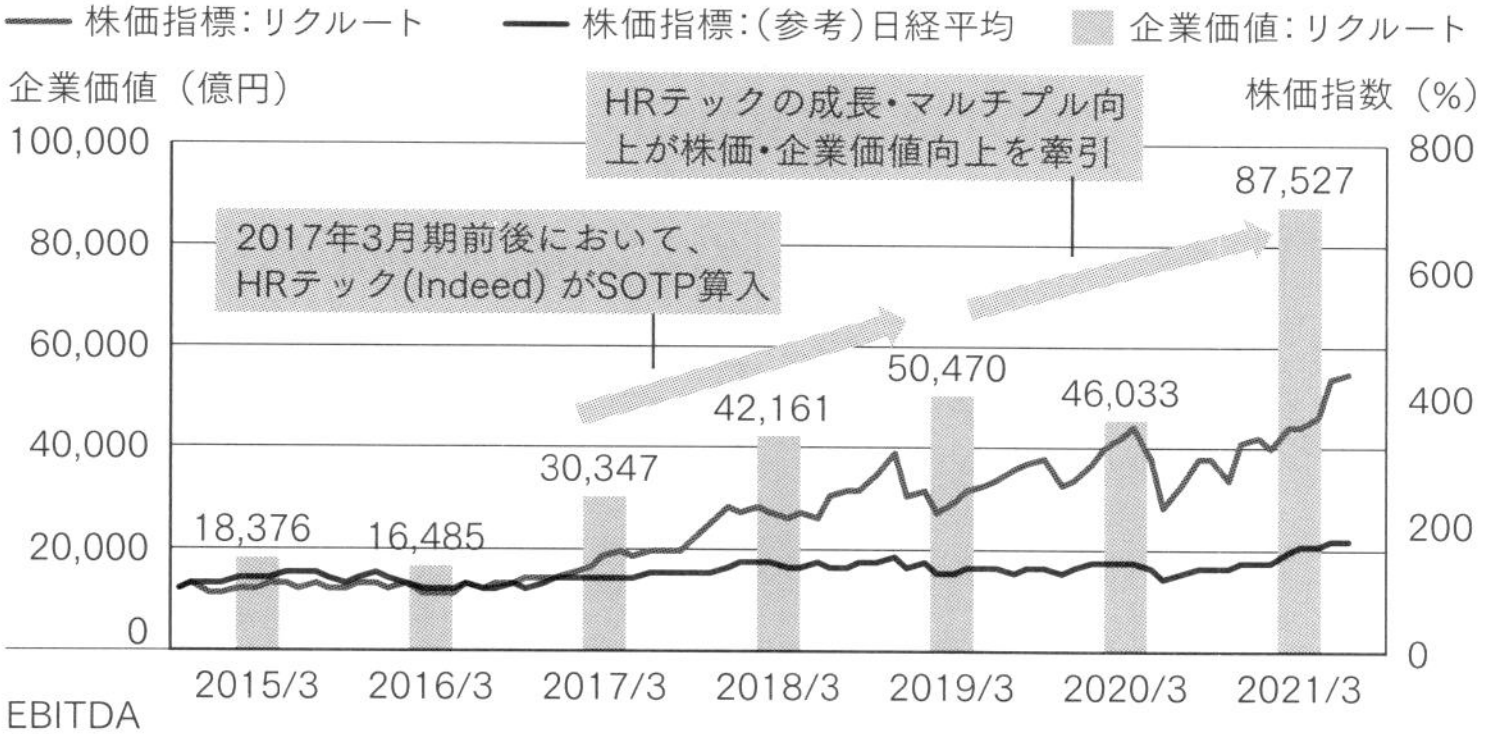

	2015/3	2016/3	2017/3	2018/3	2019/3	2020/3	2021/3
EBITDA（億円）	1,914	2,022	2,308	2,584	2,932	3,252	2,417
マルチプル	9.6	8.2	13.1	16.3	17.2	14.2	36.2

1. SOTPとはSum of the Partsの略で、各事業の事業評価額を算出し、その積み上げで企業価値を算出する手法
Source: リクルートホールディングスIR資料; Speeda; アナリストレポート

場に軸足を移すための大胆な投資が正当化されていったといえる。

　こうした20年に及ぶ連続的なトランスフォーメーションと、特にこの10年のグローバリゼーション×デジタライゼーションのトランスフォーメーションを経て、リクルートは従来とはまったく異なる姿へと変身した。

　2017年3月期には過去最高益を達成。買収したインディードの売り上げは62%の増収となり、派遣領域を含む海外売上高比率も4割を超える水準まで

に達した。2016年3月期には8・2倍と1ケタだったマルチプルも2017年3月期には13・1倍、そして2021年3月期には36倍を超えるまでに拡大した（図表2－14）。

リクルートは長期の時間軸を意識して、将来の成長基盤の確立のために、先へ先へと投資領域をシフトさせてきたことにより、持続的で長期的な新たな成長基盤を確保し続けることに成功してきた。まさに長期のダイナミックな時間軸を意識した投資ポートフォリオのマネジメントを実践し続けてきた企業であるといえる。

アマゾンの投資マネジメントからの示唆

リクルートだけでなく、過去から現在に至るまで、様々な企業が長期の時間軸を意識した投資マネジメントを工夫を凝らしながらやってきた。時間軸に着眼した投資ポートフォリオの最適化の概念を取り入れて経営を実践してきたと見ていいだろう。この例としてアマゾンのケースも挙げておきたい（図表2－15）。

同社は利益の創出よりも、持続的なトップラインの成長を優先することで知られる。ネットインカムについてはマイナスにならないぎりぎりの水準で抑え、既存事業のオペレーショ

図表2-15　アマゾンの投資マネジメントからの示唆

アマゾンはずっと継続的にビジネスモデルを拡張している

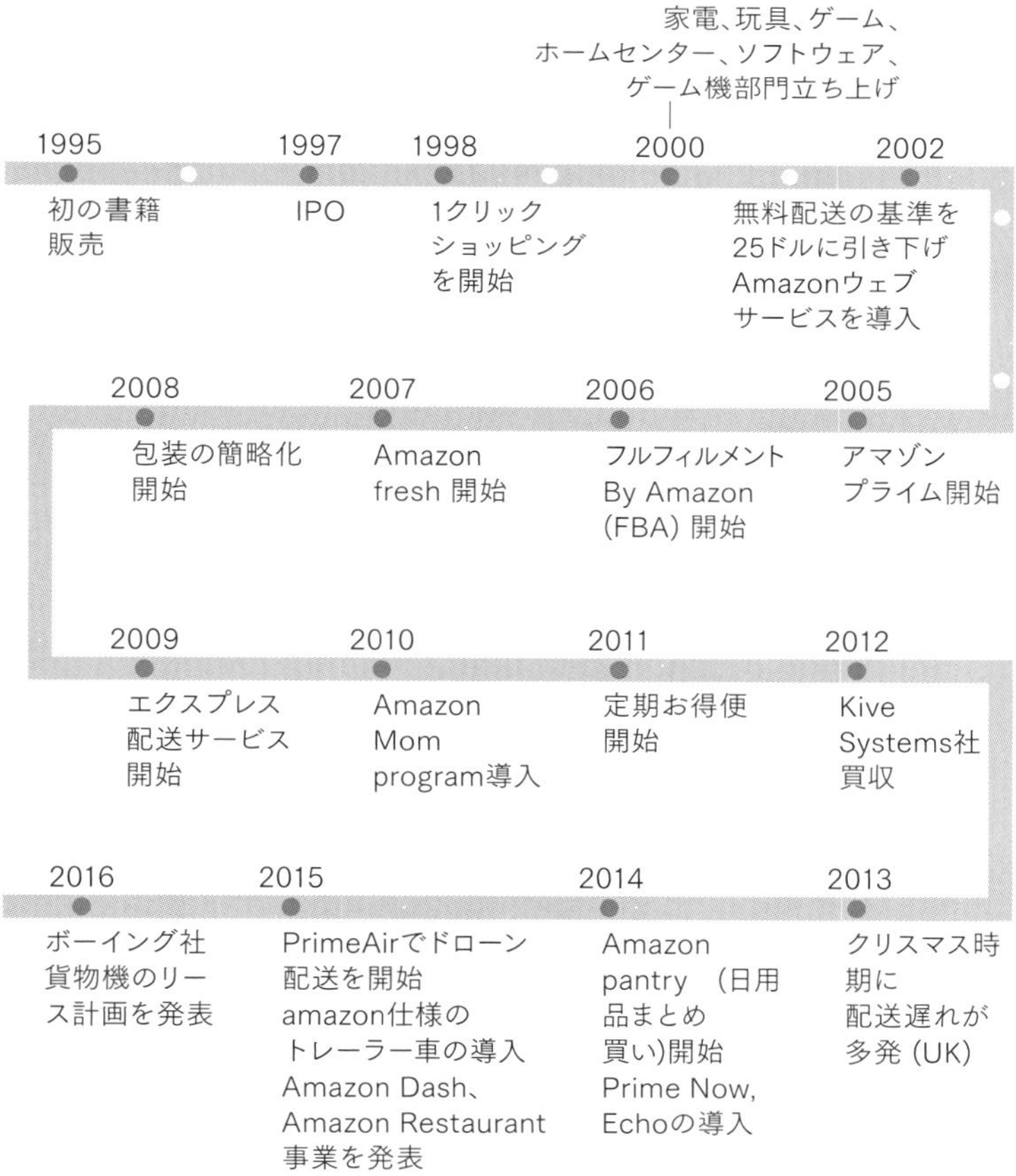

図表2-16　アマゾンの業績の推移

アマゾンは長期にわたって持続的なトップライン成長を、
利益創出よりも優先して、新規領域に投資し続けてきた

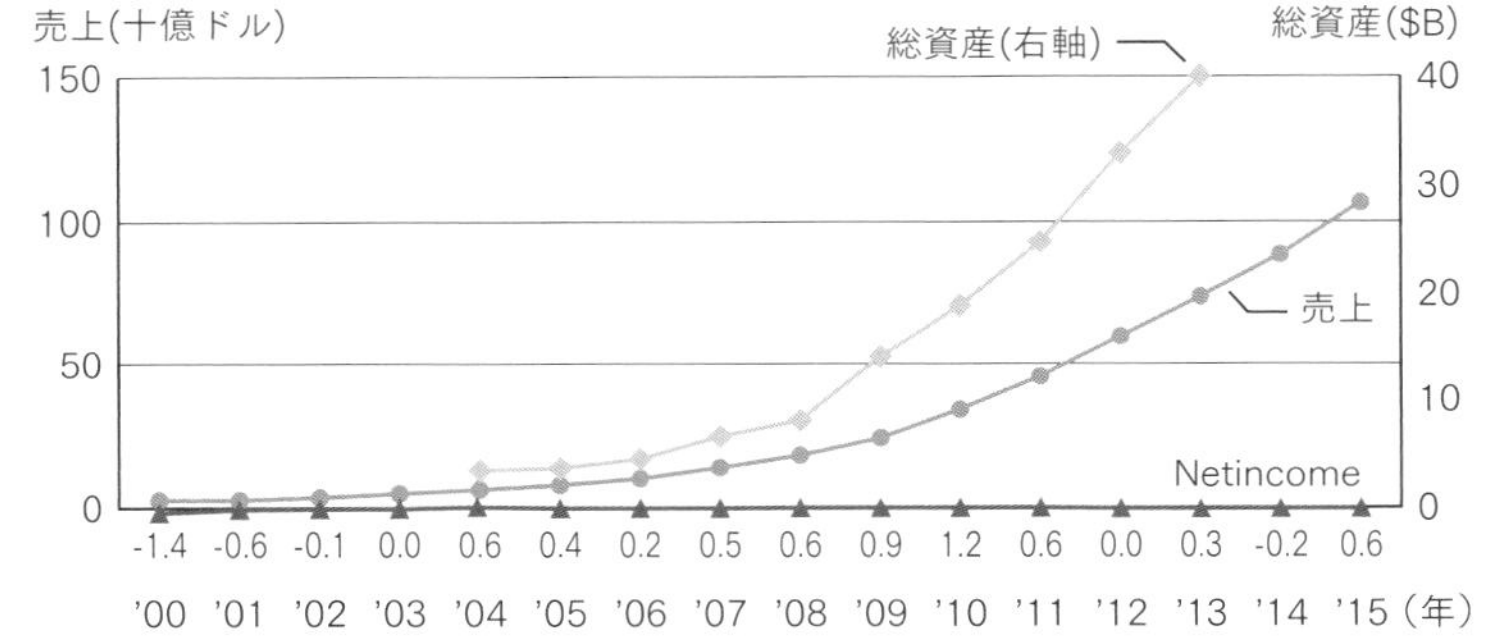

Market cap ($B)	4.5	6.4	15.2	17.8	16.6	14.9	30.0	30.0	27.4	59.8	59.8	82.6	83.4	123.2	191.6	325.3

Source: BCG分析

ンから生み出したすべてのキャッシュは新たな成長領域へ注ぎ込む。これにより、アマゾンは創業以来継続的にビジネス領域を拡張し、持続的な高成長を実現し続けてきた。

1995年に最初の事業である書籍販売をスタートし、まずは扱う商材の領域を拡大するために投資を行った。そして2002年には、早くもクラウドサービスのAWS（アマゾン・ウェブ・サービス）を開始する。その後も会員特典のアマゾンプライム、出店者向けの業務支援サービスであるフルフィルメント・バイ・アマゾン、生鮮食品を届けるアマゾンフレッシュなど、次々と新たなサービスを打ち出している。

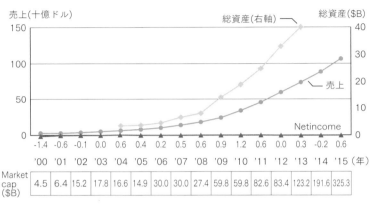

この間のキャッシュフローを見ると、ビジネスモデルの拡張により、事業から生まれる売上高や営業キャッシュフローはずっと右肩上がりで推移している。一方で、ネットインカムはずっとゼロ近辺に張り付いている、ということからすると、事業で生み出したキャッシュのほとんどは、投資に回されているのではないかと推定できる（図表2－16）。将来の成長可能性の高い事業への投資を優先することで、アマゾンの総資産は将来の成長領域への投資でどんどん積み上がっているのである。

本章のまとめ

本章では、時間軸の投資ポートフォリオマネジメントについて、具体的事例とともに解説してきた。これからの時代の経営において、投資を財務的な評価をベースにした伝統的なポートフォリオの枠組みで考えるだけでは不十分であり、長い時間軸の中で将来の不確実性と短中期的に確実なキャッシュを生み出す領域を見定めながら、適正な投資バランスをとることが重要となる。

その好例といえるのが、本章でくわしく取り上げたリクルートホールディングスだ。同社は投資リターンの時間軸と長期的な成長ポテンシャルと不確実性が異なる3つの事業に切り分け、今の収益を支える既存事業のキャッシュを、将来の収益あるいは長期的な成長を支える領域に投資を振り向ける投資ポートフォリオのマネジメントを行ってきた。

リクルートの20年にわたるトランスフォーメーションが成功したカギを総括すると「失敗からの学習」「危機感の醸成と新たな機会へのチャレンジの渇望感」「将来を創る未知の領域への思い切った投資」「それを実現できる企業モデル・システムの変革」が挙げられる。

結局のところ、最大のカギになるのは「構造的変化から生まれる機会をいかに捉え、ものにするか」だ。いつか来る未来がどの時間軸で訪れるかを読むのは困難だが、変化の方向性や兆しは捉えられる。また、将来の市場サイズを明確に分析し予測することはできないが、ひとたびティッピングポイントを迎えたときにどれほど魅力的で大きなマーケットになるポテンシャルを秘めたものか、はメガトレンドが起きたときのシナリオとインパクトの見立て次第ではあるが、ある程度予測することはできる。あとは、本気でそれを勝ち取りに行くかどうかの企業としての意志の強さ次第である。

圧倒的な収益を生み出している既存事業を守ろうとしたり、従来の価値観や判断基準に基づいて新たな事業領域を立ち上げようとすれば、たちまちイノベーションのジレンマに陥る。それを乗り越えるには、経営層が未来への危機感と変化によって訪れる機会獲得への渇望感を持つことが不可欠である。リクルートの場合は、過去の失敗に対する反省とトラウマも危機感の醸成と機会を獲得するためのレッスンにつながった。

リクルートという企業を見ていて感じるのは、危機感の醸成やリスクのマネージだけでは将来は創れない、ということである。リスクを取っても将来に何かを残したいという強烈な意志が経営層にある。そして、そこそこの業績を上げられる会社として継続していくだけでは、経営層が従業員から尊敬されることもなければ、彼らをモチベートすることもできないという企業風土がある。

第4章で解説するが、パーパスやビジョン・ミッション・バリューそしてカルチャーといったソフトな要素をどう掛け合わせて変革していくか、が重要なポイントであり、企業としてのシステムや仕組みといったハードな構造的なところだけ変えても長期的なトランスフォーメーションは実現しない、ということもリクルートの事例は示唆している。

リクルートグループが新たに定義したバリューである、「WOW THE WORLD」「BET ON PASSION」「PRIORITIZE SOCIAL VALUE」といった価値観を従業員レベルに浸透させていくことが、長期のトランスフォーメーションを成功させるためのもう一つのカギだったといえるのではないか。

コラム❷「時間軸の投資ポートフォリオ」へ発想を転換するキーワード

最後に、伝統的なポートフォリオから時間軸のポートフォリオへと発想をシフトするためのキーワードを紹介したい（図表2－17）。

「非連続性」

【かつて】オーガニック↓【今】ディスラプティブ

かつての連続的な世界観においては、既存の経営資源を活用したオーガニックな成長が期待できた。だが現在の非連続な世界観では、デジタルテクノロジーの進化や思わぬ競合の登場により、自社の事業がディスラプトされる可能性が高い。

「エマージング」

【かつて】成長・成熟スピードがゆっくり↓【今】S字カーブの立ち上がりが速い

市場の立ち上がり方も、従来は投資をしながら徐々に成長・成熟していったが、今ではS字カーブが前倒しで速く立ち上がるようになった。

「テクノロジードリブン」

【かつて】ネット企業のコアコンピタンス↓【今】リアル企業のコアコンピタンス

以前ならテクノロジーはネット企業の成長を支える要素だったが、現在はリアル事業を手がける企業でも、ＩＴやデータの活用をコアコンピタンスとしなければ成長できない時代になっている。

「主従逆転」

【かつて】内に外の強みを取り込みマージする↓【今】外の新たな強みを活かし内の強みを外に持ち出す

自社にない強みを得るために、以前は外部の組織や人材を買収し、社内に取り込んで会社を強くしていく発想が一般的だった。だが今は、自社の中にある強みを外へ持ち出し、買収した組織や人材にプラスするという逆転の発想が求められる。これは自社がもともと持つカルチャーや価値観とまったく異なる組織を買収した際に、その強みを潰すことなく、最大限に活かし、自らが変わるために必要な発想である。

「終わりのない旅」

【かつて】スタティックなポートフォリオを前提としてゴールを目指す↓【今】ダイナミックなポートフォリオイノベーションを回し続ける

市場の動向を静的なものとして捉える時代は終わった。市場の変化をもっとダイナミックに見立て、不確実性を織り込みながら、大胆に投資ポートフォリオを回し続ける。この終わりなき旅を続ける心構えが経営層に求められている。

「アスピレーショナル」

【かつて】計画的にリスクをマネージする↓【今】機会を見立て最大化するためにアジャイルに動く

既存市場の成長に乗ってシェアを最大化する、ポジションを守ることで売り上げ、利益の成長を実現できる時代は終わった。過去の経験、知見がものをいう既知の領域でリスクをマネージすることではすでに成長は実現できない。将来、成長していく可能性のある領域における機会をリスクを取って最大化する、市場にあたりながら機会を探索し、アジャイルに修正を繰り返しながら、タイミングを捉えて一気にポジションを獲得するといった、市場創造的な経営マインドへの変革が必要とされる。

図表2-17 「時間軸の投資ポートフォリオ」へ発想を転換するキーワード

キーワード	発想の変化: かつて	今
非連続性	オーガニック	ディスラプティブ
エマージング	成長・成熟スピードがゆっくり	S字カーブの立ち上がり方が速い
テクノロジードリブン	ネット企業のコアコンピタンス	リアル企業のコアコンピタンス
主従逆転	内の強みに取り込み	外の強みに内出し
終わりのない旅	スタティックなポートフォリオ前提でゴールを目指す	ダイナミックなポートフォリオイノベーションを回し続ける
アスピレーショナル	計画的にリスクをマネージする	機会を見立て最大化するためにアジャイルに動く

第3章

自ら仕掛ける市場創造戦略

時間軸のトランスフォーメーションにおける2つ目のポイントは、競争戦略のフレームではなく市場創造戦略のフレームで思考し、自ら市場を創造するための戦略を組み立て、実践していくことが必要である、ということだ。

逆の言い方をすると、今日的な競争戦略における最も重要なポイントは、競争のない市場をいかに作るかが重要であるということである。INSEADのチャン・キム教授とレネ・モボルニュ教授による『ブルー・オーシャン戦略』で提唱していることであるが、自らがユニークな市場を先駆けて創造すること、そしてその領域で圧倒的なポジションを築くことが重要だと考えている。

第1章でも述べた通り、それを実現するためのポイントをシンプルに言い表すと、①自社にとって重要なメガトレンドを見立てる×②ティッピングポイントを待ち伏せて一気につかむ能力を持つ×③前倒しのS字カーブを自ら先に創り出す、という3つの視点で戦略構築していくことである。

ポイントは、重要なメガトレンドを押さえて、その波に乗ることであるが、将来に大きな変化を起こしうるメガトレンドをリスト化することはそれほど難しいことではない。難しいのは何が自社にとって意味のあるメガトレンドかを見極め、乗るべきメガトレンドを意思を持って選択することである。

誰もが認識できるレベルでそのメガトレンドが市場として現れて、大きな波となっていくことが確認できる状況になったときにつかむことはたやすい。しかし、難しいのは誰もが気づく前にティッピングポイントが訪れる兆しをつかむ、あるいはその兆しを利用して自らティッピングを生み出すことである。そのために欠かせないのは、乗るべきメガトレンドをずっとモニタリングし続け、兆しをつかむための組織のインサイトや仕組みであり、その波に一気に乗るタイミングを読む能力を手に入れることである。

一方で、いったん立ち上がり、明らかな上昇カーブが約束されるタイミングでS字カーブに乗っていくことは、レッドオーシャンになっていく市場での戦いに突入することを意味し、競争戦略にどう勝つかが必要になってくる。重要なことは、自らの手でS字カーブを前倒しして、市場を立ち上げられる商品、サービス、事業をバリューチェーン全体の革新で創り上げ、競合が来る前に参入障壁を築くことである。つまり、自らティッピングポイントを生み出し、レッドオーシャンを避けることが欠かせないのである。さらに、市場のニーズを先取りして持続的なイノベーションで新たな商品、サービスを投入し続けて成長期間の長い持続性のあるS字カーブを作り上げる必要がある。

以下、それぞれについて、見ていくことにしよう。

①重要なメガトレンドを見立てる

メガトレンドをどのように見立てるか

第1章でも解説した通り、今後の戦略を考えるにあたっては、世の中の大きな変化を捉えて、自社のビジネスに当てはめて考えることが重要である。ソニーグループの吉田社長もインタビューの中で、「事業の持続的成長を考えるとき、メガトレンドを考え抜かないといけない」と述べている。過去10年はスマートフォンが人々の生活を大きく変えたメガトレンドだった。その次に来るのは何か。そういう社会的なメガトレンドの中のどこで新たな価値創造をして社会に貢献していくかを考え抜くべきであると語っている。

しかし、社会を変える大きなインパクトがあり、自社にとって重要なメガトレンドは何か、そしてそれを自社としてどう取り込んでいくか、を定義し戦略に落とし込んでいくのはとても難しいことである。10年先の経営ビジョンを考えるにあたって、何のメガトレンドを指針として見立て、長期ビジョンを組み立てていけばよいのか、ということに悩む企業も多いと

図表3-1　重要なメガトレンドを見立てる

メガトレンドは将来予測において
予測不可能なものと予測可能なものを区別して考える必要

予測不可能

・2011年のエネルギー価格
・一年でのグーグルの株価変動
・宇宙旅行が実現されるタイミング
・来年のワールドシリーズの勝者
・来年のドル/円為替レート

予測可能

・人口動態の変化
・高齢者市場の拡大
・都市化
・インターネットとeコマースの普及
・健康への関心の拡大
・生活習慣病の増加　例) 肥満

トレンドには様々な形態が存在

線形

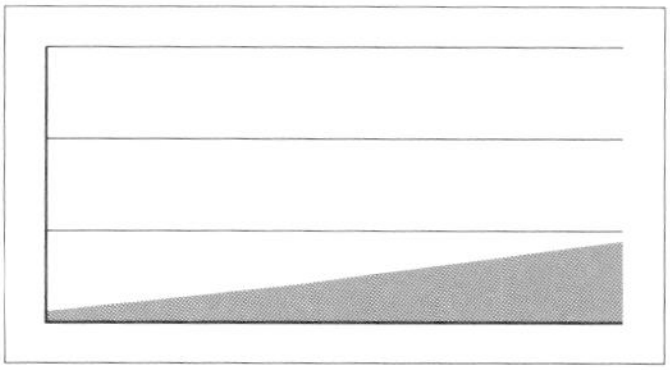

サイクル

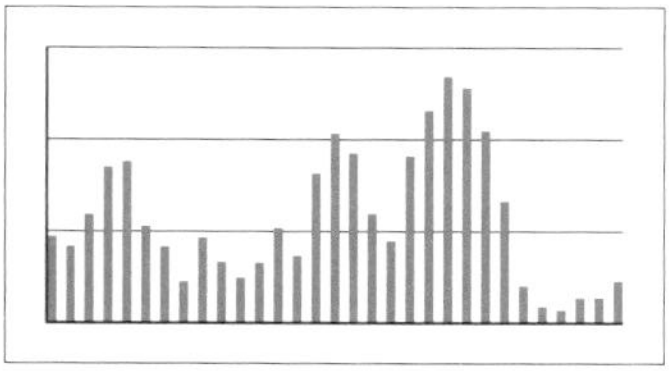

一時的なブーム

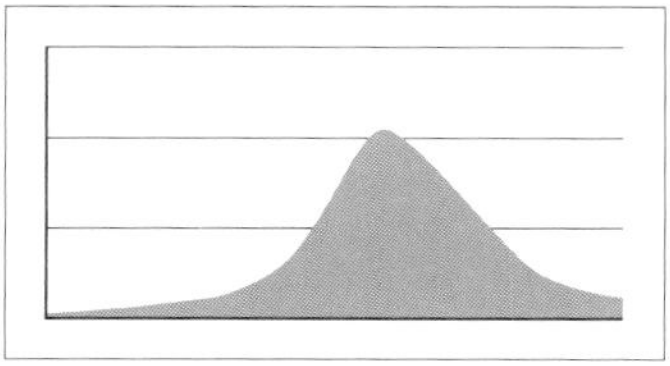

指数的

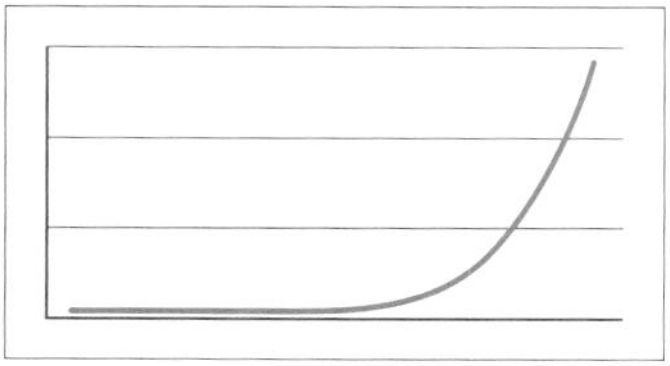

図表3-2　指数的なトレンドに乗ることが収益拡大への近道

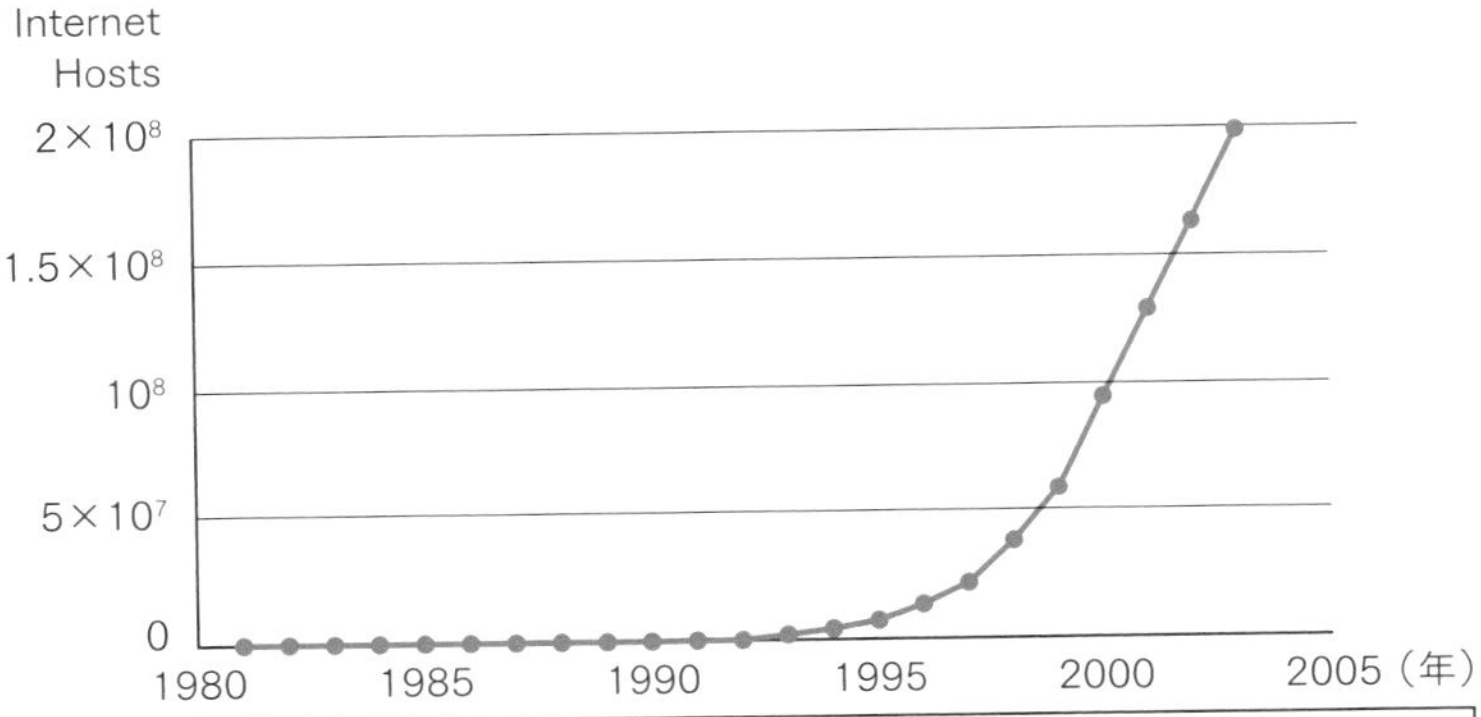

トレンドを早期認識する組織能力が市場創造には不可欠

Source: レイ・カーツワイル氏分析

感じる。

そうしたときにカギになるのが、自社にとって意味のあるメガトレンドを選択し、それに乗ったシナリオを深く考察することである（図表3－1）。何が世の中に大きな構造変化をもたらすメガトレンドであるか、ということはすでにいろいろな考察が文献や本になっている。そのメガトレンドの見立て自体は、そうしたものを参考にすればよい。

ＢＣＧでは、社会、経済、技術、生活、環境のカテゴリーに分類し、合計１００近いトレンドをデータベース化して、継続的に進化させている。

メガトレンドについては、予測可能なものと予測不可能なものを切り分けた上で、予測可能なものを選択する。そして一過性のものではなく、ひとたび訪れたら指数関数的なカーブを描いて長期に成長していくものをつかむ必要がある（図表3－2）。

こうした条件に合う多くのメガトレンドの中から、それが自社にもたらす意味をシナリオプランニングし、その中で自社の将来のありたい姿を考える。未来を創ることができるメガトレンドを経営の意思で選択して、それに乗ったシナリオを考え抜かなければならない。この見通しがきちんとできているかどうかが、その後の意思決定の質を大きく左右する。

ここで改めて、どのように自社の将来にとってクリティカルなメガトレンドを抽出して、どうそれをシナリオプランニングしていくのか、についてご紹介しよう。

自社にとってクリティカルなメガトレンドとは、以下の通りである（図表3－3）。

①実際に起こる可能性が高い
②起きたときに自社への潜在的なインパクトが非常に大きい
③自社の長期ビジョン・戦略を構想する上で関連性が高い
④ユニークな戦略として構想できる戦略変数としての範囲が広い
⑤ひとたび起きたときの波及効果が事業、機能など自社のビジネスに広範囲に及ぶ
⑥それが10年超にわたって長期間に持続する

図表3-3　自社として重要なメガトレンド評価における6つの要素

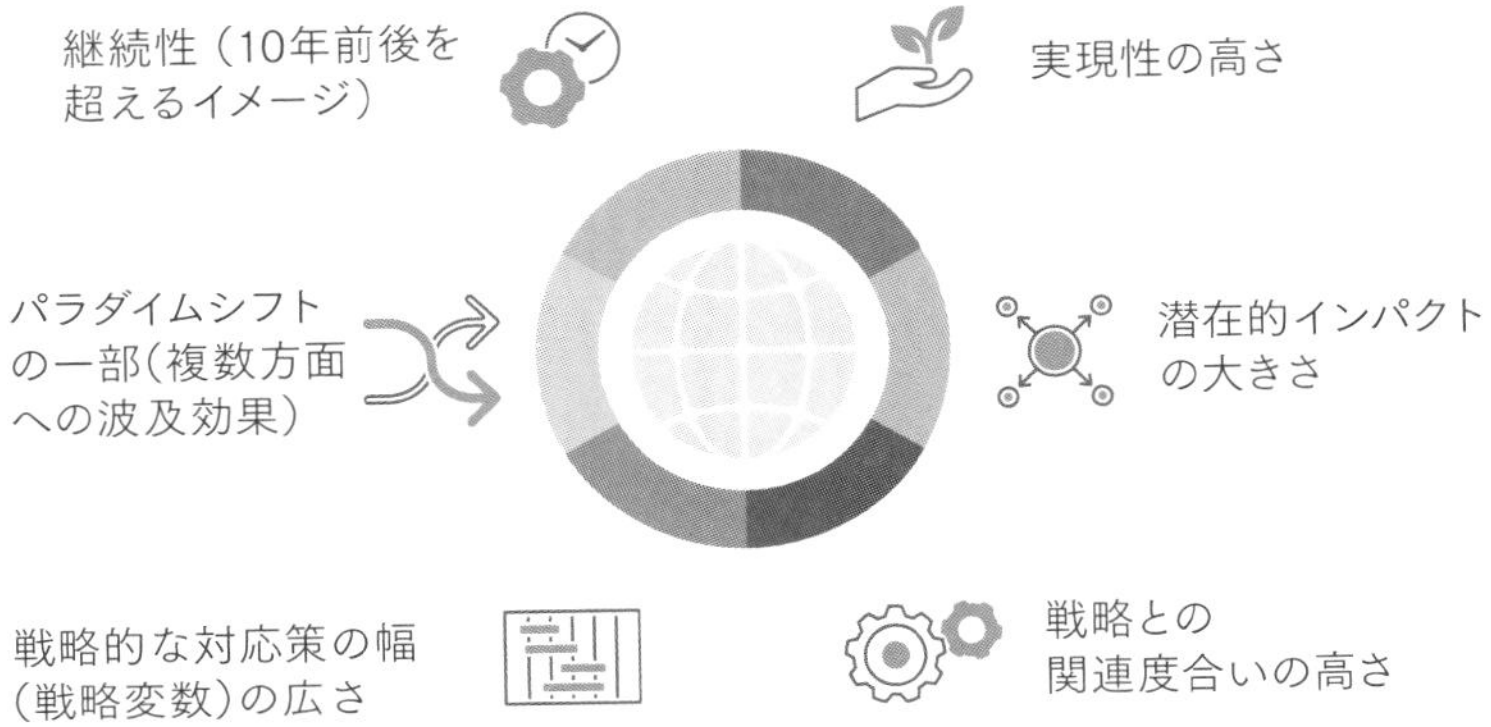

自社にとって重要なものを見極める

もう一点重要なポイントは、自社にとって重要なメガトレンドを選択したら、そのメガトレンドを自ら市場創造を仕掛けるための重要な視点を提供してくれるレベルに落とし込めるように、自社ならではのユニークな分析と見立てを行うことである。

例えば、10～20年後にアジアにおける中間所得層の国別の世帯構成比がどうなっていくか、という人口動態の変化は大体予測できる（図表３－４）。仮に２００７年時点で見立てたとすると、２００５年には年収１万ドル以上の世帯の日本における構成比は50％を超えていたものが、２０２０年には10％ちょっとに減り、２０３０年には１ケタ台の半ばまで凋落する。代わって中国、インドそして東南アジアが大半を占める。

図表3-4　自社にとってクリティカルなメガトレンドとは

"読めるメガトレンド"（デモグラフィクスの変化）
日本のアジアの中での地位は没落
アジアにおける年収1万ドル以上世帯数の推移予測（2007年時点）

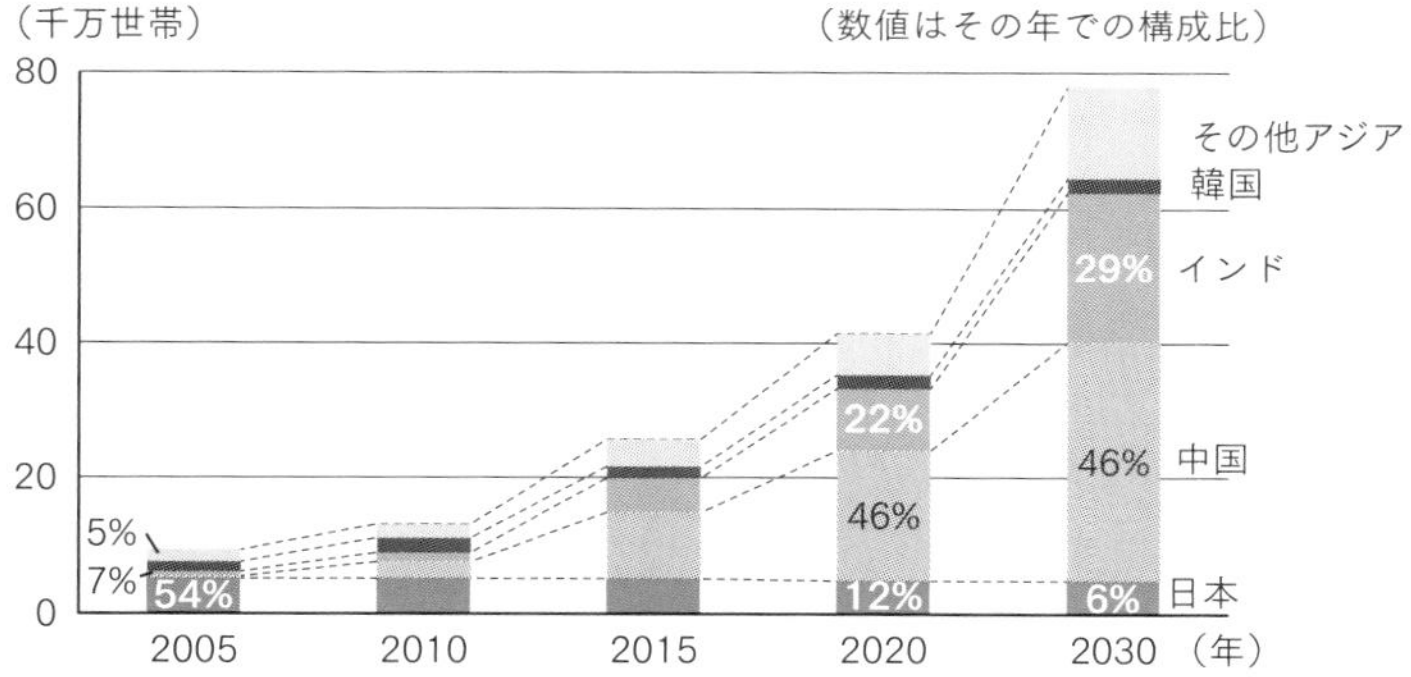

Note: 日本の平均世帯所得 1970年：約3千ドル（112万円）；1975年：約8千ドル（235万円）；1980年：約1.5万ドル（378万円）
Source: EIU

つまり、旺盛な消費意欲とお財布が存在する市場は中国、インド、東南アジアであり、その成長性は日本が少しずつ衰退していくのに対して、それらエリアは高い成長率でずっと伸びていく。このことはある前提を置けば誰もがちょっとした分析で知りうるメガトレンドである。

これにもう一段、自社にとっての意味合いを深めるために、分析をちょっと高度にして、例えば高齢者比率を当てはめるとどうなるだろうか（図表3－5、3－6）。どの時点からどの国が急激に高齢化が進むか、そこに先の中間所得層の世帯数の変化を重ね合わせると、いつごろからどの国で高齢者人口および世帯数が成長し、どれくらい大きな構成比とな

図表3-5　読めるメガトレンド（デモグラフィクスの変化）アジア各国においても今後急速に高齢化が進行

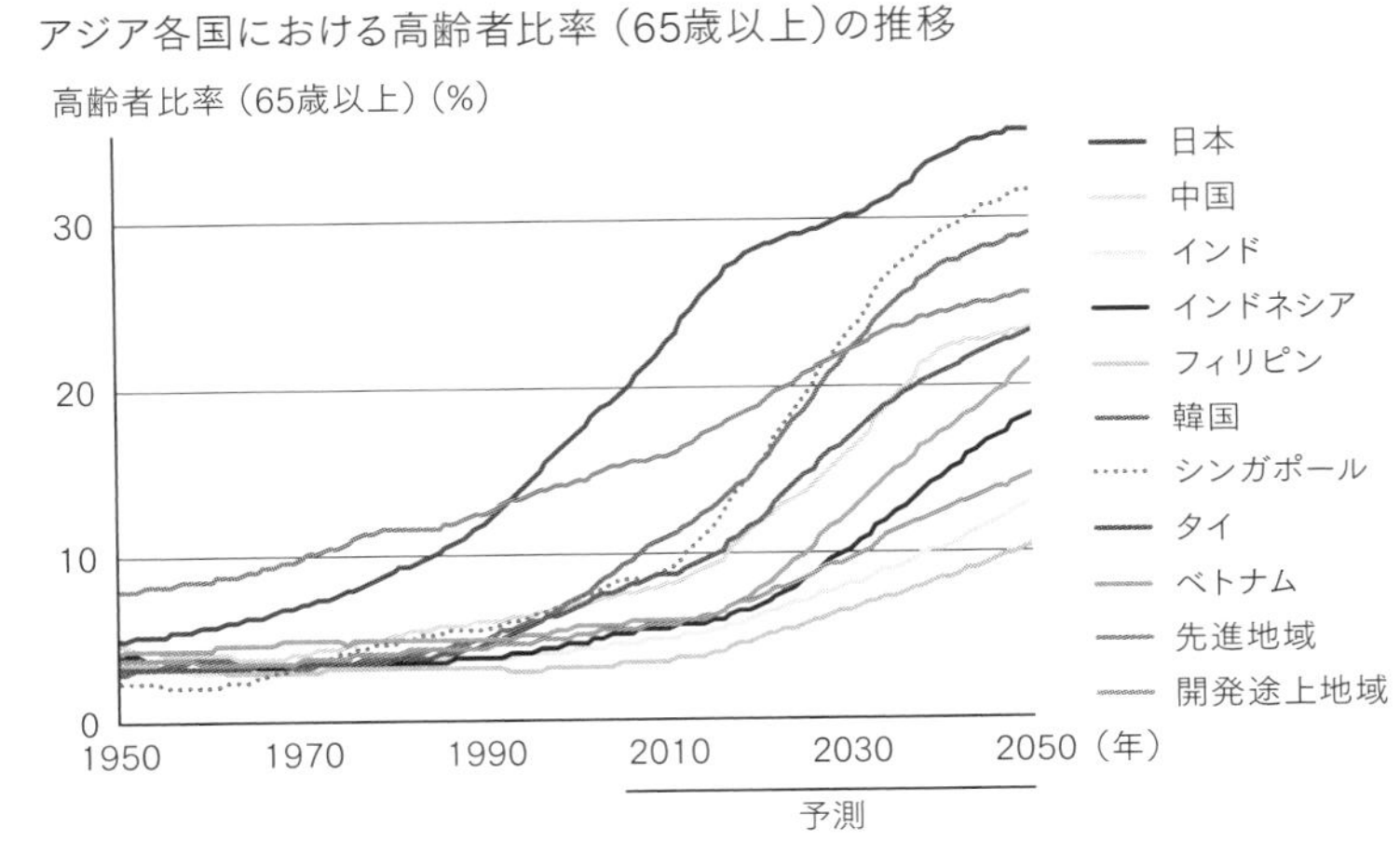

Source: 国連

るかが読める。

さらに、それが起きる時間的なスピードを分析して当てはめてみると、人口動態からメガトレンド一つを捉えるにしても、かなり意味のあるデータとなる。つまり、それらの変化スピードは、欧米で起きたそのスピードよりも格段に速く、日本並みの速いスピードで起きる、ということである。

例えば、この後紹介するユニ・チャームの視点で捉えれば、大人用の紙おむつに対する潜在的なニーズ、需要が生まれるスピードは、欧米のようなスピードではなくむしろ日本で起きたことと同様のスピードで起きる可能性が高い、ということである。

図表3-6　メガトレンドに独自の視点を入れて自社ならではのインサイトを得る

欧州と比べアジアは高齢化スピードが速い

高齢者比率が7%から14%に移行するまでの年数（年）

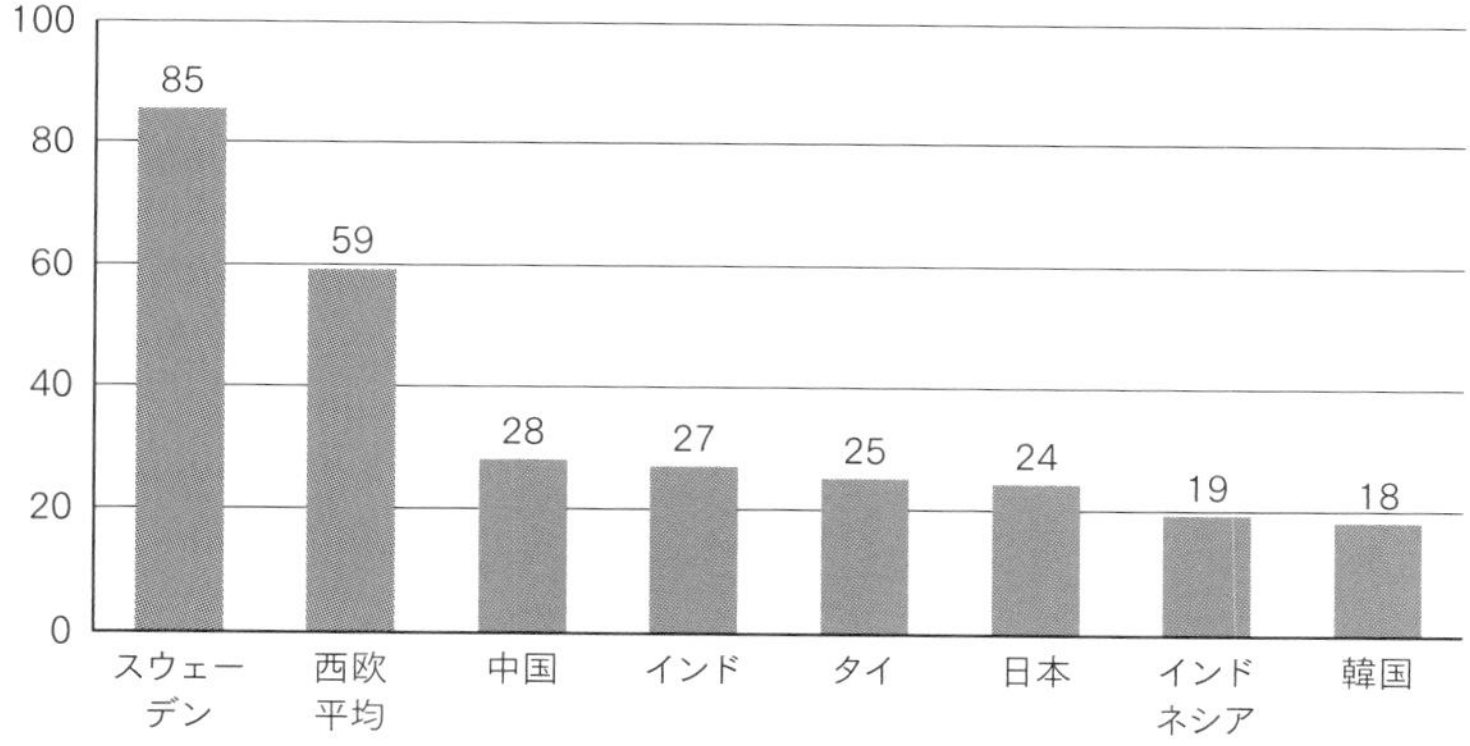

Source: UN 2011 Population Prospects; The Economist Intelligence Unit Market Indicators and Forecasts 2011

さらにもう一段ひねって、それはアジア各国がどの程度の一人当たりＧＤＰになったときに生まれるか、を見てみるとさらに深い示唆が得られる。日本のように国としての医療福祉の公的支援が得られる財政基盤にかけられるような財政が国家として存在する状況の中で訪れる高齢化なのか。もしそうした新興国では、国としての医療福祉への財政負担が日本ほど潤沢にはできないとしたときに、一体どれくらいの世帯収入の中で各家庭はその負担を賄っていく必要があるのか、家計の中でどのようなやりくりが必要となるのか、などを考えてみるのである。

その観点で見ると平均的な所得が日本よりもかなり低い世帯収入の中で、老

アジア各国の1人当たりGDPと高齢者比率の推移
左軸:1人当たりGDP(米ドル)、右軸:高齢者比率 (65歳以上、%)

— 高齢者比率 — GDP/capita

■ タイ

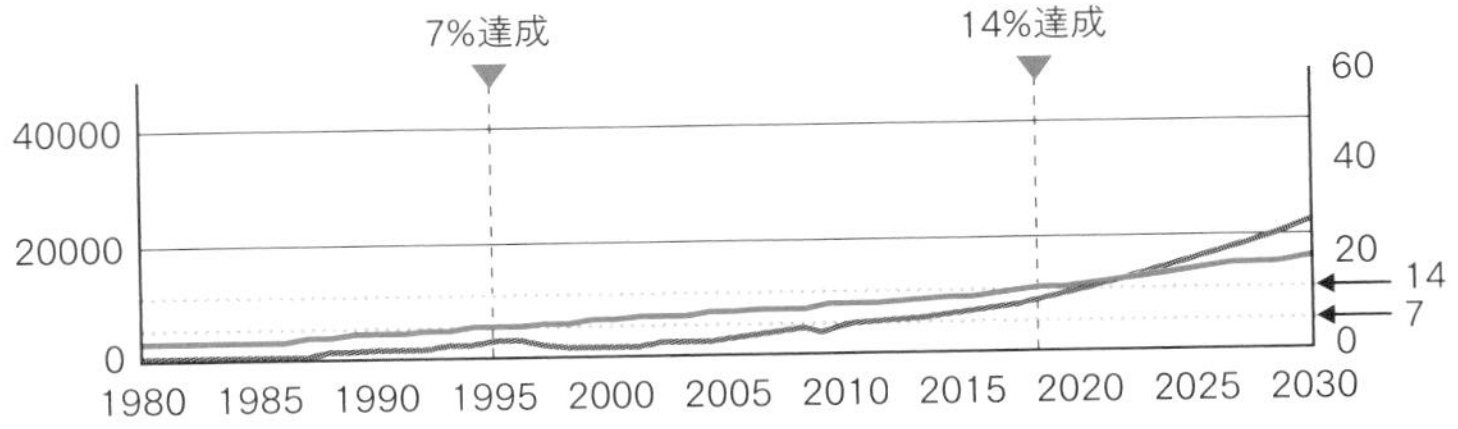

■ インドネシア

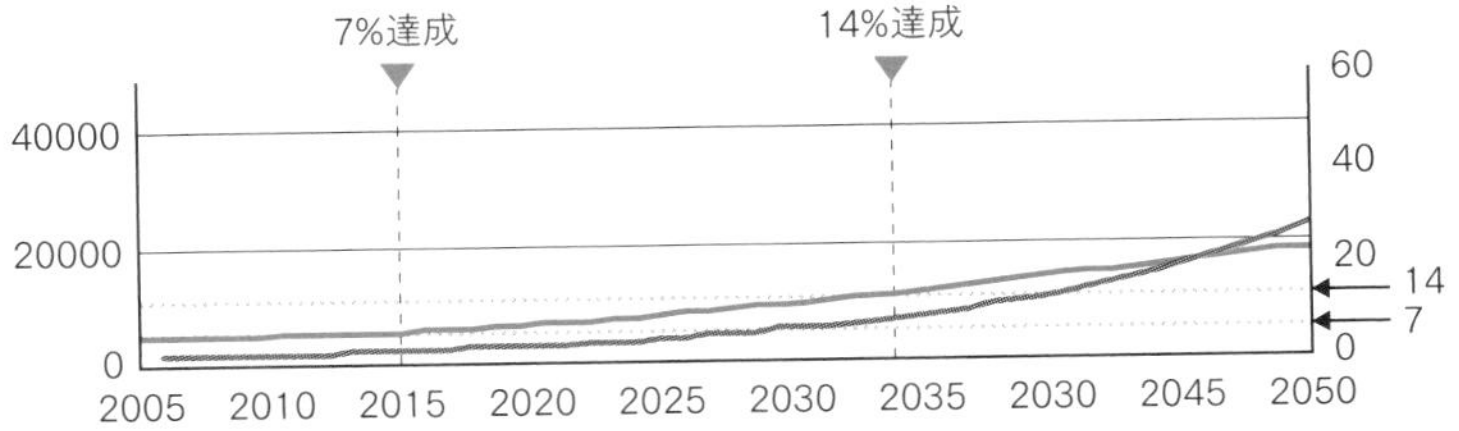

■ インド

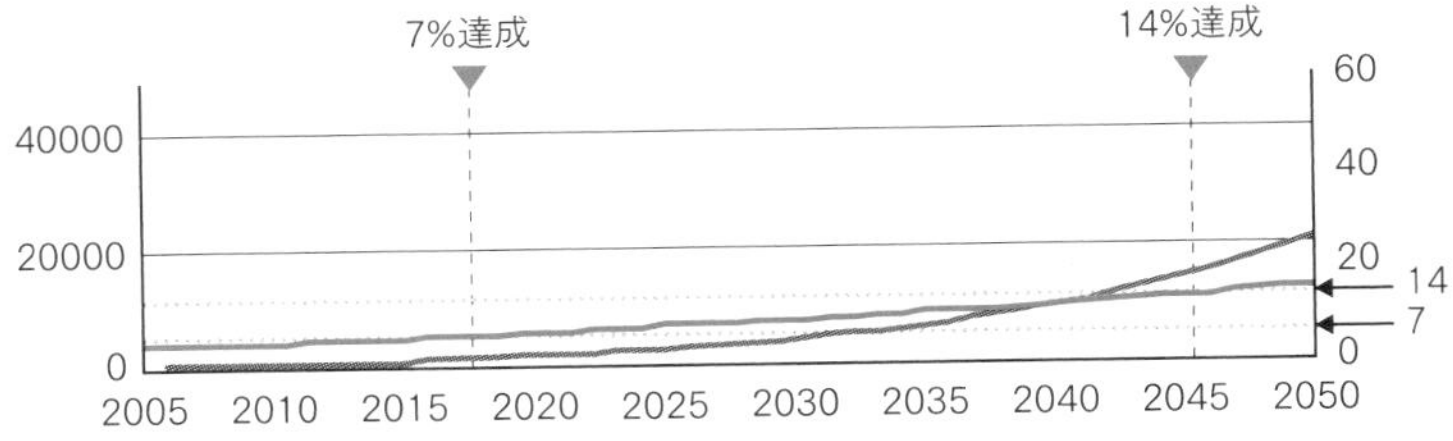

図表3-7　自社にとってクリティカルメガトレンドとは

メガトレンドに独自の視点を入れて自社ならではのインサイトを得る
アジア諸国は、『高齢化のスピード』に対し、『国家の福祉制度への財政力』、『家計の高齢者へのケア』という2点で、日本以上に厳しい状況と想定される

■ 日本

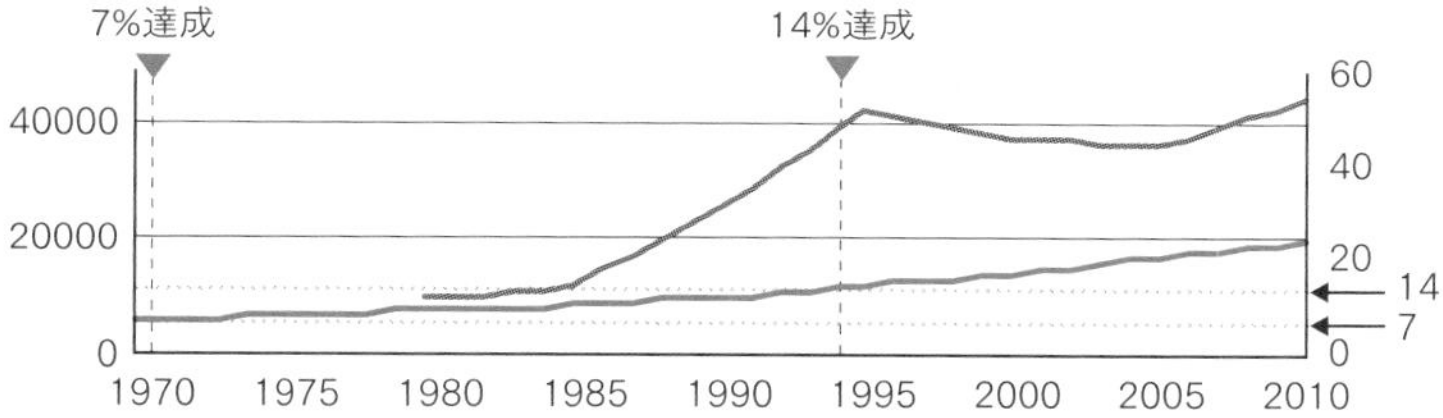

■ 韓国

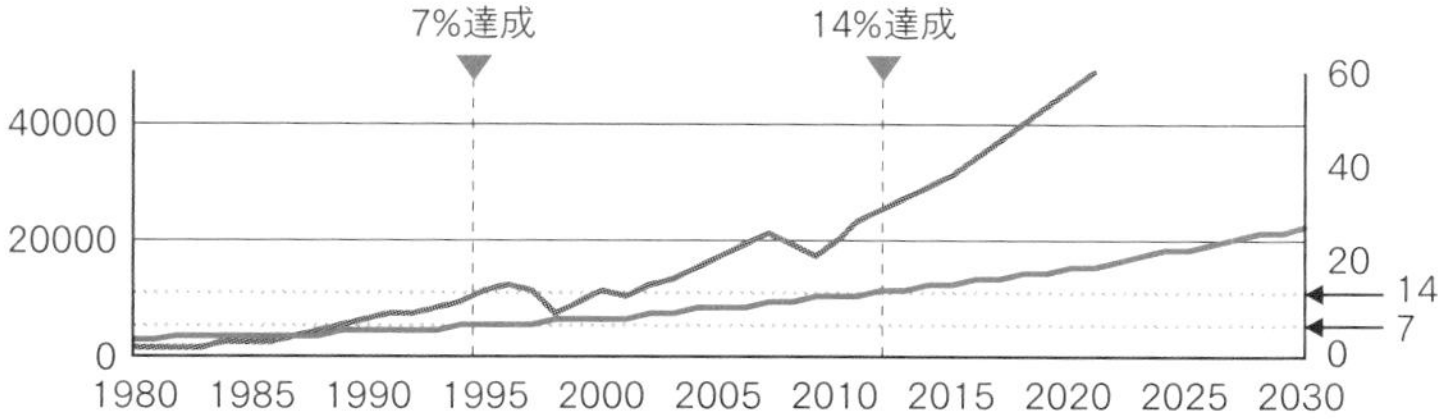

■ 中国

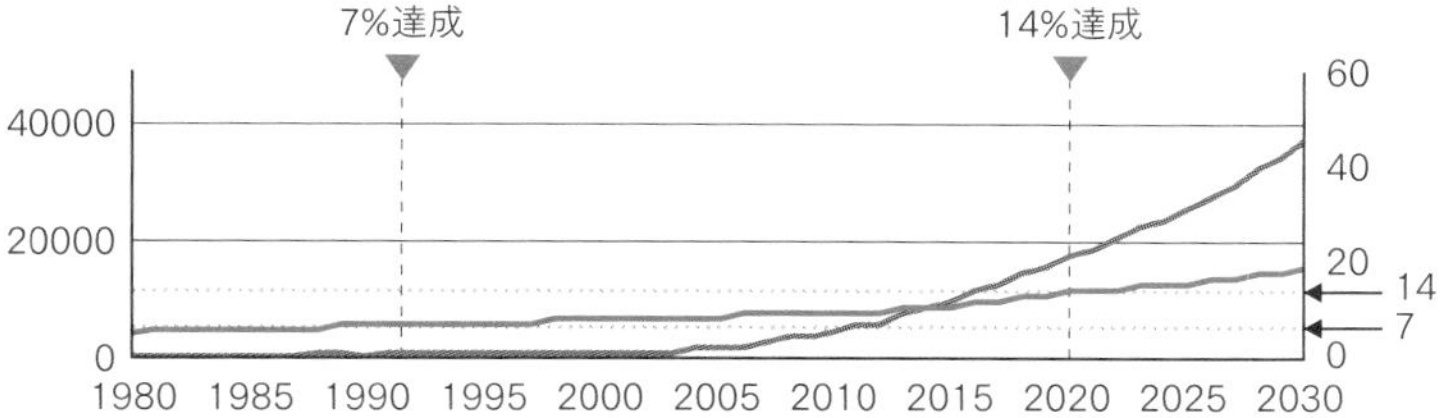

Source: BCG分析

後・介護にまつわる負担を各家庭で担っていかなければならない、ということがざっくりと推定できる。そこから生まれる企業としてのインサイトは広く、深いものになっていく（図表3－7）。

例えば、所得水準の高い層にフォーカスしたサービスや商品の需要を創造していくのか、あるいは所得水準が低くともそれでやりくりできる商品やサービスをバリュー・チェーンのイノベーションによって創り出していくのか、などである。ここまでメガトレンドを深く掘っていけば、自社にとってユニークで深い戦略的な示唆を提供するものとなる。

ＢＣＧでは、メガトレンドをチェックするにあたってのポイントとして、下記の3点を挙げている。

Foresight……そのメガトレンドが新しいかどうかではなく、進展のペースに注目する。既知のメガトレンドと新たなメガトレンドの両方を注視し、広範な情報源や専門家を活用して思考の枠を拡げる

Action…………メガトレンドに気づくだけではなく、行動を起こすことにつながるものが重要。ビジネスモデルと市場・商品の両次元で行動を起こすことができる

Alignment……自社が手がけている領域と、まだ着手していない領域の両方の視点で考える。特に自社が手掛けていない領域については、経営陣が最前線で学び、

自社にとっての将来の機会になりそうな優先課題に着目する

具体的な事例などを参考にして、まずは自社の戦略と関わりの深いメガトレンドは何か、そのメガトレンドを前提としたときにどのようなシナリオプランニングが描けるか、をその領域のエキスパートの知見を交えて経営層で徹底的に議論しインサイトを導き出すことが未来のビジョンを描く第一歩として必要である。

シナリオプランニングの手法

ここで、シナリオを作成するためのシナリオプランニングの手法について簡単にご紹介したい。

シナリオプランニングでは、変化のドライバーを洗い出し、複数のドライバーを組み合わせたシナリオをいくつか策定する。その上で各シナリオを比較し、俯瞰しながらどれが高い確率で起こり得るのか、あるいは確率は低くてもひとたび起きたときに大きなインパクトと広い対象範囲にインパクトを及ぼすシナリオは何か、を抽出することである。そして、それぞれのシナリオが実現した場合に企業全体としてどのような対応をとるべきかを議論し、経営幹部の間で共通認識を作り、戦略方針を固めていく。こうすることで、従来の延長線上から脱却し、発想の幅を広げながら、自社の長期的な展望に焦点を合わせて、経営の議論を活性化するのである。

シナリオプランニングは通常、①時間軸の設定、②分岐点を決める変数の見極め、③シナリオの設定・具体化、④シナリオにおける機会と脅威の特定、⑤とるべきアクションに関する合意形成、という手順で進めていく。

①の時間軸の設定では、1~3年先ではなく、通常は10年、企業によってはあえて20年まで引き延ばして、長期を見据えて考えていく。「直近ではないが、いつかは起こる可能性がある」と実感できる未来を想定することにより、目先の既存事業ではなく、会社全体、業界全体、さらには業界の境界線を越えた目線にまで引き上げて議論することができるようになる。

②の分岐点を決める変数の見極めとして、その発射台として役立つのが地球規模の長期トレンド「メガトレンド」のリストである。考慮すべきトレンドは膨大な数にのぼるため、ゼロから洗い出すよりは、既存の知見を何らかの形で活用したほうが効率的である。

こうして抽出した変数を基に、分岐点となる部分をパターン化し、異なるパターンを組み合わせて③シナリオを設定・具体化していく。全パターンを網羅的に組み合わせるのではなく、ビジネスモデルの重要な側面を決めるポイントが何か、を意識して意味のある組み合わせでシナリオを策定することに気を配ったほうがよいだろう。意味のない空想ではなく、どのように戦略を転換し進化させたいかを意識しながらシナリオを設定し、そのためにどのようなビジネスモデルを構築することが必要なシナリオなのか、を合わせて想定していくと、より効果的な議論ができる。

こうしてシナリオが設定できたら、④それらが実現した際のビジネスにおける機会と脅威を想定し、そのインパクトの大きさを試算することが必要だが、インパクトの大きさを左右する重要かつ大きな差をもたらす感度の高いパラメーターを見極めて、複数の前提条件の下でざっくりと試算することが重要である、張るに値するシナリオかどうか、経営レベルの視点で見極められる程度の粒度で推定することである。漫然と洗い出すのではなく、「提供価値」と「競争優位性」の源泉となるものが変わった場合にどうなるか、という観点でも考えてみるといいだろう。

こうしてシナリオができあがったら、⑤とるべきアクションを具体化して、組織内で合意形成をする。3つのウェイブのどの段階で何を行うべきか、ある程度見えるとより効果的である。

②ティッピングポイントを待ち伏せて一気につかむ

「パラダイムの魔力」

ティッピングポイントとは、「閾値《いきち》」を指し、ある一定の水準を超えると、一気に普及したり、パラダイムの転換が起こる水準のことを示している。

ジョエル・バーカー氏はパラダイム論の定番書である『パラダイムの魔力』の中で、こう記している。

パラダイムとは、ルールと規範であり（成文化されている必要はない）、①境界を明確にし、②成功するために、境界内でどう行動すればよいかを教えてくれるものである。いま戦っているのは、どんなゲームであり、そのゲームにどうすれば勝てるのかを教えてくれるのがパラダイムだといえる。

そして、パラダイムシフトとは、新しいゲームに移行すること、ゲームのルールがすっかり変わってしまうことだと、バーカー氏は定義している。

図表3-8　ティッピングポイントをつかんで自ら市場創造を仕掛ける

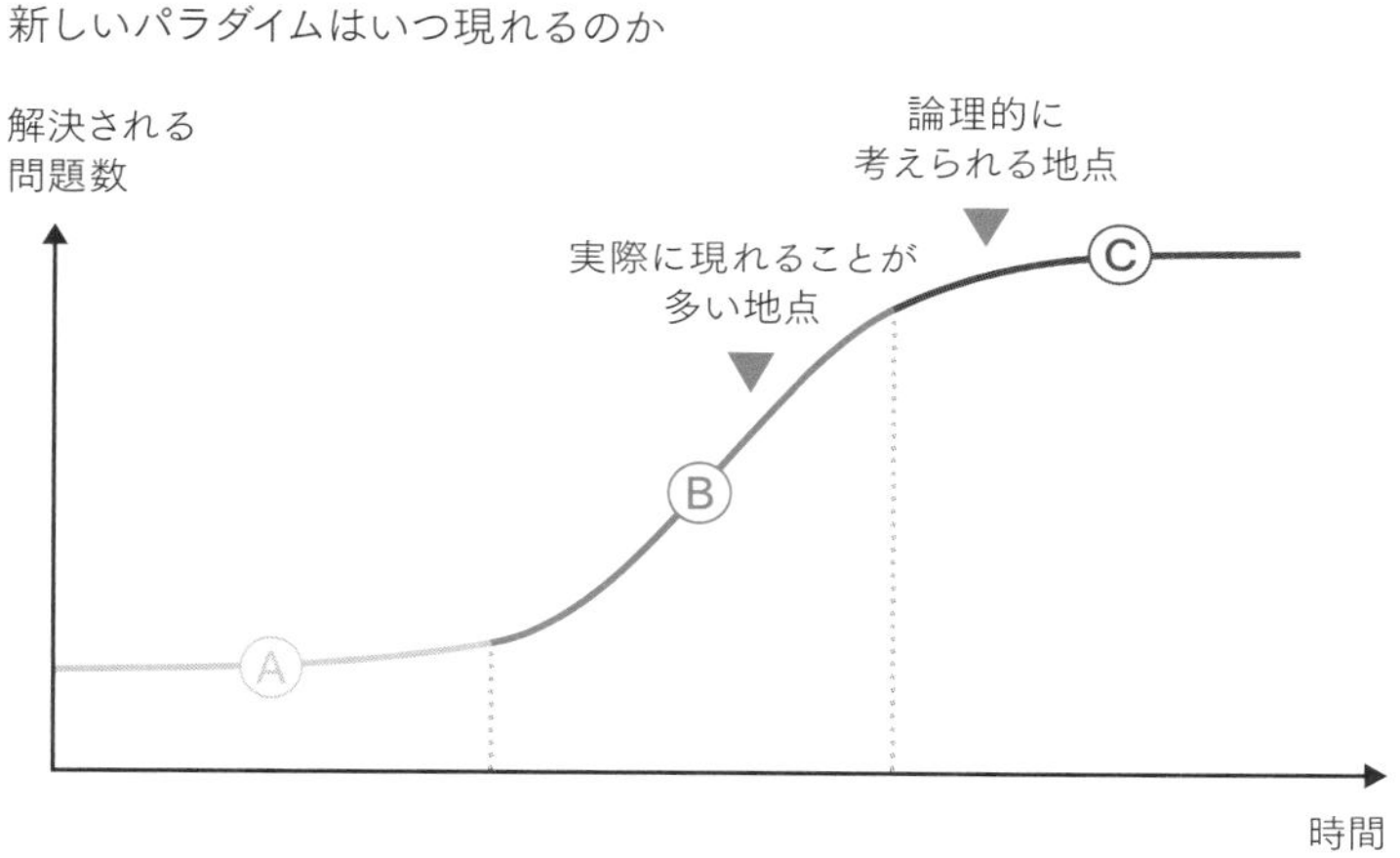

Source:『パラダイムの魔力』ジョエル・バーカー

パラダイムシフトは、普通の人や既存プレイヤーが気づくよりもずっと早い段階で訪れている。バーカー氏は「新しいパラダイムは、求められてもいないのに現れる」と表現している（図表3－8）。

そして、ティッピングポイントを超え、一般の人たちがそれに気づくときには一気にパラダイムが変わり、そこから変革をしようとしても手遅れになってしまうほど、急激な変化を遂げる。そしてその出現は思いもよらないまったく新しい世界、異業種のプレイヤーなどのアウトサイダーであるケースが多い。

しかし、そのパラダイムシフトは仕掛けられるし、将来は変える気になれば変えられる。その先見性が勝負を決める、とバーカー氏は指摘している。

あるパラダイムが終焉を迎えた瞬間に、その世界で勝負していたプレイヤーは消え去る。そして次のパラダイムが現れると、新たな世界でまったく別のプレイヤーたちが競争を繰り広げることになる。

カラオケ業界のパラダイムシフト

わかりやすい事例として、古い事例ではあるが、カラオケ業界のパラダイムシフトが挙げられる（図表3－9）。1990年代前半には、カラオケソフトとしてレーザーディスクが大きなシェアを占めていた。

ところが2000年に通信カラオケが登場すると、レーザーディスクはあっという間にディスラプトされた。レーザーディスク時代に業界トップを走っていたのは音響メーカーだが、パラダイムシフトによって通信事業者やエンターテイメント事業者がメインプレイヤーとなり、世界は一変した（図表3－10）。

パラダイムシフトが恐ろしいのは、ゲームのルールそのものが変わることだ。ルールが変われば、従来の勝ちパターンは通用しない。ところが古い世界で技術やノウハウを磨き上げ、勝ち抜いてきた企業ほど、パラダイムシフトに気づかない。あるいは気づいたとしても、新

図表3-9　カラオケタイプ別シェア

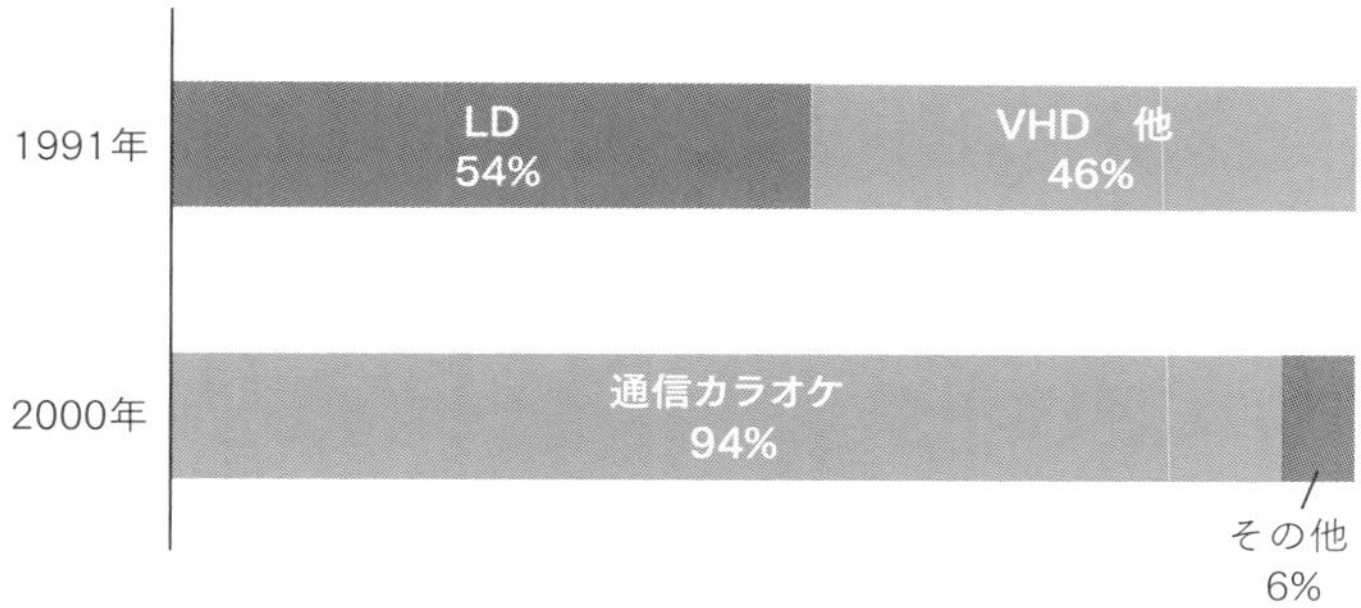

Source: マーケティング・データ・バンク

図表3-10　カラオケメーカー別シェア

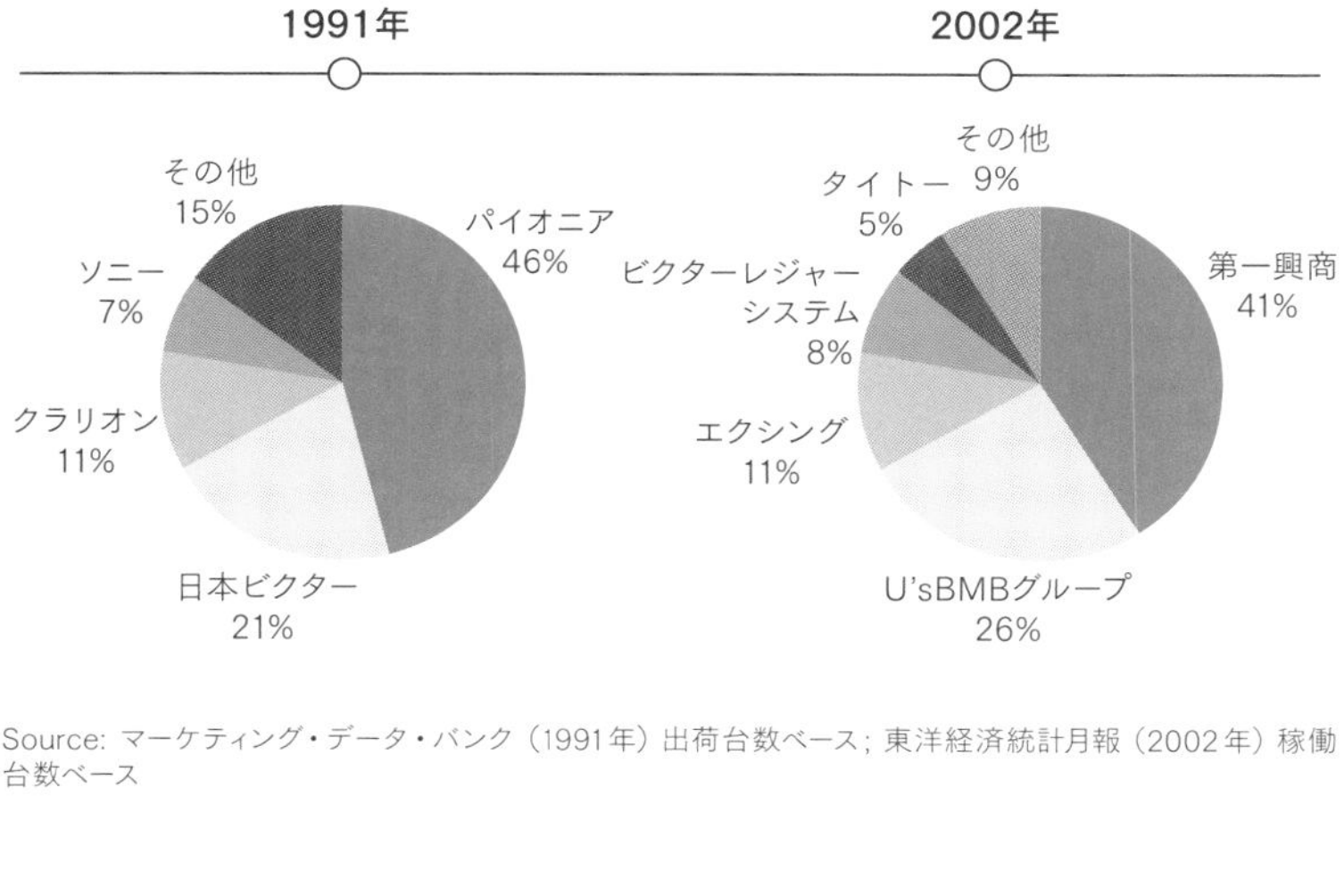

Source: マーケティング・データ・バンク（1991年）出荷台数ベース；東洋経済統計月報（2002年）稼働台数ベース

たな世界へ移れば自分たちが築いてきたものを失うので、なかなか一歩を踏み出せないというジレンマに陥ってしまう。

だが技術革新のスピードが加速する今、いつパラダイムシフトが起きてもおかしくない。そして世界が変わった後、何がどう変化したのかを多くの人が理解したときになって動くのでは遅すぎる。パラダイムシフトの兆しをいち早く捉え、次のステージに向けて先手を打つことが重要である。

このティッピングポイントをつかみ、市場創造戦略のシナリオを描くには、以下に着目する必要がある。

・いつティッピングポイントは訪れその予兆はどのように現れるのか？
・ティッピングポイントが訪れるタイミングは、どのようなレバーがどう動く、変わることによって決まるのか？
・そのレバーの中で自社のコントロールできるものとできないものは何か？

これらを着目した上で、自社が乗るべきと選択したメガトレンドを深い洞察を持ってモニタリングし続けることがカギとなる。

自ら仕掛けなければ意味はない

しかし、パラダイムシフトが起きること、そしてそのティッピングポイントがいつ来るかが読めたとしても、将来を変えることを自ら仕掛けなければそのパラダイムシフトの波に乗り遅れる。

きっとレーザーディスクの覇者であったパイオニアやその他のスタンドアロンのパッケージメディアのメインプレイヤーであった企業も、通信という新たなテクノロジーの潮流による脅威に気づいていたのではないか、と思われる。

最初の時点では、ほんの小さな兆し程度だったかもしれないが、現実を直視することを避けて、今のパラダイムは変わらないという願望で、既存の世界を守りにいくことがいかにリスクの大きなことか。逆にその機会を真っ先につかみ、先に仕掛けることができれば、どれだけ大きな将来の市場を創り上げることになったかを象徴する例であるといえよう。

第一興商は通信カラオケにおいてメーカーとしてだけでなく、ビッグエコーというサービス領域までのプロフィットプールを取り込んで今まで以上の大きな市場を創造した。それは、リクルートが既存の紙メディアから、次のパラダイムであるネットという世界にシフトすることを読んだだけではなく、既存事業とのカニバリを恐れずに自ら真っ先に新たな市場を創造することに賭け、その結果もっと大きなマーケットを切り拓いたことと同様な話といえるだろう。

いずれにしてもまずは、ティッピングポイントを読み解いたり、新たなパラダイムの中で、新たに生まれる市場をどう定義し、さらには自社がその中でどういうポジショニングを勝ち取ることを目指すのか、を考察するための視点を持つことが重要である。自社にとって思考を深められる、使い勝手の良いフレームワークを活用することが必要であろう。

以下に、そうしたフレームワークとして最も重要だと考えられる「イノベーター理論」と「キャズム理論」について、簡単にご紹介したい。

イノベーター理論とキャズム理論

いずれのフレームワークも、パラダイムシフトという長期の時間軸の中でダイナミックに起きていく変化に対して、いつ誰をターゲットに何を仕掛けるか、を考える上で有用なものだと考える。

イノベーター理論とは、1962年にスタンフォード大学のエベレット・ロジャーズ教授が提唱した考え方で、新商品やサービスの普及度合いを、それらを受け入れる消費者によって5つの段階に分けて解説したものだ。

最も初期に製品・サービスを導入するのが「イノベーター（革新者）」という層で、市場全体の約2・5％がこれにあたるといわれている。以後、13・5％を占める「アーリーアダプター（初期採用者）」へと広がり、それぞれ34％となる「アーリーマジョリティ（初期追随者）」「レイトマジョリティ（後期追随者）」を経て、最後に最も保守的な「ラガード」（遅滞者）が採用する、といった流れとなる。

このイノベーター理論を発展させたのがキャズム理論だ。イノベーターとアーリーアダプターを合わせた約16％の初期採用者からその先の「アーリーマジョリティ」に広がるときに「キャズム（溝）」がある、というものだ（図表3－11）。1991年刊行のジェフリー・ムーア氏の著作『キャズム』で提唱された理論で、この大いなる断絶を越えられるかどうかがスケールを実現するイノベーションの成否を分ける、と主張している。

プロダクトライフサイクルやイノベーター理論など、時間の経過とともに売上・利益や顧客がどう変化するかを示すフレームワークを使い、常に自社の立ち位置の把握とネクストステージを見据える視点を持つ必要がある。

アップルですら、その立ち位置を見誤り、失敗した経験を持つ。1993年に発売した個人携帯端末（PDA）のニュートンは、発売当初はアップルのファンと新しいもの好きのユ

図表3-11　イノベーター理論とキャズム理論

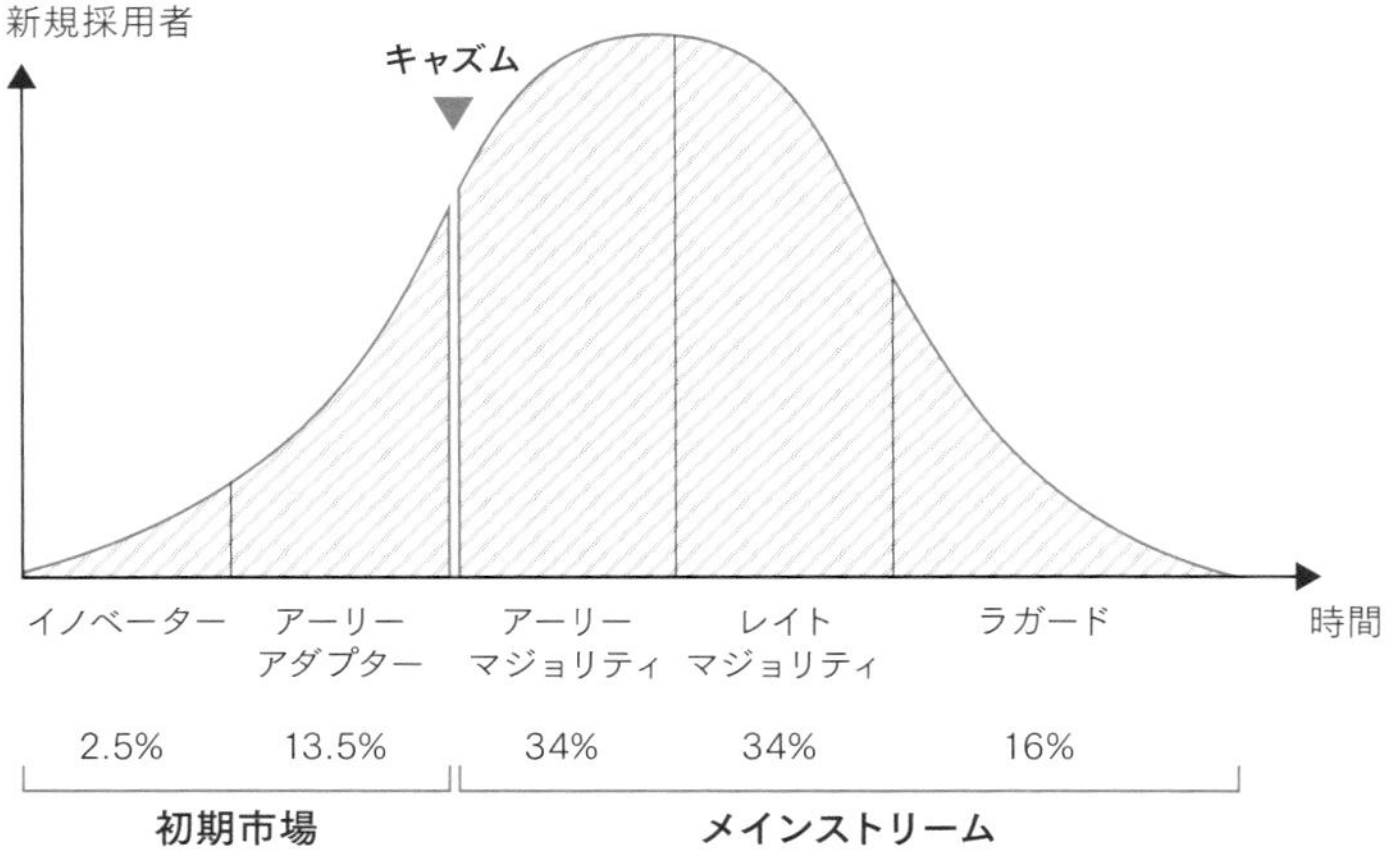

Source: エベレット・ロジャーズ氏、ジェフリー・ムーア氏の著作を基に作成

ーザーが購入したものの、ＯＳの処理速度やハードそのものの大きさなどがネックとなり、キャズムを越えて普及することはできなかった。つまり新しいパラダイムを築くことができなかったのである。

こうした失敗の反省を活かし、２０００年代前半に発売したｉＰｏｄ、そして２００７年に発売したｉＰｈｏｎｅは、全世界で爆発的に普及した。

イノベーター理論やキャズム理論の延長線上にあるのが、クレイトン・クリステンセン教授の「イノベーションのジレンマ」である。

イノベーションによって業界トップになった企業が、既存顧客のニーズばかり耳を傾けた結果、よりハイエンドの製品やサービスを提供することに注力し、ローエンドでも満足する新たな市場に気づくことができず、新興のプレイヤーに敗北する、というのがイノベーションのジレンマである。

新たな市場の中で誰がイノベーターであり、このイノベーターがなぜ熱狂的に、あるいは仮にある面での妥協があったとしてもどんなベネフィットを高く評価してこの新たな製品、サービスを使うのか。そうしたイノベーターが持つニーズが、あるきっかけや何らかの変化によってアーリーアダプターやアーリーマジョリティにとっても価値のあるものに変容していくのか。つまりキャズムの深い溝を越えられるような、将来誰もが持つ可能性のあるニーズにはなりうるものは何か。こうした考察を深めていく必要がある。

「オンライン予備校」から「スマホ動画コンテンツ」への発想転換

例えば、リクルートが立ち上げたオンライン学習サービス「スタディサプリ」について見ていこう（参考：日経ビジネス電子版２０２１年3月記事）。

発案者の山口文洋氏は、都市部から離れた地方に住み、予備校にも通えず大学受験ができない高校生たちが予想以上に多いことに衝撃を受け、日本の教育格差を解消すべく、インターネットを使った配信サービスをスタートさせた。

年間50万円近い金額をかけて予備校に通う選択肢を選べなかった若者たちに、学習の機会を与えることを目的にしていた。事業を始めた当時は、受験勉強用の動画を科目ごとにまとめ、1科目当たり5000円で提供する買い切りモデルだった。対面の授業を50分程度の動画で提供する、「オンライン予備校」という発想だった。

しかし、一部の新しいもの好きの学生や家庭には受けたものの、「オンラインの授業に5000円も払うなんて……」と敬遠され、ユーザーは広がらなかった。

ここで「授業」という考え方から離れ、「スマホで視聴される動画コンテンツ」という発想に転換し、2013年からベーシックコースを月額980円に大幅値下げ。1動画10分程度の教育コンテンツとしてまとめたところ、会員は大きく伸びた。

さらに「オンライン予備校」という発想からも離れ、教育のインフラとして全国の学校への導入を進めている。全国の高校約5000校のうち、4割にあたる約2000校で導入されている（2022年3月末時点）。

リクルートは個別の高校サポートも行っており、多様化する入試形態に合わせたコンテンツを受験生個別に提供。さらに、スタディサプリを利用して得られる情報を学校にフィードバックし、先生の勘と経験頼りだった教育現場に、客観的データに基づく改善の考え方をもたらした。

このケースは、「オンライン予備校」では越えられなかったキャズムを、「スマホ動画コンテンツ」へと発想を変えることで抜け出し、さらに「生徒が使う」から「教師も使う」へと提供価値を広げていったことにより、オンラインによる教育、という新しいパラダイムを創り出したことで新たな成長機会を生み出した好例といえるだろう。

コラム❸ メガトレンドとティッピングポイントを掛け合わせて考える

ピーター・ドラッカーが1985年にハーバード・ビジネス・レビュー誌にて発表した「イノベーションの機会」は、メガトレンドとティッピングポイントの掛け合わせという視点を提供してくれる。

ドラッカーは、イノベーションの機会として、産業の内部に4つの機会が、そして産業の外部に3つの機会があると紹介している。これらは、互いに重複し、関連しながら、新たなイノベーションを生み出すと語っている。

機会①予期せぬこと……汎用コンピュータは、当初は銀行などの基幹システムで活用されることを目指していたが、一般企業の給与計算という想定外の用途で活用されることで、大きな市場を獲得した

機会②ギャップの認識……20世紀前半、海運業は高速化と省エネに力を入れていたが、経済効率は低下し続けていた。実は、非効率は船舶の航行中ではなく、非稼働時の停泊中に発生していることが判明。ここを改善することで、成長産業へと変貌を遂げた

機会③ニーズの存在……20世紀初頭、AT&Tの調査部は、電話通話量と人口の伸びを予測し、交換手による通信には早晩限界がくることを把握。自動交換機の開発につなげた

機会④産業の構造変化……ある産業が急激に成長するとき、その産業の構造は変化する。しかし、すでに基盤を確立している会社は、既存市場を守るために新規参入者の挑戦を軽視し、急成長している市場を無視しがちである。こうして、イノベーションを起こした企業は、かなりの間、放っておいてもらえる

機会⑤人口の構造変化……1970年代、先進国は出生率の低下と教育水準の向上という構造変化を迎えており、製造業で伝統的な肉体労働者が不足することは見えていた。こうした変化に対応し、ロボットをいち早く導入した日本の製造業が、1980年代に世界を席巻することができた

機会⑥認識の変化……コップに「半分水が入っている」と「半分空である」は、量的には同じだが、意味は異なる。世の中の認識が「半分入っている」から「半分空である」に変わるとき、イノベーションのチャンスが到来する

機会⑦新しい知識の獲得……科学技術や社会に関わる新しい知識に基づくイノベーション。長い

リードタイムによって練り上げられた異なる知識が、結合することによって生まれるため、非常に時間がかかることが多い。

1〜4の産業内部に存在するティッピングポイントと、5〜7の社会的・知的領域の3つのメガトレンドを分析し、掛け合わせ、体系的にマネージしていくことが、イノベーションにとって重要である。

③前倒しのS字カーブを自ら先に創り出す

ティッピングポイントを誰よりも早くつかむ上で最も有効な方法は、自らティッピングポイントを創り出すことである。

ある商品の市場の立ち上げから成長期を経て成熟期までの時間を横軸に、市場の浸透率を縦軸にとると、横に伸びたS字型の曲線を描く。これをプロダクトライフサイクルの「S字カーブ」と呼んでいる。いかに立ち上げ期のタイミングを前倒しして、かつ導入期をできるだけ早く駆け抜け成長期に入り、しかもその成長をいかに長く保ち続けるか、ということがカギとなる。

S字カーブを前倒しするための方法として、以下の3つのものが考えられる。

経済性を変えて、今までにない市場を作る

これまで高価で一般の顧客には手が届かなかったものを破壊的な低価格で提供できれば、その市場で圧倒的な優位性を築くことができる。

先ほどのリクルート「スタディサプリ」の例では、年額50万円近い予備校の授業料を月額980円という圧倒的な低価格で市場に提供し、急成長を実現した。

これには、スマートフォンというデバイスが普及し、一般の高校生たちも使うようになった、という環境変化もあった。そこに定額制・低価格のサービスを投入することでS字カーブを前倒しし、急速な普及につなげたのである。

技術的なイノベーションで、ディスラプトする

技術的なイノベーションによって、旧来型のプレイヤーが占有する市場に割って入る、というのもS字カーブを前倒す方法の一つだ。

多くの個人顧客向けフィンテック企業が、大手の金融機関の市場を奪ってきた例などがこれにあたる。2000年代後半からのスマートフォンの普及に伴い、世界中で多くの個人向け口座管理サービスが立ち上がった。この時期、大手の金融機関の多くは、セキュリティや動作の信頼性の観点から、こうした新興企業は無視できる存在だと考えていた。

当初は新しいもの好きの顧客か、大手金融機関が機能していない途上国でしかこうしたサービスは使われていなかった。しかし、徐々にサービスレベルが改善され、多くの顧客が「これなら使ってもよい」と感じられる水準にまで信頼性が高まると、一気に顧客がフィン

テック市場へと流れ込んだ。日本でも２０１６年の法改正を受けて、多くのフィンテック企業がオープンＡＰＩを活用して金融機関と連携するようになった。

他には数多くのＳａａＳサービスが、テクノロジーの進展とともに信頼性を高め、多くの企業で活用されているケースなどがこれにあたる。従来、セキュリティ保護の観点からデータ管理やシステム開発を自社主導のオンプレミスで行っていた大企業が、クラウドをベースにしたＳａａＳを積極的に活用するようになっている。

ビジネスモデルの変革で、市場を創る

旧来とは異なるビジネスモデルを提供できれば、既存プレイヤーから市場を奪い、急速な立ち上げに成功することができる。第２章でも紹介した求人情報専門の検索エンジンを運営するインディードがその例である。

従来の求人情報サービスは、情報を掲載する企業から掲載料をとり、求職者には無料で情報を提供する、というものだった。日本ではリクルートが確立したビジネスモデルといってよいだろう。

２００４年に米国で創業したインディードは、これとはちがうビジネスモデルをとった。採用側の企業も無料で求人情報を掲載することができるようにしたことにより爆発的に求人

情報量が増えたのである。どの求人が検索上位に表示されるかは検索したユーザーに合わせて、インディードの独自のアルゴリズムで決められている。採用企業が、その求人を検索上位に表示させたい場合は、有料掲載を利用し、費用は求職者であるユーザーのクリック数に応じて負担する仕組みである。採用側も、従来の求人情報よりも安いコストで求人できる、というメリットがある。

このように、インディードは検索・マッチングアルゴリズムというテクノロジーをベースに従来とは違うビジネスモデルを構築し、素早く市場を立ち上げることができたのである。

実はすでに昔から、こうしたドライバーによるS字カーブの前倒しによる市場創造の機会はいろいろな商品やサービス、業界で生まれているのである（図表3－12）。もう一つのポイントが一度立ち上がったS字カーブを持続的イノベーションでどのように保ち続け、S字カーブの前倒しで創り上げた市場での圧倒的なポジションを維持し続けるかである。

これについては、周辺領域での新たな事業機会の創出ともつながる部分があるが、拙著『リクルートのすごい構〝創〟力』の中で、以下のように解説している。

紙のフリーペーパーである「ホットペッパー」は、クーポンマガジンとして大きな話題と

図表3-12　S字カーブの前倒し

新興国では先進国と経済水準に対してプロダクトのイノベーションで
早期商品が普及し、S字カーブの前倒しが起きる可能性がある

耐久消費財からの示唆: 1人当たりGDPと普及率の関係

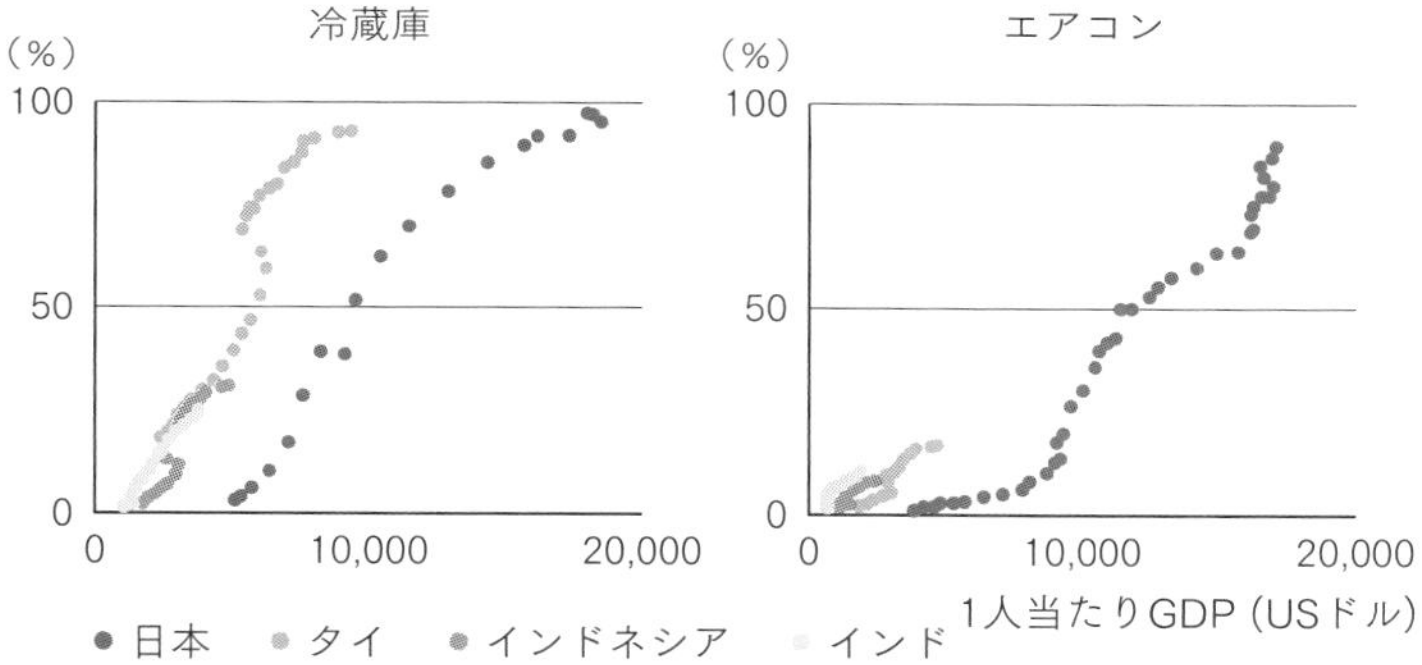

Source: Euromonitor; 消費動向調査

なり、成功を収めた。そして、第2章で解説した「ウェイブ①紙媒体からネットへのシフト」に伴い、飲食店情報サイト「ホットペッパーグルメ」、美容領域の情報サイト「ホットペッパービューティー」をスタートさせる。しかし、同種の競合サイトが乱立する中で競争は激化していく。

他社のサイトは、口コミ情報を集めることで利用者数の拡大を図るなどの方法で、競争優位性を追求していった。これに対しリクルートでは、単にウェブサイトで情報を提供するのではなく、紙のクーポンマガジンとして培った営業力を活かし、美容院や飲食店の業務支援に力を入れる方針をとった。

例えばホットペッパーグルメでは、飲食

図表3-13　小さなS字を重ねる

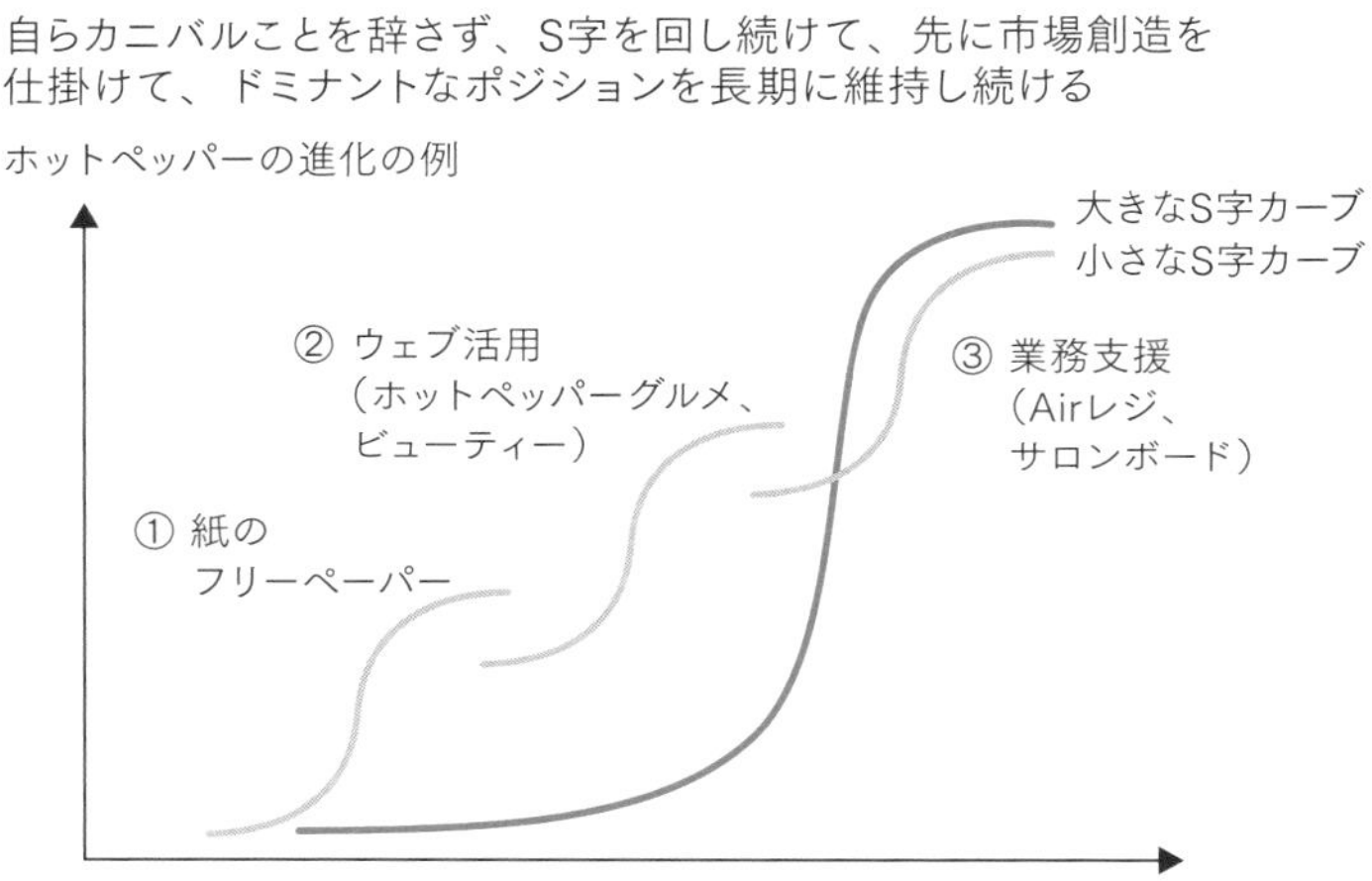

自らカニバルことを辞さず、S字を回し続けて、先に市場創造を
仕掛けて、ドミナントなポジションを長期に維持し続ける

店の予約サービス強化のために、iPadなどを利用する無料のPOSレジアプリ、「Airレジ」の展開を開始。このアプリは、テーブルごとの注文の入力からレジでの会計情報までの情報管理を行う。どのテーブルが空いているか、可視化し、「在庫化」することができるのだ。

このため、「Airレジ」を導入している飲食店では、リアルタイムで自動的にテーブルの空き情報が「ホットペッパーグルメ」のサイトに反映される。サイトの利用者は、飲食店を探し、行きたい店を見つけたらその場で予約をすることができるようになる。利用者にとっての利便性も高まる上、飲食店の業務効率化にもつながる。

リクルートにとっては、サイトへの店舗

の広告掲載により認知を拡大することで対価を得るというそれまでのビジネスモデルを進化させ、「新たなS字カーブ」を立ち上げることができた。予約にまで踏み込むことでユーザーを開拓して送客数を増やし、クライアントを拡大することに成功したのである。

このように、フリーペーパーとしてのホットペッパー、ウェブへの参入、業務支援への展開といったかたちで、S字カーブが減衰するより早く、次々と新しいS字カーブを前倒しで生み出し続けると、それはやがて、大きなS字を描くようになるのである（図表3－13）。

この後に説明するユニ・チャームにおいても、市場創造でひとたび圧倒的なポジションを築いた市場において、消費者の所得水準のステージの向上による購買力向上の機会や、女性の社会進出などの女性の地位の変化、生活環境や生活様式の移り変わりとそれに伴って生まれる価値観の変化や、商品やサービス選択の行動変容をダイナミックに捉えて、潜在的な顧客ニーズに応えられる、新たな価値を提供する商品を持続的に投入し続けている。

ユニ・チャームのトランスフォーメーション

大胆な資源再配分から手を付ける

長期的なメガトレンドに乗ってそのティッピングポイントをつかみ、S字カーブの前倒しによって新興国で新市場を創造し、圧倒的なポジションを築いたのが、ユニ・チャームのアジア新興国市場進出のケースである。

ストーリーは2001年6月28日、創業者である高原慶一朗氏から当時39歳だった長男の豪久氏への継承を諮る株主総会当日の朝に始まる。この日の朝、豪久氏は父親に「お前のせいで、株価が下がるんじゃ！」と一喝されたという。

社長交代が発表されて以降、ユニ・チャームの株価は下がり続けていた。豪久氏は「投資家から『こいつで大丈夫か』と不安視された」と当時を振り返っている。

しかし実際には、長年続いた増収増益も終わりを告げ、すでにユニ・チャームの業績には陰りが見え始めていた。売上成長力が完全に弱まっていた状態であり、株価も頭打ちの状態

図表3-14　ユニ・チャームのグローバリゼーションに向けた大変革の軌跡

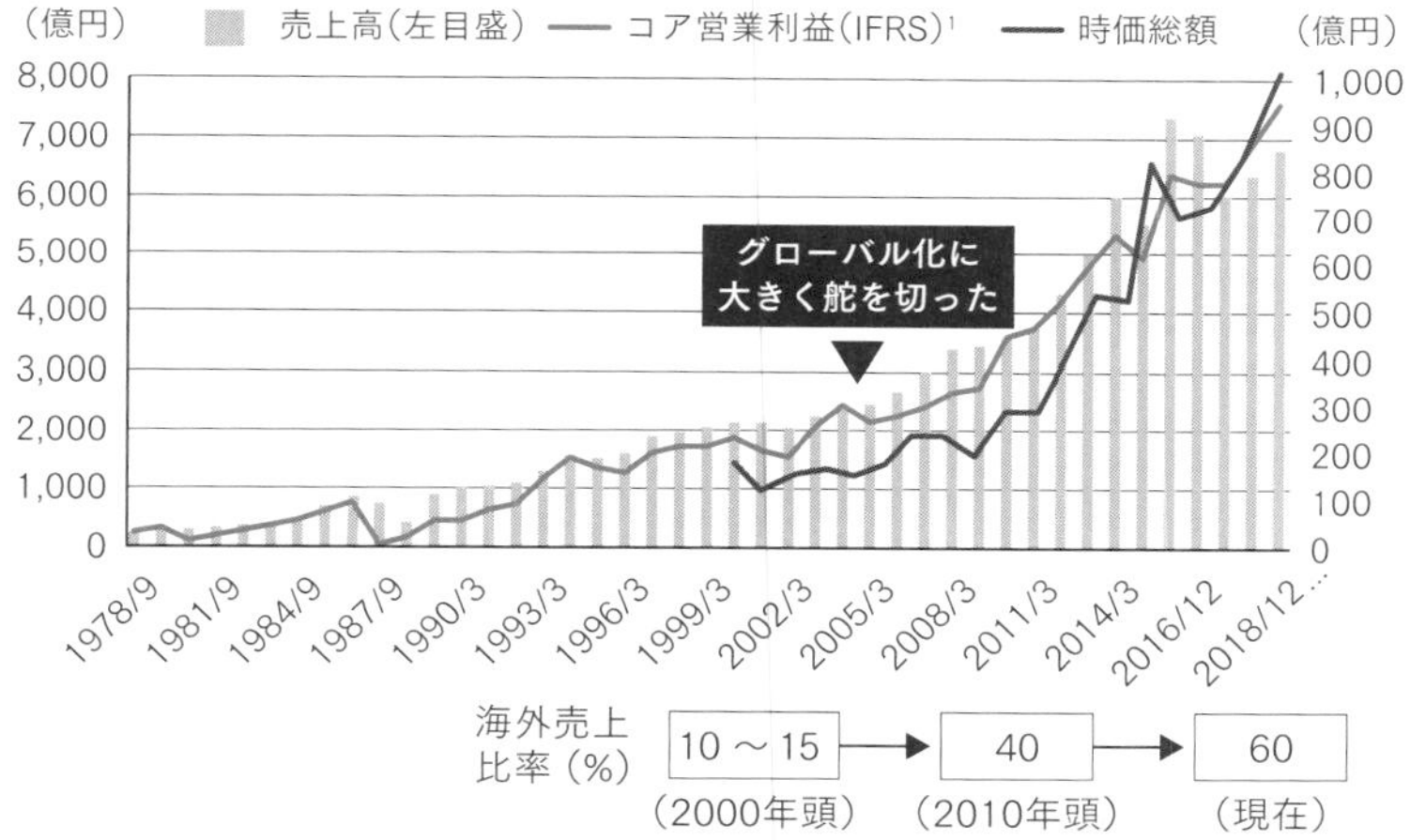

1.コア営業利益は売上総利益から販売費及び一般管理費を控除した利益
Note: 1987年度の決算期9月30日から3月31日に変更に伴い、1988年3月期は移行期間として1987年10月1日から1988年3月31日の6ヵ月間が連結対象期間。2014年度の決算期を3月31日から12月31日へと変更したのに伴い、2014年12月期は移行期間として2014年4月1日から2014年12月31日の9ヵ月間が連結対象期間
Note: 2017年度より国際財務報告基準（IFRS）を適用
Source: ユニ・チャームHP

が続いていた。

ここから、高原豪久新社長（以下、高原社長）による長期の時間軸でのトランスフォーメーション・ジャーニーが始まった（図表3－14）。

ユニ・チャームは次の成長を実現するためにアジアグローバル市場にターゲットを定めるのだが、その進出に経営資源を投入するためには、いずれにしろもう一段収益を上げられる企業に構造改革する必要があった。

そのために、高原社長が真っ先に手を付けたのが、事業ポートフォリオの見直し、不採算事業のリストラ、大胆な資源再配分への着手であった。祖業であった建材事業をはじめ、198０年代に多角化した事業の多くを売却。生理用品分野で培った不織布・吸収体の加工・成形技術を活かせる分野へと資源を集中した。

高原社長は構造改革にめどをつけ、キャッシュを生み出せる体質への変革を成し遂げたのちに、本格的に10数年スパンでの改革をスタートさせた。スローな変化ではあるが、メガトレンドとしてかなりの確率で中間所得層の人口・世帯数の増加が約束された新興国マーケット、その中でも最初にそうした層が立ち上がり、高成長で増えていくアジア市場でポジションを創り上げることを目指したのである。

メガトレンドを読んで市場を創造

高原社長が次の長い大きな成長の基盤をグローバル化に求める、と決断したのは、人口動態という誰にでも読める長期の変化に基づいている。その当時のデータを見れば、出生率が高く平均年齢も低く、人口が伸びていくエリアはアジアである、というのはすぐにわかる。しかも、可処分所得も増えており、新興中間層に仲間入りする人口はさらに速いスピードで伸びていた。加えてその後、遅れて大量の高齢者が生まれてくることも読めるというのは、先ほどのメガトレンドの深堀り分析の中で示した通りである。

図表3-15　メガトレンドを読み、事業再編に着手

新興中間層が手にできる価格で商品を提供できれば巨大な、ローエンドゾーンの市場が生みだせると見立てた

2020年のセグメント別潜在市場の見立て（グラフはイメージ）

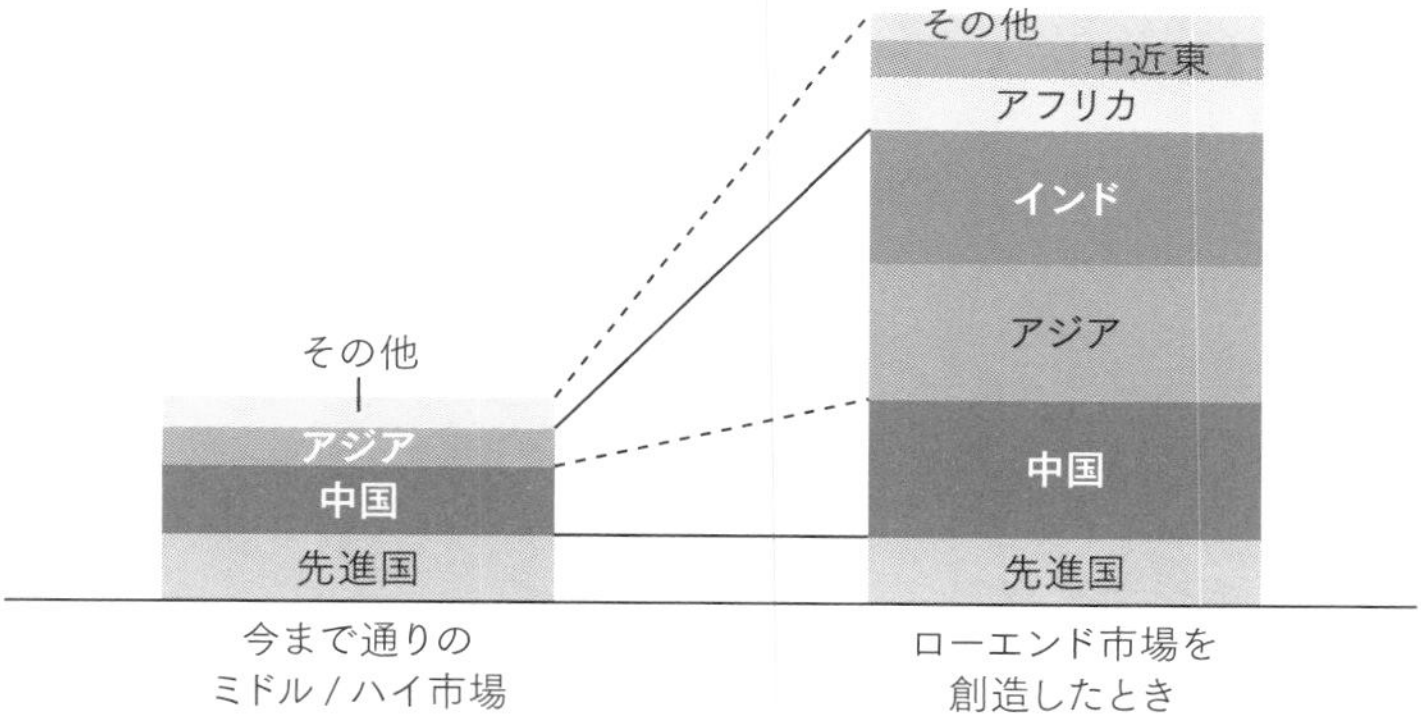

それは、ユニ・チャームがコアビジネスとする、ベビー用の紙おむつ、女性用の生理用品、そしてその後に大人用の紙おむつといった巨大な市場が生まれることを意味していた。さらに、もう一段所得水準が高まればペット需要も生まれ、ペット事業にも大きなチャンスをもたらす可能性があった。

ただし、こうした変化は長いスパンで起こるがゆえに、どのように自社の戦略に落とし込めばよいのかが捉えづらく、どの程度の投資を新興国に振り向けるべきかの判断が難しい、という問題があった。

図表3－15は「2020年の子供用紙おむつの推定市場規模」のイメージである。つまりその時点から15年後を予測したデー

図表3-16　ビジネスモデルごとの売り上げ推移

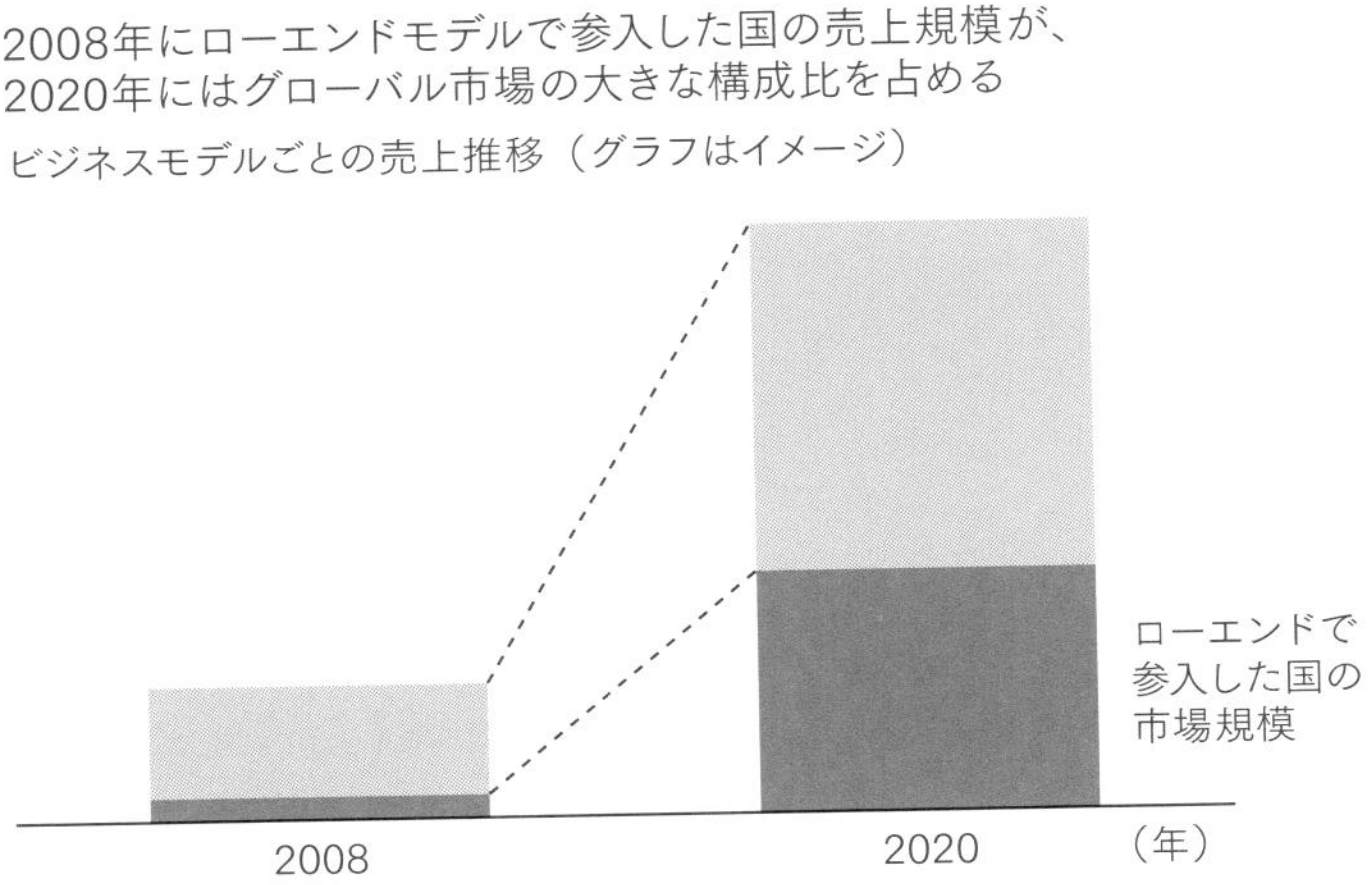

2008年にローエンドモデルで参入した国の売上規模が、
2020年にはグローバル市場の大きな構成比を占める

タになる。

この推定値をベースにすると、15年という長いスパンで考えても、子供用おむつのアジア市場におけるボリュームでの規模は、欧米や日本を含む先進国市場ほどの規模には及ばない、魅力の低い市場にしかならない。この見立てについては、当然ユニ・チャームおよび競合企業も把握していたものと思われる。

だがユニ・チャームは、自ら市場創造を仕掛けることでもっと大きな市場を創り出し、大きな果実を手に入れられるのではないか、と考えた。

可処分所得も増え、生活形態が近代化し豊かになっていくアジアの国の人々は、何度も洗って使う布おむつから便利で衛生的、機能性の優れた紙おむつを求めるはずである。アジアの新興中間層が彼らの所得でも購入できる圧倒的に低価格で、彼らの生活様式の変化に合わせて発生する潜在ニーズを満たすことができる紙おむつができたならば、もっともっと大きなマーケットが生まれるのではないか、と考えたのである（図表3－16）。

その結果、今までにない大きなイノベーションを必要とするが、消費者に手の届くある水準の挑戦的な低価格帯で商品を販売することができれば、現時点では存在していないが、これまでの価格帯の商品よりもはるかに前倒しして巨大なローエンドの市場が創造できるという結論に行きついた。これは、非常に独創的なメガトレンドの描き方であり、S字カーブの前倒しの戦略につながるティッピングポイントの見立て方である。このことは創造的な大きな発見であるとともに、一方で、それを実現するのはとてつもなく大きなチャレンジであることも意味している。

今まで誰も想像したことがない、ユニ・チャーム独自の市場の見立てについては、経営陣の中でもそのリアリティについて疑う声や大きな議論があったという。

しかし、メガトレンドに基づいたユニ・チャーム独自の将来の見立ては、ユニ・チャームのユニークな長期戦略の構築、ローエンドの市場創造を実現するための、商品開発、製造・運搬・販売に至るバリューチェーン全体のイノベーションへの経営資源投入、アジア新興国マーケットへの大胆な投資、役員やエース人材など最も重要な人材の海外への思い切ったシフトなどといった大きな意思決定につながっていく重要な合意であった。

アジア新興国における新たな中間所得層がこれから台頭することを予測し、その人たちの生活環境の変化や所得の向上による新たなニーズを取り込めれば、今まで市場として存在していなかった「使い捨て紙おむつ市場」を創造できるのではないか。それを創り上げることができたならば、競争のルールを変えられる。そして自ら市場を創造していくことで圧倒的なポジションを確立できると考えたのである。

そして、これがユニ・チャームにとっての市場が立ち上がるタイミングを捉えるユニークなティッピングポイントの見立てになったのである。

こうした市場創造の視点でイノベーティブな仮説を構築し、その実現へのチャレンジに邁進したことが今日までの成功を支えているといえるだろう。

S字カーブの前倒しに投資する

そのためのカギがS字カーブの前倒しであり、それによって新たに創造できるローエンドマーケットの取り込みである。

同社は成熟市場と比較して、新興国の新たな中間所得層が生まれるスピードは圧倒的に速いことを予測し、初めて紙おむつを使い始める層に向けた新たな商品開発、製造・運搬・販売のサプライチェーン全体の革新など、バリューチェーンのあらゆる要素における最適なモデルを創り上げることに取り組んだ。このために現場を巻き込んで、必要な資源の投入を最優先で行い、完成に向けてのチャレンジを何年も続けたという。こうして粘り強く取り組んだことが、成功のポイントと考えられる。

例えばインドネシアでは、初めて使う消費者への浸透率を高めるために、劇的に低い商品単価で、しかも1ピースでもワルン（一般世帯が日雑品を購入する間口の狭いパパママストア。伝統的小売形態のトラディショナル・トレードである）で購入可能な商品とサプライチェーンと販売のモデルを創り上げた。まずは外出用など特別にニーズの高いシーンにおいて、従来の布おむつとの併用利用を促進したのである。

これによって消費者の数を増やし、次に紙おむつの便利さを理解してもらうことで使用率を高め、さらに紙おむつの使用機会を広げ、最終的に使用率を100％にする、ということでS字カーブの前倒しを実現したのである。

さらに、市場でどのようなポジションを築くことが高い収益性を生み出すことができるのか、そのメカニズムを徹底的に掘り下げた（図表3－17）。その結果、同じ規模の売り上げを上げるにしても、低い市場シェアで多くの国で展開するよりも、市場規模が魅力的で、勝

図表3-17　S字カーブの前倒しに投資する

新興国市場にイノベーションを起こし、
長期的な成長基盤を自ら創造することに投資することを決めた

自社のチャレンジにより、"S字カーブの前倒し" が実現できる、という意思を持った

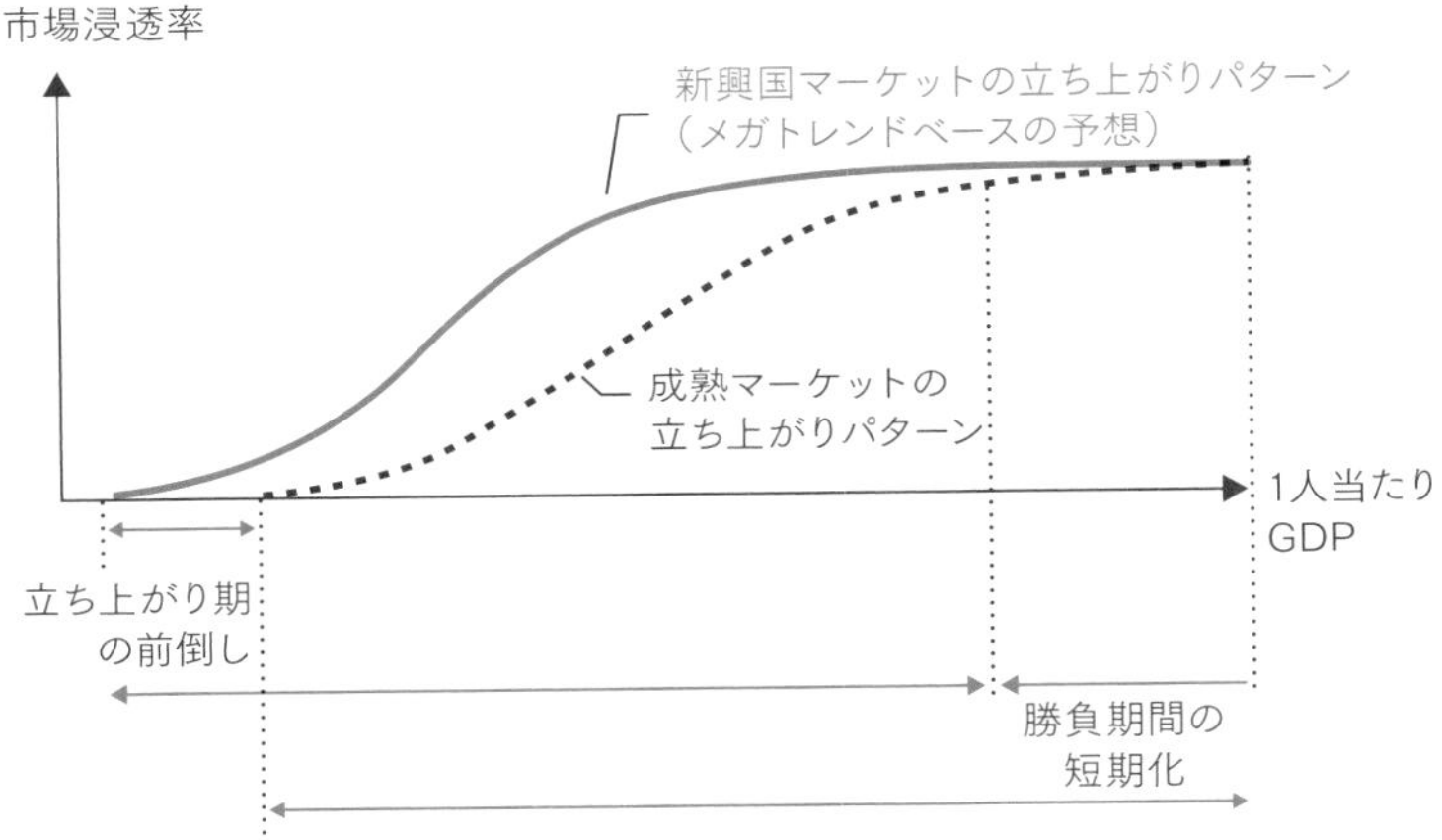

新たな "S字カーブ" の波に乗る戦略づくりが不可欠

- ローエンドプライスを実現できるバリューチェーンイノベーション
- 未成熟な市場で自ら市場創造するためのチャネル/マーケティング手法
- 市場進化ステージに合わせた複数モデル
- 4倍速のスピードについていける、マネジメント体系

ち切れる可能性が高いエリアにフォーカスして資源投入し、圧倒的なトップシェアを築くほうが、飛躍的に高い利益率となることを分析によって導き出した。

潜在市場の大きさ、成長力の大きさ、市場のコントローラビリティの高さなどの軸で各エリアを評価し、それによって攻略すべきマーケットの優先順位を決めていったのである。そして投資すると決めた国ではターゲットとする消費者セグメントに集中して圧倒的なシェアを獲得する、ということを重要な戦略目標とした。

P&Gやキンバリークラークなど、自社よりも圧倒的に企業規模が大きく、投資余力も経営資源も格段に充実しているグローバル企業との競争において、自社が持つ限られた資源の中で、どうすれば高い収益を伴う形で勝ち切れるのか、という「賢い弱者の視点」によって自ら市場を創造し、圧倒的なシェアで高い参入障壁と強い事業基盤を先に築いてしまう、ということを目指したのである。そのことがS字カーブを自らの企業努力で前倒しして、先に基盤を創るという骨太の戦略につながっているのではないかと考えている。

実はインドには、競合のP&Gが早くから最優先国として巨額の投資を続けてきた。すでにライバルがいるマーケットでユニ・チャームが勝つには、エリアと商品カテゴリーを絞り込み、狭い領域で素早くS字カーブを立ち上げて独占的シェアを獲得する戦略が有効となる。

そこでエリアは「ニューデリー」、プロダクトは「パンツ型紙おむつ」に特化して、これまで先行企業が入ってこなかったパンツ型の市場創造を仕掛けてこれを立ち上げ成長させた。ユニ・チャームはこの領域でナンバーワンのシェアを獲得。これにより、当初は10年がかりで利益を生み出す計画だったものが、3年で収益化を実現したのである。この成功を足がかりに、その後はムンバイなどにも市場を広げている。

その考え方は、女性用のフェミニン事業、大人用おむつのヘルスケア事業、ペット事業などあらゆる領域においてベースとなっている。

「ライオン・イン・ザ・ワイルド」

長期的なトランスフォーメーション戦略に魂を入れて実現につなげていくためのもう一つの重要なカギが、最重要資源、特に価値が高く制約ある人的資源を長期の市場創造のために思い切ってシフトすることができるかどうか、ということにある。中でも中国市場は、商品開発とマーケティングのエースをセットで送り込んだことが成功につながった好例である。

実は当初、ユニ・チャームは中国で苦戦を強いられていた。この領域を立て直し、もう一度勝ちに行くため、2010年前後から経営人材に加え、優秀な開発とマーケティング人材をセットで現地に投入、2011年には「中国本社」を設立した。日本の経営層が現地の開発・マーケティングの意思決定を尊重すると約束し、速いスピードで商品開発のサイクルを回した結果、中国市場で大きなシェアを獲得することに成功した。

中国市場を立て直した面々が重視したのが、現地に徹底的に入り込むこと。ＢＣＧが「ライオン・イン・ザ・ワイルド」と呼んでいる考え方である。「動物園で飼われているライオンを眺めるのではなく、野生のライオンを徹底的に観察しなければ、ライオンの実態は理解できない」という意味である。

市場創造でも同じで、机上で資料やデータを眺めるだけでなく、時には一般家庭にまで上がり込み、消費者の本物の生活の中に自分たちが入っていかなければ実態はつかめない。ユニ・チャームはそれを徹底的にやり抜いて、潜在ニーズをつかんだ。

同社は１９９０年代にインドネシアで市場を立ち上げる際にも、現地での市場を徹底的に分析した。同国の小売店の照明が薄暗いことに着目し、女性向けの生理用品のパッケージをピンクではなく、より目立つ黄色に変更した。こうしたことは、現地に入らなければ決して気づくことのできないポイントだ。

また、中国市場でヒットした商品にミントの香りをつけた生理用品がある。日本市場において機能性で勝ち抜いてきたユニ・チャームにとって、香りという感覚的なものが消費者に支持される要素になるとは想像もしなかった。だが消費者の生活に入り込んだ市場調査によって、中国ではこれが受けるという実態をつかんだのである。

このような現地のトレンドやその変化は、日本国内にいては理解できない。新市場で勝つには、まさに「ライオン・イン・ザ・ワイルド」のアプローチが不可欠となる。

経営資源の思い切ったシフト

新市場を新たに創造する上で重要なのは、「どのターゲットに経営資源を集中させるか」である。中国市場において、ユニ・チャームは強いポジションを築くことに苦戦していた。中国の女性用フェミニンビジネスの再構築を任された商品開発・マーケティングの責任者は、新たな女性セグメント、女性像が生まれつつある兆しに気づいた。女性の社会進出が進み、オフィスで働く女性、新たなワーキングウーマンが都市部から生まれ始めていたのである。中国女性はオフィスワークの環境において生理用品をつけてもヒップラインが美しく見え、しかも長時間のオフィス勤務の中でも快適に過ごせる、今までの普及品とは一線を画した、自分たちにとって最適な商品を欲していた。また、オフィス勤務という新たな仕事は彼女たちの所得レベルをかつてよりももう一段高いものにし、高い可処分所得を持つ層になっていた。

実際に所得水準の階層別の変化を見ても、図表3－18のように、新興中間層の数は2010年代以降に頭打ちとなり、やがてピークアウトしていくことがわかってきた。一方で、従

図表3-18　経営資源の思い切ったシフト

成長の中心が新興中間層から上位中間層/富裕層へシフト
するタイミングを捉えたシェア逆転の取り組み

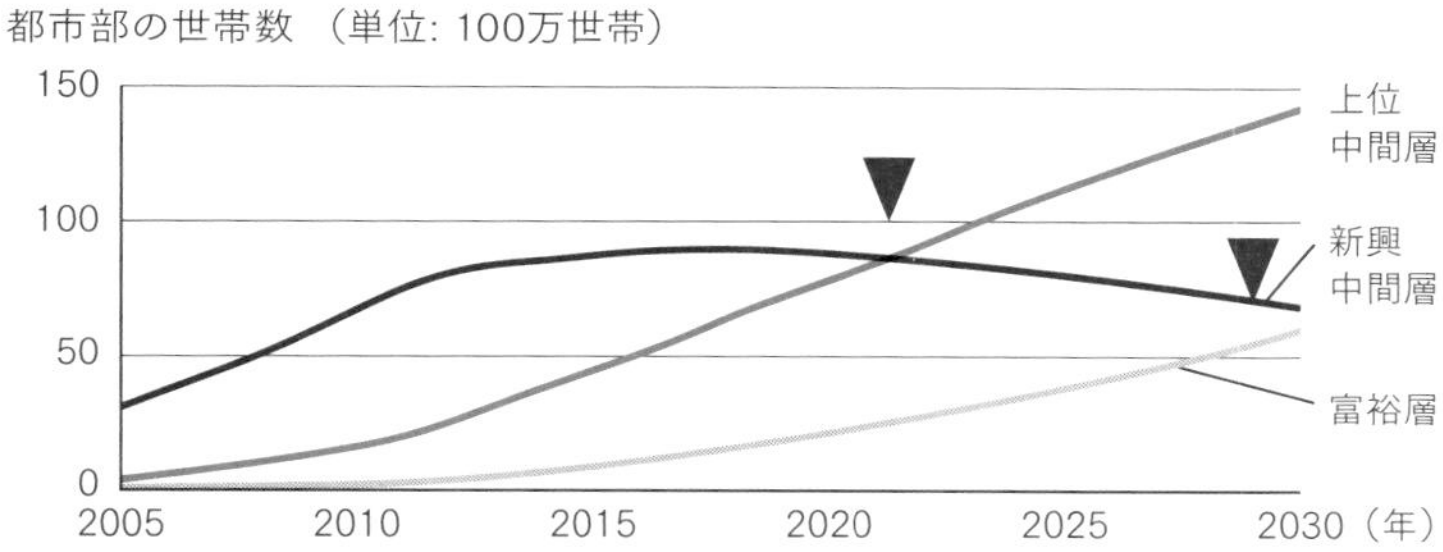

新興中間層: 月収5,000 ～ 8,000元（約9.4万～ 15万円）
上位中間層: 月収1万2,000 ～ 2万2,000元（約23万～ 41万円）
富裕層: 月収2万2,000元～（約41万円～）

Source: BCG分析

来の中間層より一段上の所得を得る上位中間層やその上の新たな富裕層が増加し、ボリュームゾーンになることも予測できた。

そこで成長の中心が新興中間層から上位中間・新興富裕層にシフトするタイミングを捉え、新たに生まれるこの層のニーズに徹底して寄り添うと意思決定した。新しい価値観を持つターゲット層に対して高単価商品を矢継ぎ早に投入し、圧倒的シェアの獲得に成功したのである。

一例を挙げると、企業で働く20代女性に対して売り出したショーツ型おむつがある。この商品は製品そのものの完成度は高くとても素晴らしい品質を持ったものであったが、製造コストが高いため、1ピース当たりの単価は通常商品の何倍もしていた。そのため日本で発売されたときには期待したほどの売り上げを実現できなかった。

しかし、中国の若いビジネスウーマンは装着時にパンツスタイルの服の上から見えるラインを非常に気にするため、外見が美しく見えるショーツ型に潜在的ニーズがあることを、徹底した消費者の観察、調査で把握できたのである。

日本人とは異なる価値観を持つ消費者に対し、そのターゲット層が潜在的に望んでいる商品を市場に送り出し、彼女たちが望むコミュニケーション、ユーザーエクスペリエンスの実現により新たなブランドとしてポジションを確立したことで、今まで中国市場に存在していなかった、まったく新しい市場を創造することに成功したのである。

これもユニ・チャームが自ら仕掛けなければ、市場の立ち上がりは遅れたであろうことは明らかだ。また、同社にとってこのセグメントで圧倒的なシェアを獲得、維持し続けることはできなかっただろう。

ユニ・チャームはこのセグメントに圧倒的なポジションを築いた結果、それ以前には女性用生理用で競合数社に劣後する低いシェアに甘んじていたが、5年後には付加価値が高く競合と比較して高い単価が取れる商品群で平均単価を大きく引き上げ、その高い平均単価のおかげで売り上げシェアで見るとトップクラスのポジションにまで躍進したのである。

これらの取り組みによって、ユニ・チャームはアジア・グローバリゼーションに向けた大変革を成し遂げ、売上・利益・時価総額とも大きく伸ばした。中近東、南米、アフリカといった新たなエリアにも進出し、新たな市場創造による長い持続的な成長を成し遂げている。

さらに、子供用おむつ、生理用品で作り上げてきたマーケットは、次の市場へもつながっている。これからメガトレンドに乗ってティッピングポイントを迎える事業領域と目される、大人用おむつやペットケアへとつながっていくのである。

GEの投資マネジメント

メガトレンドとティッピングポイントを見極める

このところ業績的には低迷を続けているが、GEはメガトレンドとティッピングポイントを的確に捉えながら、最適な投資マネジメントをしてきた企業の一社であると考える。

風力発電事業を例にとってみると、リニューアブルエナジーへのシフトという長期的なメガトレンドにおいて、風力発電領域はその重要な一角を占め、GEにとっても将来の重要な

図表3-19　GEのメガトレンドとティッピングポイントを見極めた投資マネジメント①

GEの風力発電事業の例：
長期にわたり事業化の潮目の到来を赤字のリスクを最小化しながらウォッチ

■ 風力発電の世界需要

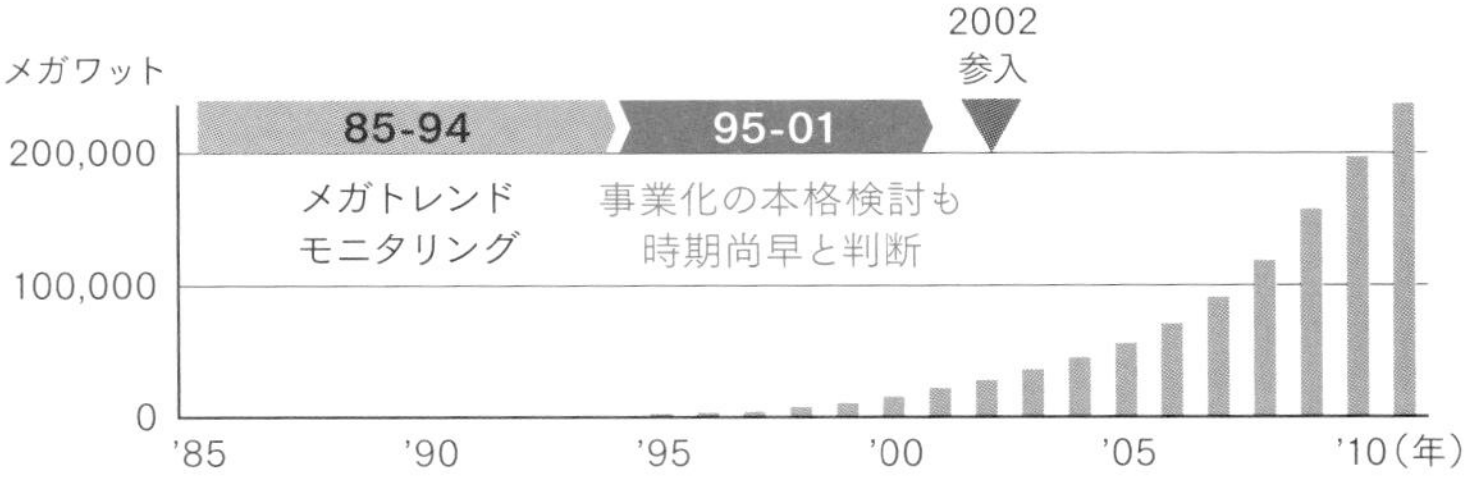

■ GEの取り組み

基本方針

- 成長と利益を重視するため、儲からなければ価値なし
- 投資を正当化するため、いつ見返りがあるのかわからないビジネスには投資できない

2度の事業化の起案に対して、収益化には時期尚早と判断し見送り

- 1990年代後半：市場拡大時期の見立てができないため見送り
  - "市場拡大は明らかだったが、その日がいつかわからない状況で、さいころを振って大きな賭けにでるようなやり方を、ウェルチはよしとしなかった "
- 2001年初頭: 市場成長に対して、参入コストが高すぎるため見送り
  - "ドイツ、アメリカ、スペインで補助金が出され、市場が2倍となり大きな可能性があった"
  - "しかし、莫大な立上げ費用に見合うリターンが現実には期待できなかったため、イメルトは行動を起こさなかった"
- その後も事業部は潮目が来るのを待ち続けた
  - "1995年に参入していたら1998年までに撤退していただろう。当時は市場が小さく、技術も成熟していなかったから"

– ジョン・ライス GE副会長

Source: Earth Policy Institute; 記事検索;『ジェフ・イメルト -GEの変わりつづける経営』デビット・マギー著

柱の事業の一つになると判断され、長い時間軸の中で適正な投資マネジメントが行われてきた事例だと捉えられる（図表3－19）。

同社はメガトレンドのモニタリングにより、1980年代後半のかなり早い段階から、世界中で再生可能な代替エネルギーを大量に必要とする時代がやってくると見立てていた。ただし実際に事業化を決断して市場に参入するのは2002年まで待つことになる。

1995年ごろまでは、メガトレンドが本当に予測した方向へ向かうのかを観察しながらモニタリングを続けた。そこから事業化の検討を本格的に始めたが、まだ市場が拡大する時期を見立てられず、大きな投資をするには時期尚早と判断して見送りになる期間がしばらく続いた。

ただし、その間も事業化のチャンスを虎視眈々と狙っており、「自分たちはこの領域で将来の柱となる成長事業を作る」という意思決定が揺らぐことはなかった。そして2001年末、それまで米国の風力発電市場で最大シェアを有していたエンロンが経営破綻したのを機に、同社の風力発電事業を買収して資金を投入した。採算が成立する潮目を捉えて事業化を加速した結果、GEは世界の風力発電市場で一気にトップシェアへ上り詰めたのである（図表3－20）。

図表3-20　GEのメガトレンドとティッピングポイントを見極めた投資マネジメント②

GEの風力発電事業の例：
メガトレンドを基軸に将来の柱事業として張っていく領域を特定し、
強い意思を固めた

■ 風力発電の世界需要

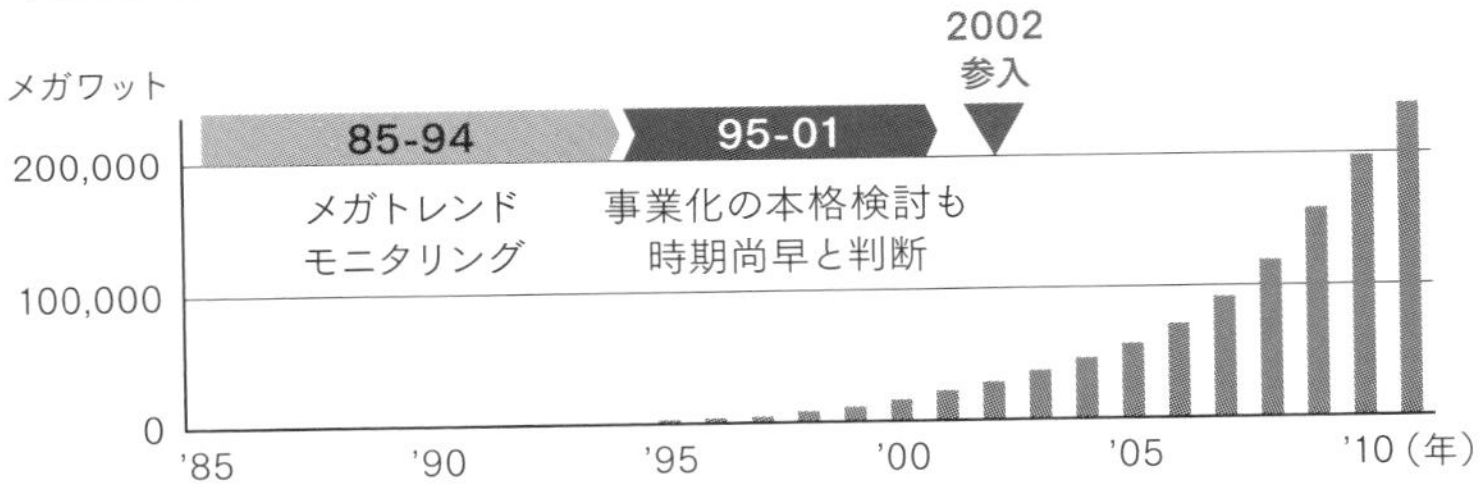

■ GEの取り組み

エンロンの風力発電事業の状況

- 世界5位、シェア6%の世界的リーダー
  - 売上高: 8億ドル、利益: 黒字
- 製造拠点
  - 成長機会のあるドイツ、オランダ、スペイン、アメリカの4ヶ国
- 販売拠点
  - 環境プロジェクトに適した6ヶ国

破綻に伴い、エンロンを3.6億ドルで獲得

- 2年後にSiemensが同程度のシェアのBonusを買収した際には18億ユーロと高い買収額に

長期にわたって準備してきたがゆえに、意志決定も的確/迅速に実行

- "「エンロンから買えば、2.5億ドル～でビジネスが手に入る」と言うんだ。私はゴーサインを出した。"　- イメルト CEO
- "この手の入札には、複数の入札者がいて、最終的に落札者が決定するため、事前の予習が欠かせない。我々はそれができていた"
- "我々はベストなタイミングで参入しようと狙っている。今回はしっかり準備できていたから落札できた"　- ライス 副会長

Source: Earth Policy Institute; 記事検索;『ジェフ・イメルト -GEの変わりつづける経営』デビット・マギー著

各国政府と協力して事業を拡大

その後は、ＧＥは政府とのリレーションをフックに、世界１００カ国での事業展開を矢継ぎ早に推進した（図表３－21）。

例えば、温暖化の問題にしても、米国政府はもちろん、中国政府や他の国の政府の方針も理解するために、各国政府との折衝のみ行うＧＥインターナショナルを作り、さらなる情報収集やガバメントリレーションのノウハウを磨き上げることに着手した。

またいったん訪れたティッピングポイントのチャンスをものにするスピードを上げるために、子会社の幹部の一人に折衝の権限を与え、意思決定をシンプルにすることで成果を上げていった。

一つの成功例でいえば、北京オリンピック・パラリンピックのインフラ整備を丸ごと請け負うことに成功したのは、単なるサプライヤーではなく、国づくりのパートナーとして社会貢献を絡めて展開をしていったことにある。当時のＣＥＯであったイメルト氏は、「特に新興国ではＧＥは政府と協力して人々の暮らしの利便性や安全性を高めたい」とインタビューで述べている。

長期にわたって市場のメガトレンドの動きをウォッチし続け、投資に見合うリターンが期

図表3-21　風力発電における、新興国での主な取り組み

その後は、政府リレーションをフックに成長著しい新興国市場にも進出

中国	2006	瀋陽に組み立て工場設立
	2009	Shangyi 風力発電所事業に参画
	2010	Harbin との風力発電タービン販売 JV を設立
	2011	9 つの風力発電事業に参画
インド	2004	Karnataka での風力発電プロジェクトで参入
	2004	Tirunelveli での風力発電プロジェクト（Rs 810M）
	2009	Dhonithanda での風力発電プロジェクト（Rs 1.5B）
	2011	Greenko Group の 500MW の風力発電施設に投資
	2011	Pune に風力発電工場設立（$200M）
その他	2010	インドネシア当局と自然エネルギー開発等の MOU 締結
	2011	ベトナムで風力発電タービン事業参入
	2011	ベトナムに風力タービン工場を設立（$61M）
	2011	モンゴルの風力発電プラント受注（$100M）
	2012	ルーマニアで 4 ヶ所の風力発電パーク建設

Source: 記事検索

待できない間は行動を起こさず、市場の立ち上がりと事業化の潮目が到来するまで待ち続けた。

これはまさにメガトレンドとティッピングポイントを長期の視点でモニタリングしながら「時間軸×リスクとチャンス」の中で最適な投資バランスを持って判断したからこそなし得ることである。そしてひとたびそのティッピングポイントが訪れたならば、一気呵成に市場立ち上げのチャンス獲得のために必要十分な投資を判断して成功した。GEはユニ・チャームと並んでこうした手法の好例といえるだろう。

コラム❹ 戦略構築に役立つフレームワークの例

戦略構築に役立つフレームワークは多数あるが、自分にとって役立ちそうだと思ったものは実践でどんどん使い込み、引き出しを増やしていくといい。

ここでは参考として、著者が思考を深めることに役に立つと考えるフレームワークをいくつか紹介していきたい。いずれも、市場の大きな構造変化をダイナミックに捉える上で有用なフレームワークだと考えている。

エクスペリエンス・カーブ（経験曲線）

ある製品の累積生産量が増加するに従い、単位当たりのコストが一定の割合で低下することは経験則として知られている。この関係を示したのがエクスペリエンス・カーブ（経験曲線）である（図表3－22）。

一般に累積生産量が2倍になるごとに、単位当たりのコストが20～30％ずつ減るといわれている。このようなカーブが発生するのは、生産量が増えるにつれて経験が蓄積され、能率が向上するためと考えられる。つまりエクスペリエンス・カーブは単に規模の経済性を表すのではなく、習熟による効果を見通せるところに大きな特徴がある。

図表3-22　エクスペリエンス・カーブ（経験曲線）

エクスペリエンス・カーブ：ダイナミックな変化

エクスペリエンス・カーブとは

1966年、BCGが初めて「エクスペリエンス効果」の概念を紹介

- 米国の某半導体メーカーの戦略立案過程の観察事実に基づいた1つの経験則
- 「累積生産量が2倍になるとコストは20~30%低減する」

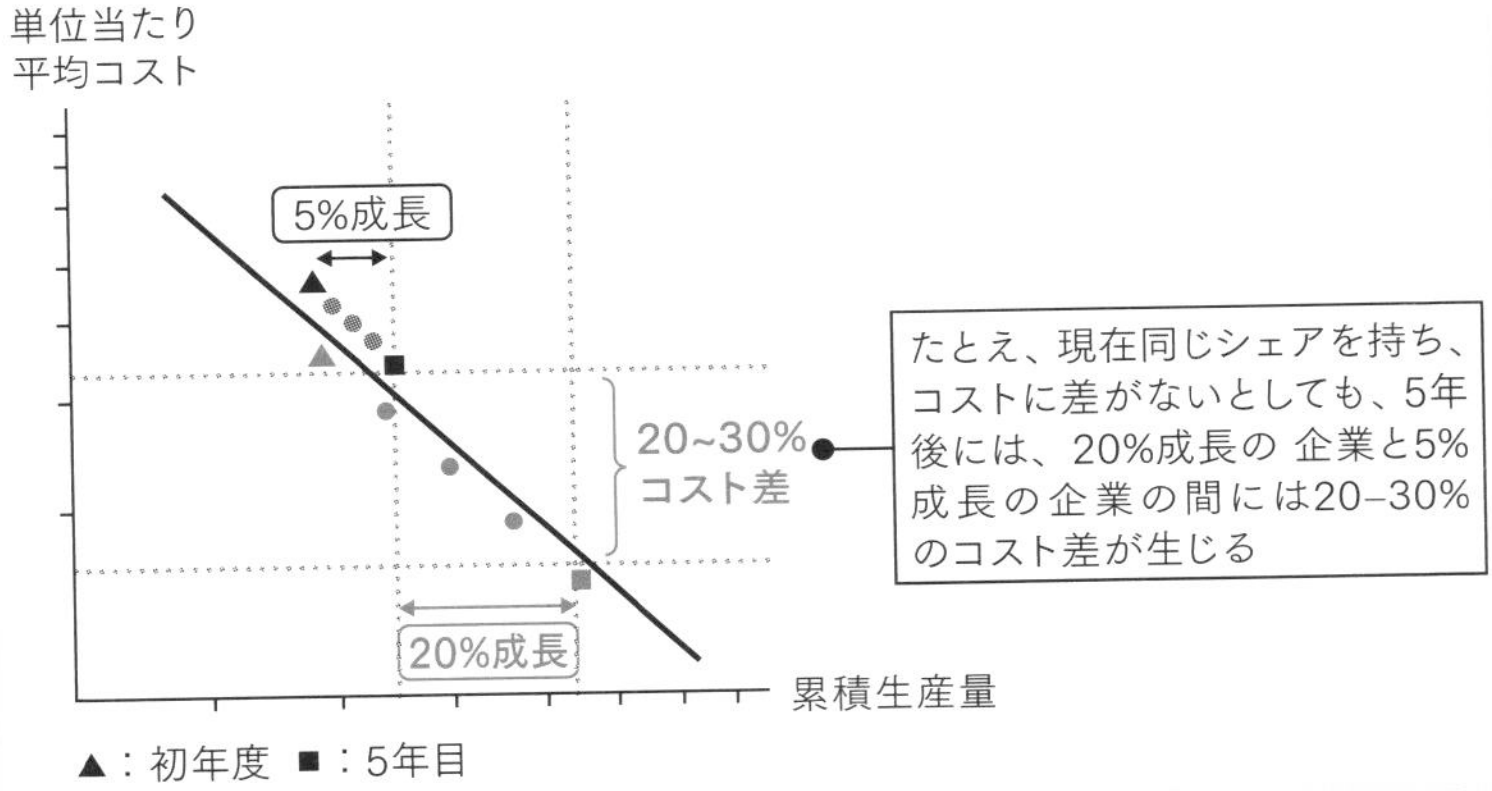
単位当たり
平均コスト
5%成長
20~30%
コスト差
たとえ、現在同じシェアを持ち、コストに差がないとしても、5年後には、20%成長の 企業と5%成長の企業の間には20–30%のコスト差が生じる
20%成長
累積生産量
▲：初年度 ■：5年目

累積生産量を倍々へと増やしていける市場環境の中においてはその先頭を走るプレイヤーは大きなコスト優位性が得られるが、ひとたび市場が成熟すると、どのプレイヤーにもさしたるコスト優位性が効かなくなる。つまり手詰まりの状況が訪れる。それがいつ訪れるのか、逆の言い方をするとその手詰まりの産業に誰がいつ新たなパラダイムシフトを仕掛けてくるか。

　こういったパラダイムシフトが起きる既存の競争が手詰まりな状態の中、ひとたび技術革新が起こると、プロダクトもバリューチェーンも別次元のステージへと一足

図表3-23　エクスペリエンス・カーブ（経験曲線）と規模の経済性

エクスペリエンス効果は単なる規模の経済性とは異なる

	「エクスペリエンス・カーブ」	「規模の経済性」
縦軸	単位当たりの生産コスト	単位当たりの生産コスト
横軸	累積生産量	工場・メーカーの規模（年間生産量・生産能力 等）
時間の範囲	長期にわたるダイナミックな見方	一時点のスタティックな見方
コストダウンの要因	技術革新、業務改善、設備投資、労働者の習熟	単位当たりの間接コスト負担が小さい、設備効率、購買交渉力

飛びに進化して、経験曲線もリセットされる。連続性の上にあった習熟度の効果も途切れ、生産量増加に伴うコスト低減効果も非連続なものになる。

つまりイノベーションが起こると、今までとはまったく異なるエクスペリエンス・カーブをベースにした競争に一足飛びにワープする。今まで既存のエクスペリエンス・カーブの中で培ってきたコスト優位性は役に立たないどころか足かせになるということが見えてくるはずである。

自社がディスラプトされる側からディスラプトする側にポジショニングするために、いつまでに、どういう新たなイノベーションを仕掛ける必要があるのか、を考える視点を提供してくれる一つの切り口になろう。

新たな市場を創っていくには、自社に不足

している新たなケイパビリティの獲得と、そのための投資が必要になる。ポイントは、規模における圧倒的な優位性やポジショニングで勝つ領域ではなく、エクスペリエンスの圧倒的な累積量で勝つ領域に注目することである。

例えば、ジェネリック医薬品の場合、ほとんどが規模の勝負となってしまい、人件費やインフラコストの安い途上国の製品に勝つことは難しい。一方で、圧倒的なデータを必要とするビジネスや、AIによる分析を活かすことができる領域であれば、今日的な意味での「エクスペリエンス・カーブ」の強みを出せる新ビジネスとなる可能性が高い（図表3－23）。

アドバンテージ・マトリクス

業界の競争環境を分析するフレームワークで、ダイナミックな市場構造の変わり目を捉えて先回りし、ディスラプティブな新市場創造のチャンスを生み出せるかどうかを思考する上で、有効なフレームワークである（図表3－24）。

先に述べたエクスペリエンス・カーブを活かした戦い方が手詰まりになるときに、自らが創り上げた新しい競争ルールの下で、自らが先に獲得した新たな強みが大きな競争優位を生み出す世界を確立して、圧倒的なシェアを勝ち取れる市場を創造できないか、ということを考える一つのフレームワークとなりうる。

縦軸を「競争要因の数（戦略変数）が多いか、少ないか」、横軸を「優位性を構築できる可能性が

図表3-24　アドバンテージ・マトリクス

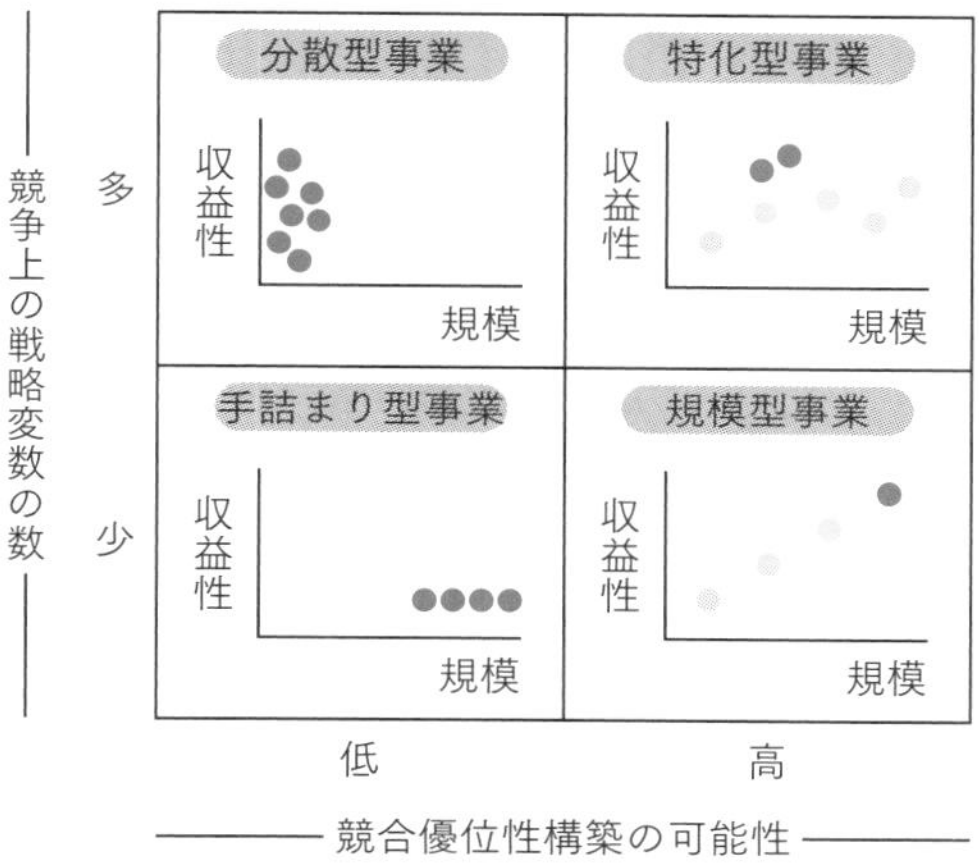

高いか、低いか」としたマトリクスである。この2軸により、業界を「特化型事業」「規模型事業」「分散型事業」「手詰まり型事業」の4象限に分類する。

競争要因が少ないと、一般的にはコスト競争力にほぼ依存する。よって本来なら規模を拡大し、さらにコスト競争力を高めるしか優位性を構築する手段はない。これが「規模型事業」である。だが、すでにエクスペリエンス・カーブの終盤に差し掛かり、規模を拡大してもこれ以上のコスト優位性が見込めないなら、「手詰まり型事業」となる。

一方、コスト以外にも様々な競争要因があるなら、その中で特に優位性をもたらす可能性が大きい要因にフォーカスし、それを求めるターゲットに提供することで競争優位性を築ける可能性がある。これが「特化型事業」だ。狭い領

図表3-25　事業特性の変化の例：外食レストラン

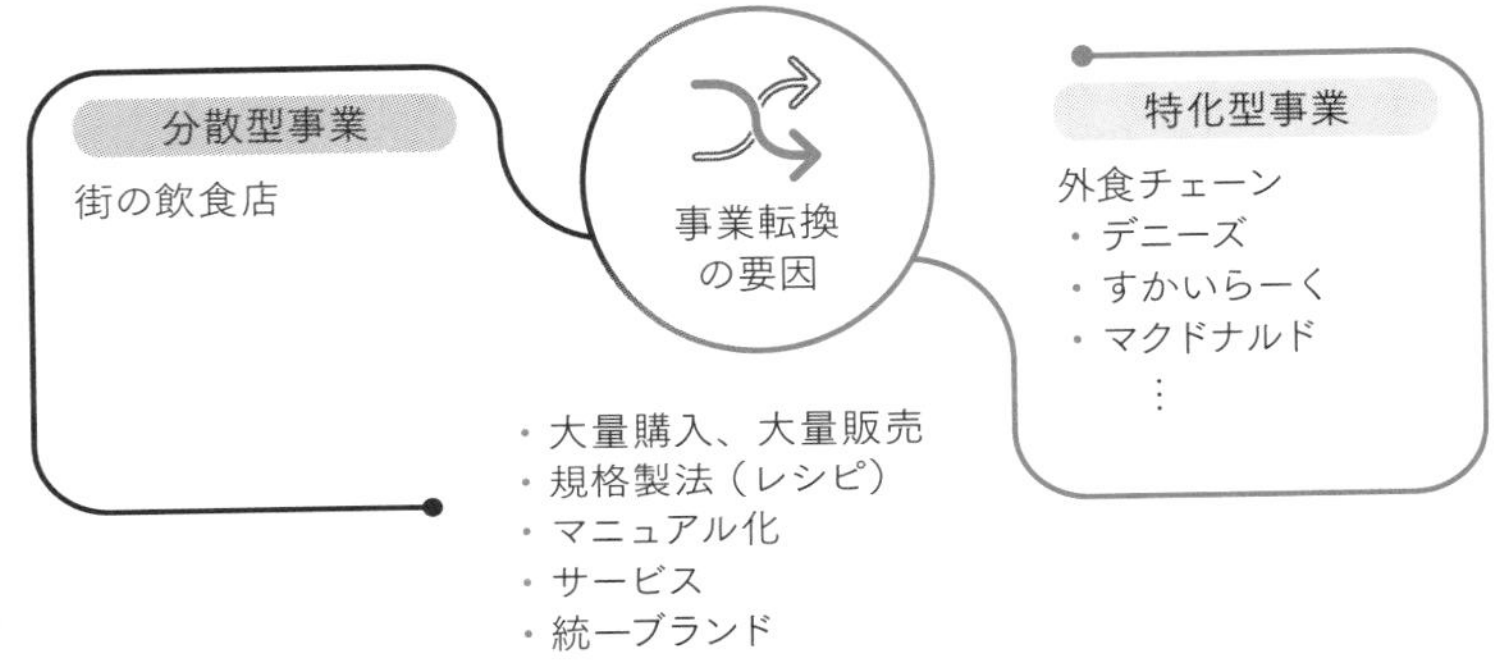

域の中であれば、規模の経済が効くので事業を一定程度スケールできる。

ただし、競争要因が多くても優位性の構築が難しく、規模拡大によるコストメリットも見出せないなら、「分散型事業」になる。地域密着型の飲食店が典型的で、差別化要因が店主の人柄や料理の腕前といった属人的なものだったり、立地条件などその地域特有の条件だったりすると、事業をスケールするのは難しい。

今の業界、そしてその中で戦っているプレイヤーは4象限のどこに存在しているのか。まずはこの現状を理解することが必要である。ただし、それはあくまで出発地点であって、現状分析で終わっては意味がない。「自社が将来の成長領域を築くには、どの象限へシフトすべきか」「そのために産業構造やビジネスモデルをどう変えるのか」という戦略シナリオに結びつけて考えることが重要である。

現在の事業にある新たなケイパビリティやアセットを

組み合わせることで、別の象限へシフトし、今までとは異なるゲームのルールが構築できないか。そして新結合により、新たなゲームのルールで勝ち抜ける新たな頭脳と筋肉を持った肉体に誰よりも先に生まれ変わり、圧倒的な優位性を持つプレイヤーになれないか。そして新たな市場で圧倒的シェアを実現できないか。このような視点から戦略を考える際に、アドバンテージ・マトリクスは役立つ。

例えば外食チェーンは、店舗数が行きつくところまで増えて飽和状態になれば、生産量を増やす戦略はもはやコスト優位性を生み出さず、完全に手詰まりになる（図表3－25）。

その現状を脱するために、デジタルの活用で今までとは異なる新たなエクスペリエンスが効く世界を築き、新しいスケールビジネスを構築できないか。あるいはデリバリーサービス特化のクラウドキッチンのようなモデルやキッチンカーのような移動レストランなど、コスト以外の優位性を生み出してフォーカスすることで、特化型事業にシフトできないか。そのためには今の外食ビジネスをどう再定義して、新たなゲームのルールと異なるケイパビリティが活きる世界を創造するか、そこにどう先んじて投資をして基盤を確立するか。

このように将来へのシナリオを描くために使ってこそ、このフレームワークは有用となる。

デコンストラクション（バリューチェーンの再構築）

産業構造全体を捉えて、大きく俯瞰することで市場における変化を見極め、チャンスの芽をつか

図表3-26　デコンストラクション：家電業界の例

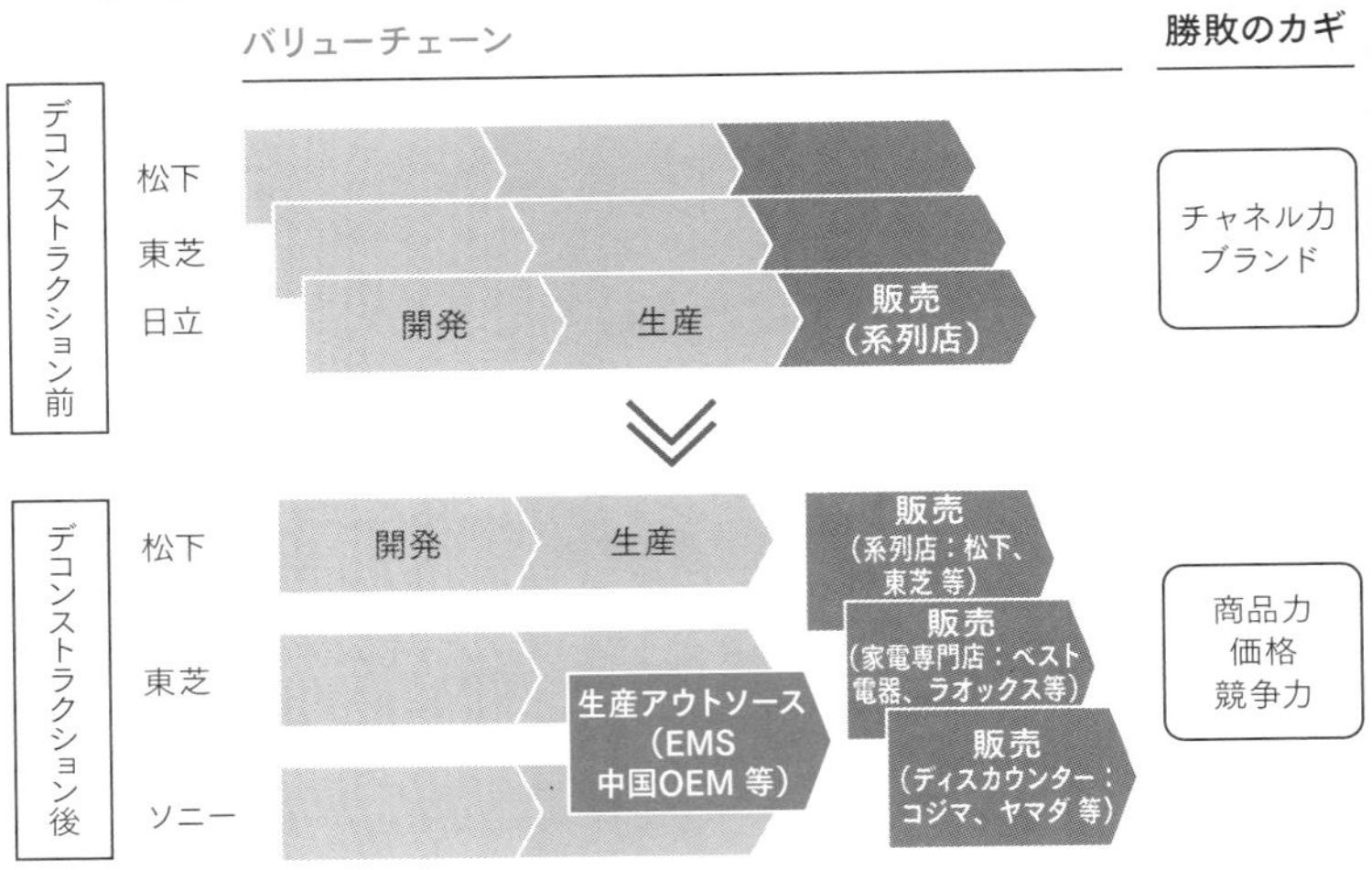

む上で、デコンストラクションのフレームワークも有用である。

家電業界を例にとると、かつてはメーカー各社が系列の販売店を持ち、生産から販売まで一気通貫でサプライチェーンを構築していた。ところが販売店に代わって家電量販店やディスカウンターが登場し、消費者が様々なメーカーのプロダクトを比較して選べる業態が現れると、従来のサプライチェーンは崩壊した（図表3－26）。

こうして既存のバリューチェーンを破壊し、新たな秩序を構築するのがデコンストラクションである。デコンストラクションは自社にとって脅威にもなれば、機会にもなる。いずれにしても、自分たちはディスラプトされるのか、あるいはチャンスをつかめるのかという視点で、市場を観察する必要がある。

図表3-27　デコンストラクションの4類型

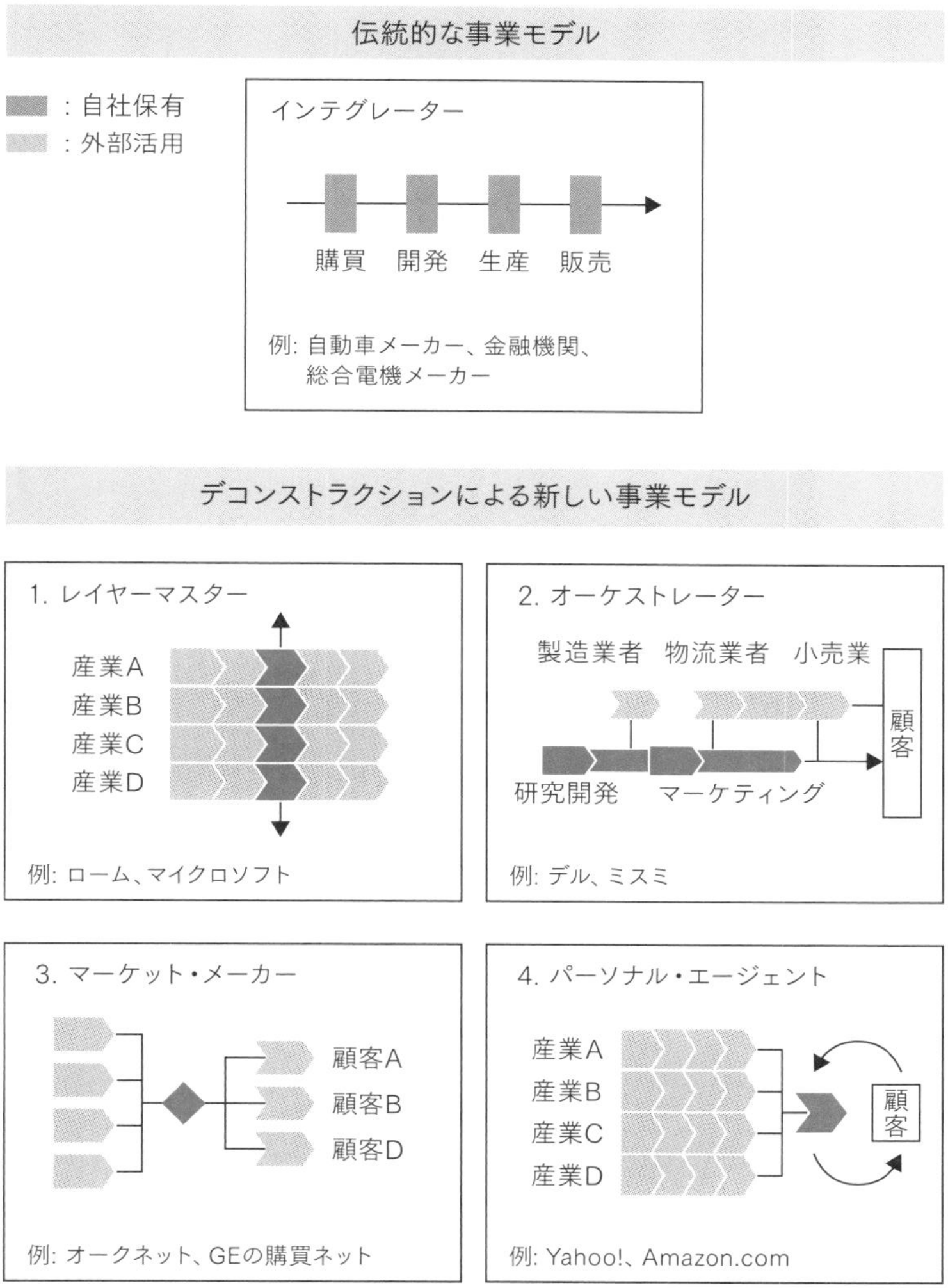

図表3-28　デルのオーケストレーターモデル

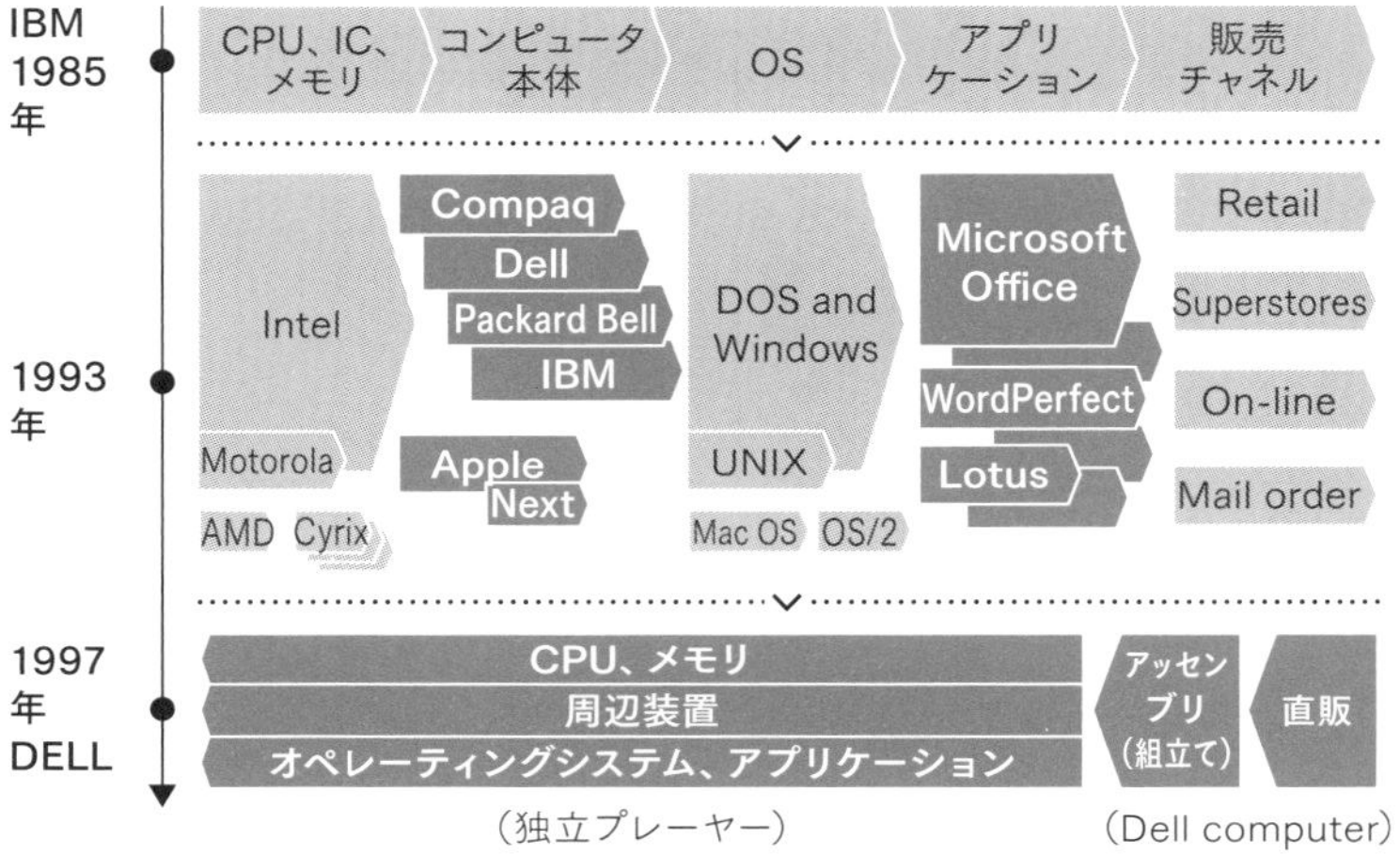

デコンストラクションにおける新たなビジネス創出のタイプは4つに分けられる（図表3―27）。「レイヤーマスター（専門分野特化型）」「オーケストレーター（外部資源利用型）」「マーケットメーカー（既存チャネル改善型）」「パーソナルエージェント（顧客第一主義型）」である。

レイヤーマスターは、バリューチェーンのうち特定分野に特化することで競争優位性を築く。パソコンにおけるCPUに特化したインテルや、自動車部品で強みを持つデンソーなどがこれにあたる。各領域の売上規模はインテグレーターに及ばないこともあるが、それぞれの専門分野において圧倒的なシェアを獲得し、利益率が非常に高い事業構造を作り出すことができる。

オーケストレーターは、アウトソーシング

などを活用して外部資源を有効に用いながら、バリューチェーンを最適化する。自社で部品生産は行わず、外部から最適なパーツを調達し、顧客ごとのニーズに合わせたパソコンを直販するデルが代表的な成功事例である（図表3－28）。

マーケットメーカーは、既存チャネルの弱みや欠点を突いて新たな市場を開拓する。エアビーやグラブなど様々なシェアリングサービスをはじめとするマッチングビジネスも、この事例にあたるだろう。

パーソナルエージェントは、顧客にとってより付加価値の高いサービスは何かを捉え、ユーザーエクスペリエンスを最適化する。既存書店で本を購入する際にエンドユーザーが潜在的に感じていた不満要素を排除し、独自のプラットフォームを構築して利便性を徹底的に高めたアマゾンは、パーソナルエージェントにあたる。

デジタルテクノロジーが発達し、バリューチェーンの破壊と再構築が起こりやすくなった今、デコンストラクションのフレームで市場を捉える重要性はますます高まっている。

リボンモデル

リクルートのビジネスモデルを説明する際に使われる図で、業界をカスタマー（消費者、生活者）からクライアント（企業）サイドまでをエンド・トゥー・エンドで広く捉え、両者の最適なマッチングを生み出す仕組みを表す（図表3－29）。

図表3-29　リクルートのリボンモデル

関係するステークホルダーを業界全体で広く見立てて、それぞれのニーズをマッチングさせることで、業界全体へのイノベーションを生み出す発想法

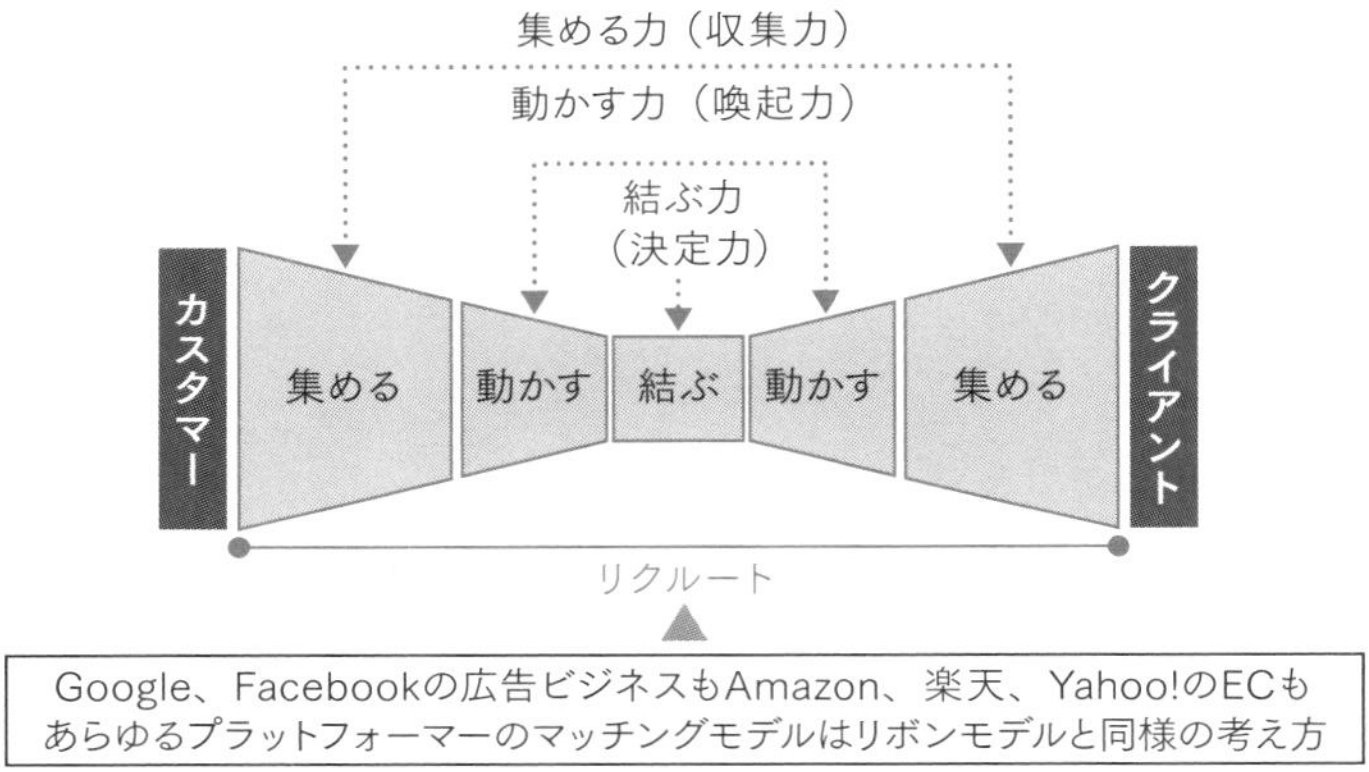

産業構造全体を俯瞰して大きく広くバリューチェーンを見立て、どのステークホルダーにどのような価値を提供すれば産業構造全体の生産性と付加価値の最大化が図れ、結果として中央の結び目、つまりマッチング総量を最大化することで市場を活性化、拡大できるかを考えるフレームワークである。

これが、同社が市場創造あるいは既存市場のディスラプションをベースにおいてビジネスモデルを構築する基本的な考え方である。それは産業単位、あるいは産業単位を超えた大きな構造で捉えるために役立つ手法だといえる。

ワイドレンズ

ダートマス大学エイモス・タックビジ

図表3-30　ワイドレンズ：一般的な価値設計図は、エコシステムを構成しているパートナーとつながりの全体像で描かれる

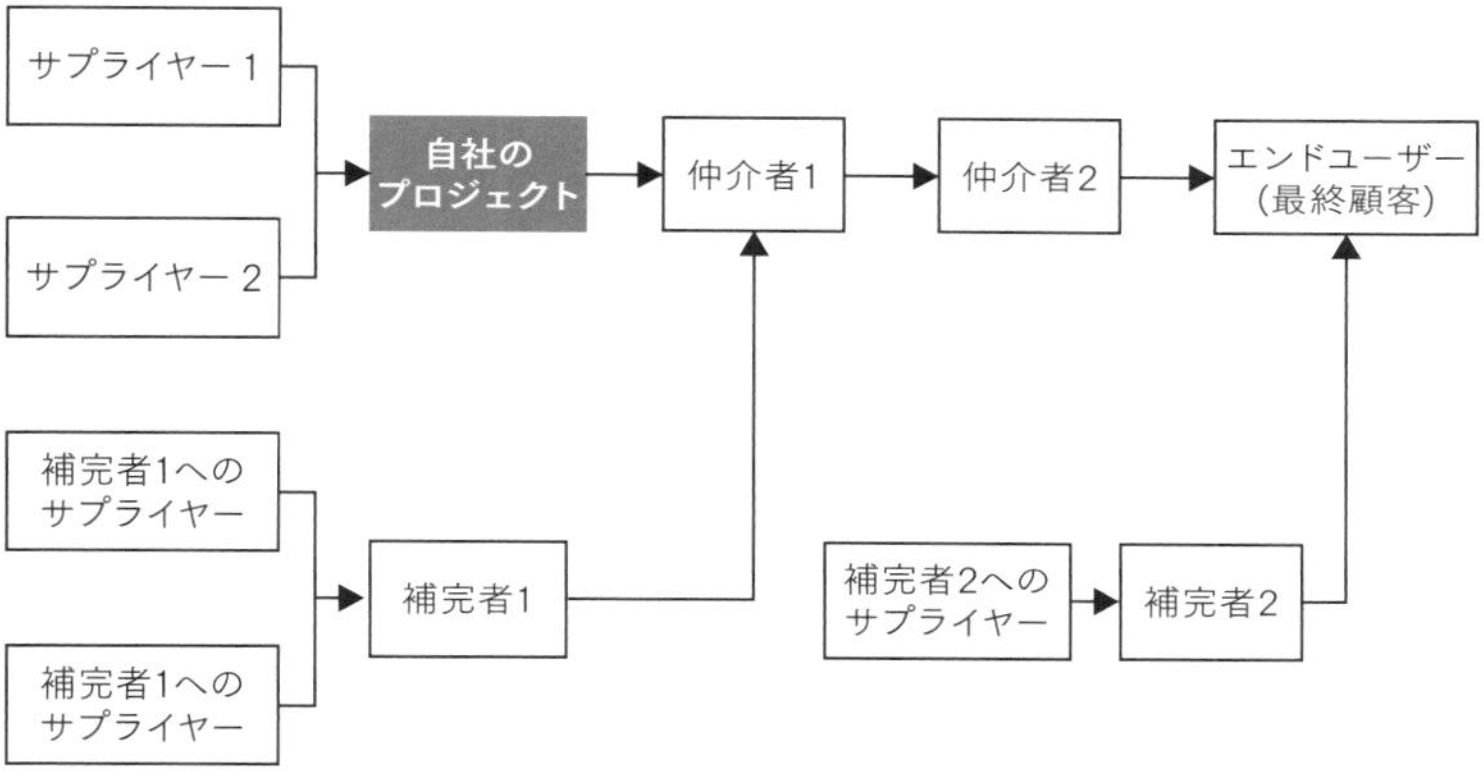

Source:『ワイドレンズ』ロン・アドナー著

ネススクール教授のロン・アドナーが提唱したフレームワークで、ビジネスを自社内だけで捉えるのではなく、自社の事業に関連する外部のイノベーション企業やパートナー企業などを含めたエコシステム全体で捉える手法である（図表3―30）。

業界や事業の全体像をエンド・トゥー・エンドで眺め、そこに関わるあらゆるプレイヤーをマッピングして、自社が新市場を立ち上げるとしたら誰が喜んで協力し、誰が反発するのかを見極める。その上で誰もが喜ぶ新たなビジネスモデルを構築できなければ、思わぬ敵が現れて事業を潰しに来るリスクがある。

その一例がソニーの電子書籍事業だ（図表3―31）。同社は2000年代前半から、専用端末を使った電子書籍事業に参入したが、普及が進まず結局は撤退に追い込まれた。

図表3-31　発売時点のソニーの電子書籍の価値設計図

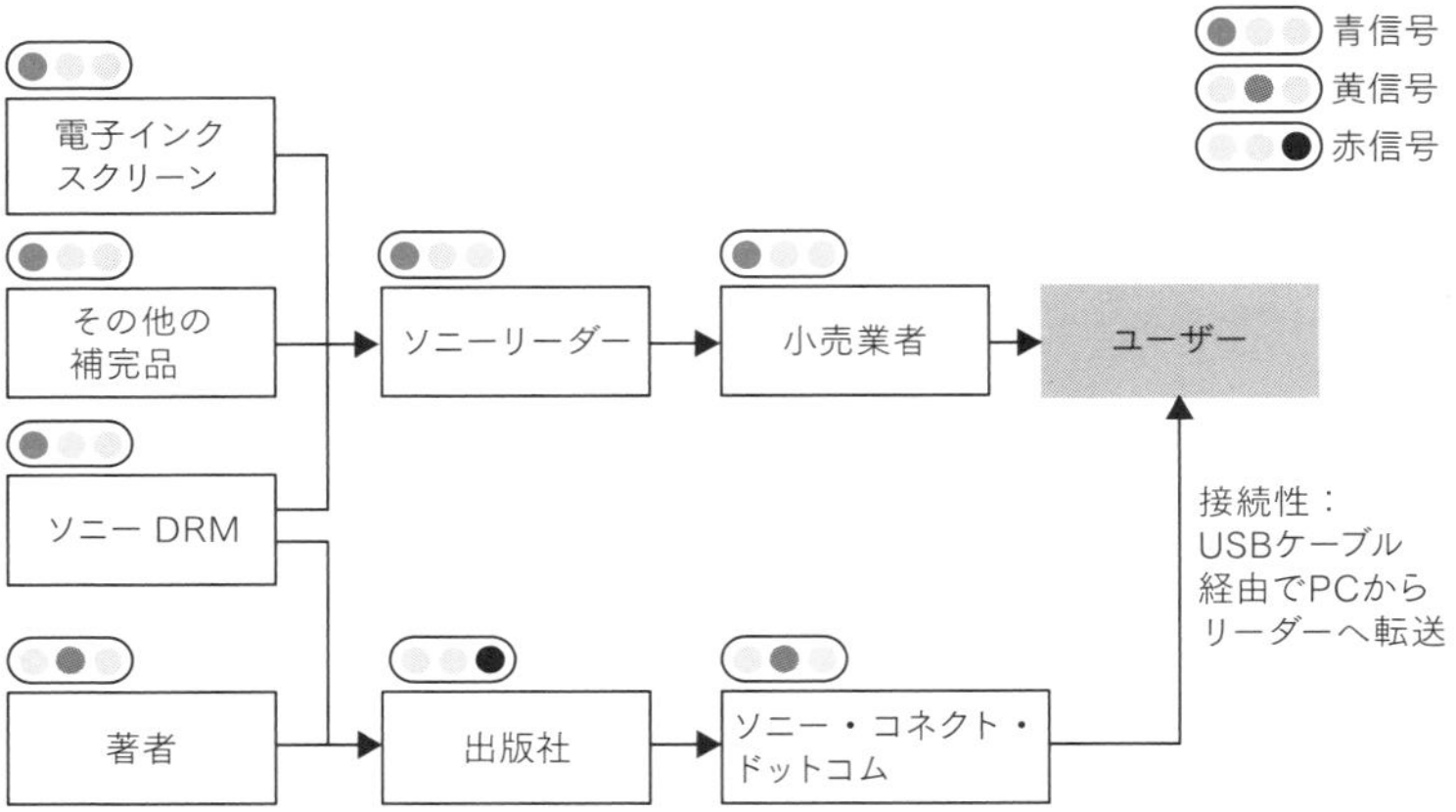

Source:『ワイドレンズ』ロン・アドナー著

失敗の原因は、事業を構築するエコシステムにおいて、重要なステークホルダーである出版社との利害調整を怠ったことにある。ソニーが端末を販売し、ユーザーはこの出版社から書籍データをダウンロードして利用するビジネスモデルだったが、ソニー本社は出版社の権利や収益源を守る仕組みを作れなかった。よって相手の反発を招き、両者の連携はうまくいかず、ユーザーの利便性も向上しないまま撤退に至った。

一方、アマゾンはキンドルを発売するにあたり、DRM（デジタル著作権管理）の体制を整備し、書籍データを提供するディストリビューターの権利と収益源を保護した。これがキンドルの急速な普及と成功につながったのである（図表3－32）。

ワイドレンズでエコシステム全体を見渡し、関連するプレイヤーの動きを想定して、お互い

図表3-32　アマゾンのキンドル発売時点の価値設計図

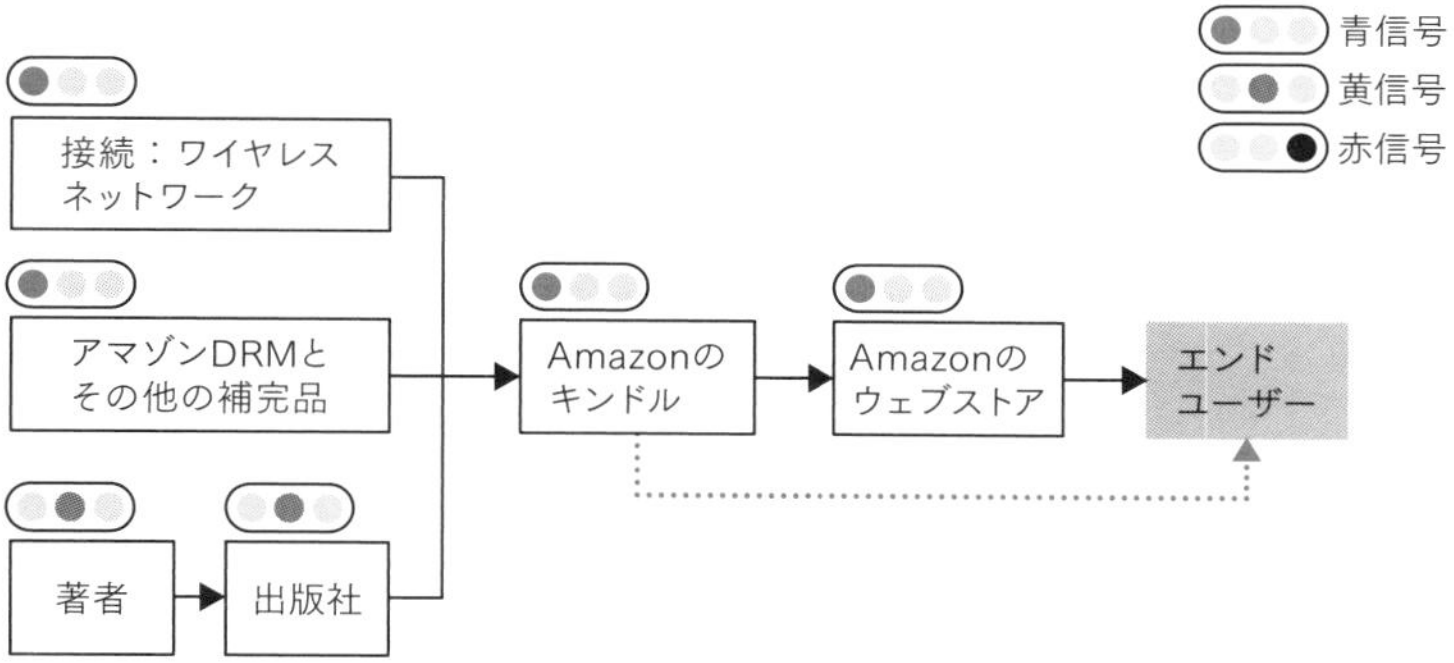

Source:『ワイドレンズ』ロン・アドナー著

がウィン・ウィンになる仕組みを構築できるか。この視点を持つことが、新たな市場創造型の事業戦略を考える上で重要となる。

第4章

パーパスを変革の軸にする

企業変革にパーパスが必要な理由

昨今の世界の潮流として、多くのステークホルダーがパーパス起点の企業変革を求め始めている。ＥＳＧやＳＤＧｓなどのキーワードが象徴するように、今の時代は企業の社会的な存在意義が問われている。世の中が企業に期待するのは、顧客や社会の課題を解決する役割を果たすことだ。

２０１８年に世界最大のアセットマネジメント会社、ブラックロックＣＥＯのラリー・フィンク氏が投資先企業に送っている書簡で、「パーパス」というキーワードがタイトルに付された。これをメディアも大々的に取り上げ、多くのグローバル企業がパーパスに注目するきっかけとなった。

この大きな流れを受けて、グローバルのトップ企業が集まるグローバル・ラウンドテーブルでは、株主価値を超えた企業の社会的な存在意義の再定義について活発に議論されている。いまやパーパスの明確化と実践は、世界の経営者にとって共通の重要テーマといっていい。

しかし、ここでの本質的な問いは、なぜ経営において、しかも長期的なトランスフォーメーションが求められる企業において、パーパスが重要なのか、ということである。企業の存在意義を再定義し、社会に求められる、必要とされる企業のあり方、目指す姿を明確にする。そして、それに応えられる存在になっていく、ということはもちろん重要である。しかし、長期的なトランスフォーメーション戦略を実践する上で、なぜ今注目されているのか、というのが本書における重要な問いである。

そのヒントを探るために、実際にパーパスドリブンのトランスフォーメーションを実践しているソニーグループのケースを見ていこう。

経営戦略の指針となるソニーグループのパーパス

改めてパーパス＆バリューを定めた理由

２０１８年に吉田憲一郎氏が社長兼ＣＥＯに就任した当初、最も力を入れて取り組んだのがパーパスとバリューの設定だったという。ソニーが創業してから70年以上が経ち、グローバルで多様な事業を展開する企業へ発展を遂げた。全世界で11万人を超える社員と複数の異なる事業体を有する組織が、一つの大きな目的へ向かって進んでいくには、改めてソニーの存在意義と大切にする価値観を示すことが経営の根幹になる、と吉田氏が考えたからだ。

そして、創業者の井深大氏が策定した、ソニーのDNAともいえる設立趣意書の主旨を今の時代にフィットさせながら、パーパスとバリューの再定義に取り組んだのである。

同社が2019年に発表したパーパス&バリュー、「Sony's Purpose & Values」は、以下の通りである。

・パーパス（=ソニーは何のために存在するのかという社会的な存在意義）
「クリエイティビティとテクノロジーの力で、世界を感動で満たす」

・バリュー（=創業時から培われてきた暗黙知の企業文化を言語化したもの）
「夢と好奇心」　夢と好奇心から、未来を拓く。

「多様性」　多様な人、異なる視点がより良いものをつくる。

「高潔さと誠実さ」　倫理的で責任ある行動により、ソニーブランドへの信頼に応える。

「持続可能性」　規律ある事業活動で、ステークホルダーへの責任を果たす。

パーパスを定めたことで、自分たちは何を価値基準として事業を営み、実現していくのかが明確化された。「我々の存在意義は多くの人々に感動を提供することにあり、そのために自社の強みである圧倒的な創造力と革新的な技術力をどう活かすべきかを考える」――この方向性がはっきり示されたことで、それぞれの事業内容は異なっても、グループ全体として連携を図りながら同じベクトルで進むことが可能となった。

このパーパス&バリューを定めるにあたって、経営トップは初期の段階から従業員やマネジャー層、海外拠点からも意見を集め、時間をかけて言葉を研ぎ澄ませていったという。しかし、世の中の潮流や新体制での求心力を上げるために、といった短期的な意思決定でパーパスとバリューを宣言したわけではなく、そこに至るまでの手順と道のりを踏んで2019年の宣言に至ったと考えられる。

パーパスは企業変革における重要な要素であるが、それだけで独立した施策でもなければ、パーパスを宣言したからといって、いきなり社員のエンゲージメントが高まり、パーパスに向けて社員が動機づけられるわけではない。長期的な変革プログラムの一つの要素としてパーパスを位置づけ、全体プログラムの中での進め方とタイミングを見極めることが重要である。

学ぶべき重要なポイントは2019年のパーパス&バリューの宣言に至るまでのプロセス

である。このパーパスが固められ、宣言できる環境が創り上げられていくまでの道筋を毎年の経営方針説明会でのキーメッセージをベースに振り返ってみたい。

再生へのチャレンジ

2008年度から2011年度まで、ソニーは4期連続で巨額の最終赤字を出していた。エレクトロニクスの不振は大きく、特にテレビ事業は8期連続の赤字となっていた。2012年4月にCEOに就任した平井一夫氏をはじめとする新経営陣は、ソニーグループ一体となった経営「One Sony」のもとでの経営再生を宣言。2014年度に売上高8兆5000億円、営業利益率5%以上、ROE10%を目指す、との中期経営計画を発表した。

しかし、現実は厳しかった。2015年2月の経営方針説明会では、売上高8兆円、営業利益率はわずか0・3%、最終赤字のためROEはマイナスとの見込みを発表した。この時点では、改革の成果はまだほとんど見られなかったといえる。

経営危機当時のソニーについては、メディアでは人員削減などのリストラ策が大々的に報じられ、投資家やOBからは様々なプレッシャーが寄せられるなど、外部からの信頼を失っていたという。加えて、従業員も完全に自信を失い、商品開発などにおいても迷走している状況だった、と平井氏は自らの著書で振り返っている。

図表4-1　ソニー再生へのチャレンジ

2017年度に「ROE10%以上」「営業利益5,000億円以上」を
目標としてコミット

第二次中期経営計画（2015-17年度）の事業方針・数値目標から

■ 中期計画の考え方

ROE重視

高収益企業への変革

・一律には規模を追わない収益性重視の経営

・各事業ユニットの自立・株主視点の重視

・各事業の位置づけの明確化

■ ROE向上の道筋

ROE

収益性	収益性・回転率	財務レバレッジ

	売上	利益	投下資本
1. 成長牽引領域	増加 ↗	増加 ↗	増加 ↗
2. 安定収益領域	横這い →	微増 ↗	微減 ↘
3. 事業変動リスクコントロール領域	減少 ↘	黒字化・改善 ↗	減少 ↘

Source: 2015年2月18日 ソニー経営方針説明会資料

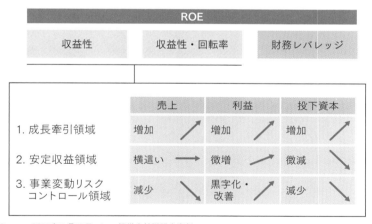

経営陣は2013年、ソネット社長を務めていた吉田憲一郎氏をソニーに復帰させて、2014年にCFOに任命。2015年2月の経営方針説明会では、2017年度に「ROE10％以上」「営業利益5000億円以上」を達成することをコミットし、パソコンの「VAIO」事業の売却などの事業再構築を進め、背水の陣での経営改革に着手した（図表4－1）。

前面に押し出したのは、ソニーがもう一度収益を上げられる企業体に再生するための構造改革である。この実現なしには、社外の投資家やマスコミのパーパスへの納得性や信頼、そして社内の従業員の「ソニーならやれる」という自信や動機づけ、さらにはコミットメントなどは、そもそも生まれなかったと考えられる。

しかし、その一方で並行して、「ソニーの目指す姿」を社内外に打ち出し始める。当時の「ミッション」は以下のようなものである。

「ユーザーの皆様に感動をもたらし、人々の好奇心を刺激する会社であり続ける」

ソニーといえば、ウォークマンやトリニトロンなど、人々に「感動」を与える商品を生み出し、エクセレントカンパニーとして世界中から注目される存在であった。ある種の「原

図表4-2　ソニーの改革は次のフェーズへ

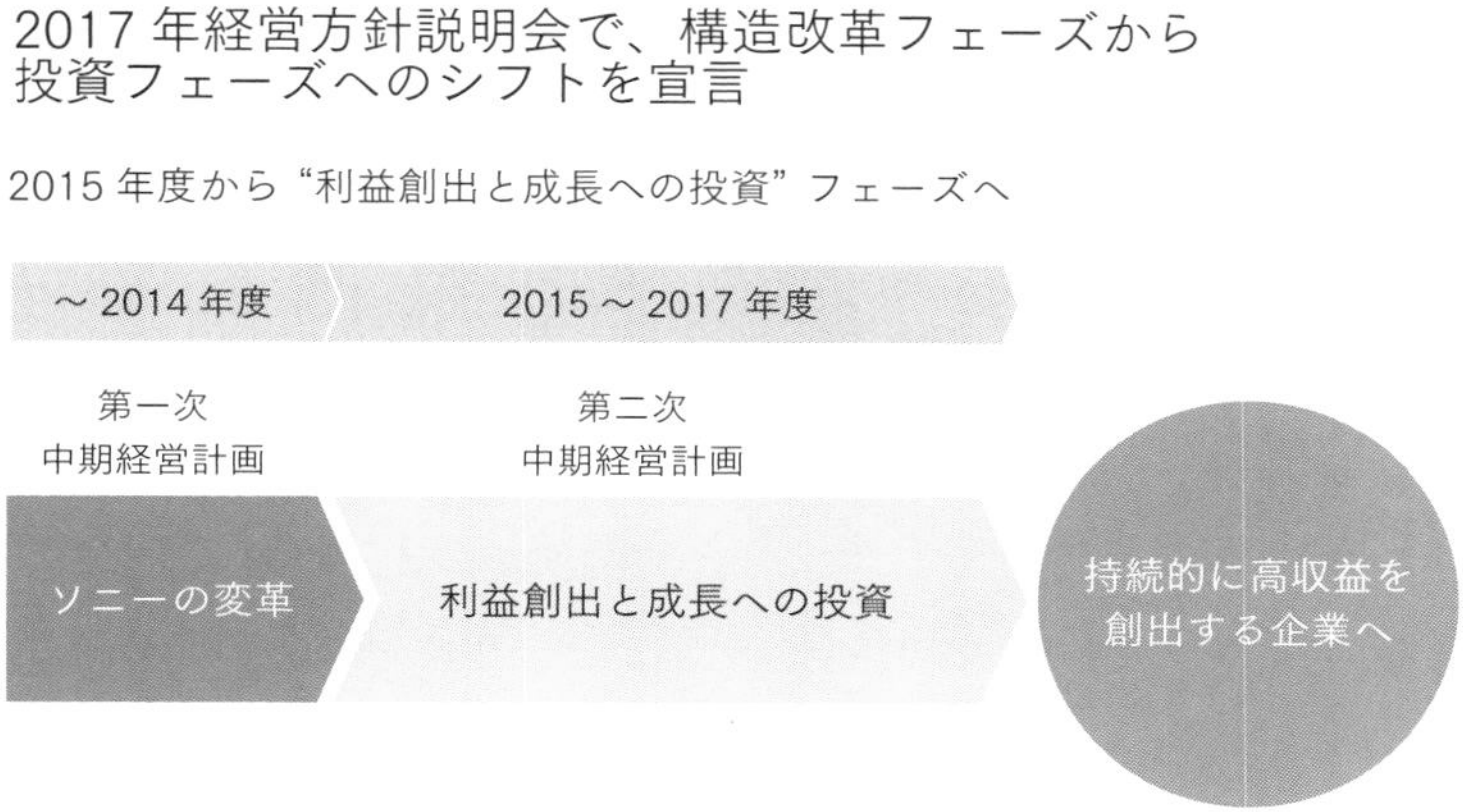

Source: 2017年5月23日 ソニー経営方針説明会資料

点」に回帰し、収益の回復とともに失われつつあった企業カルチャーを取り戻すことを、投資家に向けてアピールし始めた。加えて、ソニーグループ内でも年数回の定期的なミーティングで何度も「感動」のキーワードを刷り込み続け、長引く業績低迷で迷っていた従業員にソニーが立ち返るべき存在意義をはっきりさせることで、社員の動機づけ、意欲向上、そして意識改革をスタートさせたのである。

　エレクトロニクス部門を中心とした構造改革を不退転の決意で断行したことにより、2017年度にはついに営業利益7300億円を達成。20年ぶりに最高益を更新し、構造改革フェーズから成長への投資フェーズへのシフトを明確にしたのである（図表4－2）。

図表4-3　「感動」のキーワードで企業を変える

吉田新CEOはソニーのミッションのキーワードを『感動』と伝えた
2018年5月の経営方針説明会の最初のメッセージとして

感 動

ソニーのミッションの
キーワードは「感動」です。

そして、「感動」するのは「人」、
「感動」を創るのも「人」です。

Source: 2018年5月22日 ソニー経営方針説明会資料

「感動」のキーワードで企業を変える

２０１８年にＣＥＯに就任した吉田氏は、プレゼンテーションの冒頭で、ソニーのミッションにおけるキーワードが「感動」であることを伝えた。そして、そのベースにあるのは、「人」であると強調した。「感動」するのは「人」、「感動」を創るのも「人」と伝えたのであった（図表４－３）。

さらに、経営の方向性を「人に近づく」と明確に定めた。「人に近づく」ための施策として、下記の３つを挙げている。

１　ユーザーに近いＤＴＣ（Direct to Consumer）サービスと、クリエイターに近いコンテンツＩＰを強化し、それぞれに共通の感動体験や関心を共有する人々のコミュニティ「Community of Interest」を創り

出す
　2　映像と音を極める技術を用いてユーザーとクリエイターをつなぐソニーブランドのエレクトロニクスを、安定的に高いレベルのキャッシュフローを創出する事業＝持続的なキャッシュカウ事業とする
　3　感動をもたらすコンテンツの創造に欠かせないＣＭＯＳイメージセンサーの領域で、イメージング用途での世界一を維持し、センシング用途でも世界一を目指す

　これが２０１９年のパーパス＆バリューの宣言へとつながっていくのである（図表４－４）。その中で、パーパスの定める事業ドメインは、グループの社員11万人の長期的なチャレンジの実行力であり、「人を軸にする」

図表4-4　"Sony Purpose" の宣言へ

当社は、技術の力を用いて人々の生活を豊かにしたいという強い思いを持ったファウンダーの夢から生まれた会社であり、そこにソニーの社会的な存在意義の起源があります。

エレクトロニクス事業からスタートしたソニーが、その後、音楽、映画などのエンタテインメント事業、また金融やゲームなどのサービス事業を擁するグループへと成長 した現在、約11万人の全世界のソニーグループ社員が一丸となって新たな価値を生み出していけるよう、明文化したものです。

Source: 2019年5月21日 ソニー経営方針説明会資料

と定義した。

具体的な戦略・施策につなげていくための切り口とそのために最大限に発揮すべき自らの強み、さらに投資していくべきユニークなケイパビリティ、アセットは何かというレベルで、パーパス・ミッションをつなげていった。さらには、ソニーグループ社員各人のクリエイティビティによって成長する、そしてそれを担保するのはパーパスに支えられた企業文化である、と定め、ソニーらしさを大切にしたドメインの定義で企業の持続的かつ長期的な成長の基盤を創り上げることを宣言した。

こうして5年以上をかけて練り上げられたソニーの存在意義は、2019年にパーパス&バリュー（Sony's Purpose & Values）として結実。各事業のシナジーを生み出すための土壌となっているという。重層的な社内外へのコミュニケーションツールであり、事業ポートフォリオ戦略の明確化、組織再編における求心力など、様々な場面において、このパーパスが基盤となっている（図表4－5）。

それは、危機時の迅速な経営判断にも活用されている。2020年からのコロナ禍では、「新型コロナウイルス・ソニーグローバル支援基金」をいち早く立ち上げ、4月2日には総額1億ドルのファンドの設立を発表した。在宅勤務で社会的な貢献を実感しにくかった社員からは「誇らしい」との大きな反響があったという。

図表4-5　ソニーにおけるパーパスの活用シーン（例）

重層的なコミュニケーション

コミュニケーションにパーパスを多用し、一貫性を持たせる

- ウェブサイトのランディングページ
- 統合報告書
- Youtubeでのビデオ公開
- メディアでの発信
- 社長の社内メッセージ 等

グループとしての事業ポートフォリオ戦略の明確化

クリエイティビティとテクノロジーの力を活用した創出価値を3つに集約

- 感動体験で人の心を豊かにする（ゲーム、音楽、映画等）
- クリエイターの夢の実現を支える（カメラ、エレキ等）
- 世の中に安心・安全を与える（金融、医療等）

グループの組織再編における求心力

ソニーグループへの社名変更と、傘下への事業会社が入る体制に移行する中、組織を束ねる基軸として活用

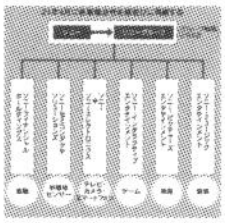

- 「エレキもエンタメも共通の理念があれば同じ方向に進める」（吉田CEO）
- 「自分もグループの一員だという気持ちが持てる」（半導体事業のあるエンジニア）

危機時の迅速な判断への活用

2020年3月27日に議論を始め、4月2日に、総額1億USドルの支援ファンドを設立を発表

新型コロナウイルス・ソニーグローバル支援基金

- 「医療関連」、「教育」、「クリエイティブコミュニティ」の3つの領域において支援
- 在宅勤務で、社会的な貢献を実感しにくかった社員から「誇らしい」との大きな反響

Source: ソニーグループIR資料、ダイヤモンド・ハーバード・ビジネス・レビュー、日本経済新聞

パーパスを定めれば、それで終わりということではない。長期的な視点を持ち、「感動提供企業」として組織を再成長させるためのトランスフォーメーションは現在も続いており、そのための強力な指針となっているという。

ソニーのケースから学ぶべきこと

経営危機の際、いきなりパーパスを打ち出したところで、従業員も外部のステークホルダーもまったく聞く耳はもたなかったであろうことは、想像に難くない。また、構造改革を進めながら、現実感の薄い未来だけを語っても、日々やるべき仕事とのギャップが大きすぎて、おそらくうまく浸透することはなかったであろう。

このケースで注目してほしいのは、吉田氏がCFOに着任した2014年あたりから、手順を追って徐々に浸透させ、進化させていったことにより、2019年にパーパスを宣言できる環境にまで行きついた、というストーリーである。昨今の「ブーム」を受けて、パーパスの策定に取り組んでいる企業は増えているが、いきなりパーパスを打ち出したところで、従業員も社外ステークホルダーもついてくるものではない。パーパスは打ち出の小槌ではない、ということは認識しておく必要がある。

また、ソニーが伝統的に従業員の自律性や創意工夫を重視する会社だったからこそ、パーパスを活かすことができた、というのも重要な教訓である。逆に言うと、強い上意下達で動いている企業・組織にパーパスは合わない。そうした企業組織やカルチャーを変えていくことをセットにした変革でないと、決してパーパスが効果を発揮することはないと考える。

加えて、ソニーが社長の在任期間を超える、長期間のトランスフォーメーションを一貫して実現していることも付記しておきたい。真にパーパスが浸透し、組織、従業員の意識、行動が変わり、カルチャーに変革が生まれるまでには長い時間を要する。平井氏が6年で吉田氏へと社長を交代しても、ソニーにおける長い時間軸のトランスフォーメーションが持続し、進化し続けているのは、吉田氏が平井社長時代からチームとしてきちんと変革にコミットしていたからである。パーパスによるカルチャー変革をチームで主導し、そしてそれを吉田氏自らがトップとなる次のチームとともに途切れることなくつないでいった。こうした組織としての継続性を維持することも、長い時間軸のトランスフォーメーションには欠かせないポイントだと言えるだろう。

マイクロソフトCEOが示した「世界観」

マイクロソフトも、パーパスをドラスティックな企業変革の起点に置いた企業である。同社のサティア・ナデラCEOは、ウィンドウズのOSとアプリケーションソフトの販売で稼ぐ従来の戦略を大きく転換し、パーパスを切り口とした「モバイル＆クラウドファースト」のビジョンを掲げて、トランスフォーメーションを成し遂げた。ナデラ氏も「これはパーパスドリブンのトランスフォーメーションである」と自ら語っている。

これは、単純により稼げるモデルに転換した、ということではない。ナデラ氏は、マイクロソフトのミッションと実現すべき世界観をまず明確にし、そこに向けてのトランスフォーメーションに取り組んだのである。

ナデラ氏が掲げた方向性は、以下のようなものである。

【Mission（企業ミッション）】

地球上のすべての個人とすべての組織が、より多くのことを達成できるようにする

【Worldview（世界観）】

モバイルファースト、クラウドファースト

【Ambition（アンビション：会社として野望／大志を持って注力する領域）】

［1］プロダクティビティ（生産性）とビジネスプロセスを再構築

［2］インテリジェントなクラウドプラットフォームの構築

［3］革新的なパーソナルコンピューティングを実現

【Digital Transformation（デジタル・トランスフォーメーション）】

以上の3つの領域を結合させて展開するのが、「デジタル・トランスフォーメーション」

・6つのインダストリー（①ヘルスケア、②製造、③政府・自治体、④流通・リテール、⑤金融、⑥教育）でのデジタル・トランスフォーメーションを目指す

・マイクロソフトが提供するソリューション分野（モダンワークプレイス、ビジネスアプリケーション、アプリケーション＆インフラストラクチャー、データ＆ＡＩ、ゲーミング）
・そのソリューションで顧客の４つの事象を実現する（①社員にパワーを、②お客さまとつながる、③業務を最適化、④製品を変革）
これらすべての推進において、重要なのが、「カルチャー」である。

ダイヤモンド・オンライン「変革できるトップは『世界観』から考える」
2018年8月21日、上阪徹氏記事より

世界のニーズはパソコン中心からモバイルやクラウド中心へ変化しており、マイクロソフトが強みを活かせばこの領域で社会に価値を提供できる。そのための戦略であり、投資領域も現場のオペレーションも企業としての使命を実現できるものへシフトして、最終的には会社のカルチャーそのものを刷新した（図表４－６）。

図表4-6　マイクロソフトCEOが示した「世界観」

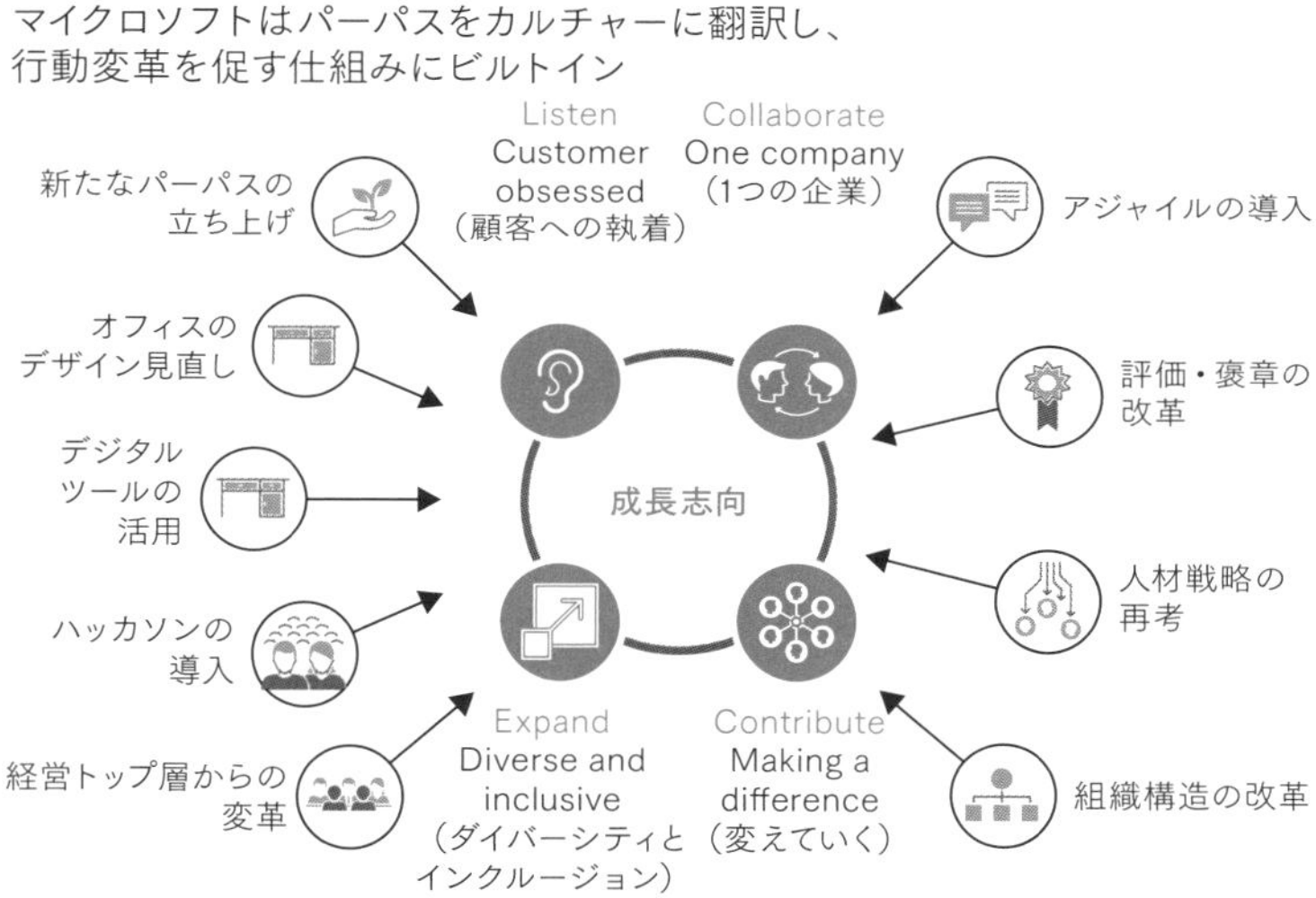

マイクロソフトはパーパスをカルチャーに翻訳し、
行動変革を促す仕組みにビルトイン

1. 新たなパーパスの立ち上げ	"Empower every person and every organization on the planet to achieve more"
2. オフィスのデザイン見直し	学びやコラボレーションを促すオフィスレイアウトを開発
3. デジタルツールの活用	デジタルツールとデータ分析を活用して、コミュニケーションやコラボレーションの阻害要因を特定
4. ハッカソンの導入	年次のハッカソンを開催し、成長志向、イノベーションを促す場を強化
5. 経営トップ層からの変革	リーダー自身が率先してロールモデルとしてパーパスを実践し、日々の行動に埋め込む
6. アジャイルの導入	アジャイルの導入を通じ、ボトムアップの発想、チームメンバー間の協働を促す
7. 評価・褒章の改革	評価方法を見直し、ランキングの廃止、高頻度かつ質の高いフィードバックの強化、望ましい成果に紐づくアワードを設置
8. 人材戦略の再考	目指すカルチャーに沿った形で、人材ポートフォリオ戦略、採用、オンボーディング、配置、育成等
9. 組織構造の改革	4つのソリューション領域に組織を再構成し、顧客への執着やビジョンを強化

このパーパス起点の戦略が社会や従業員の共感を得て、マイクロソフトは変革を果たしたのである。

改めて、パーパスとは何か？

ここで改めて、パーパスがどのように定義されるかを確認しておこう。

パーパスとは「存在意義」、すなわち自社が持つ独自の強みを通じて価値を提供することを指す。そして自社の存在意義は、２つの質問が重なる領域にある。すなわち「我々・自分は何者か？」「世界のニーズは何か？」だ（図表４－７）。

ただし、きれいなパーパスを描いたらそれで終わり、というわけにはいかない。パーパスを持続的なビジョンやミッションに置き換え、戦略に落とし込んで実行・評価のサイクルを回しながら、最終的にカルチャーへ昇華されるところまでつなげなければ、本当の意味でパーパスが組織や従業員の中に定着することはない（図表４－８）。

企業経営にパーパスは不可欠だが、中でも特に求められる瞬間がある。例えば次のような場面である。

図表4-7　パーパスとは何か

パーパスは2つの質問が重なる領域で定義される

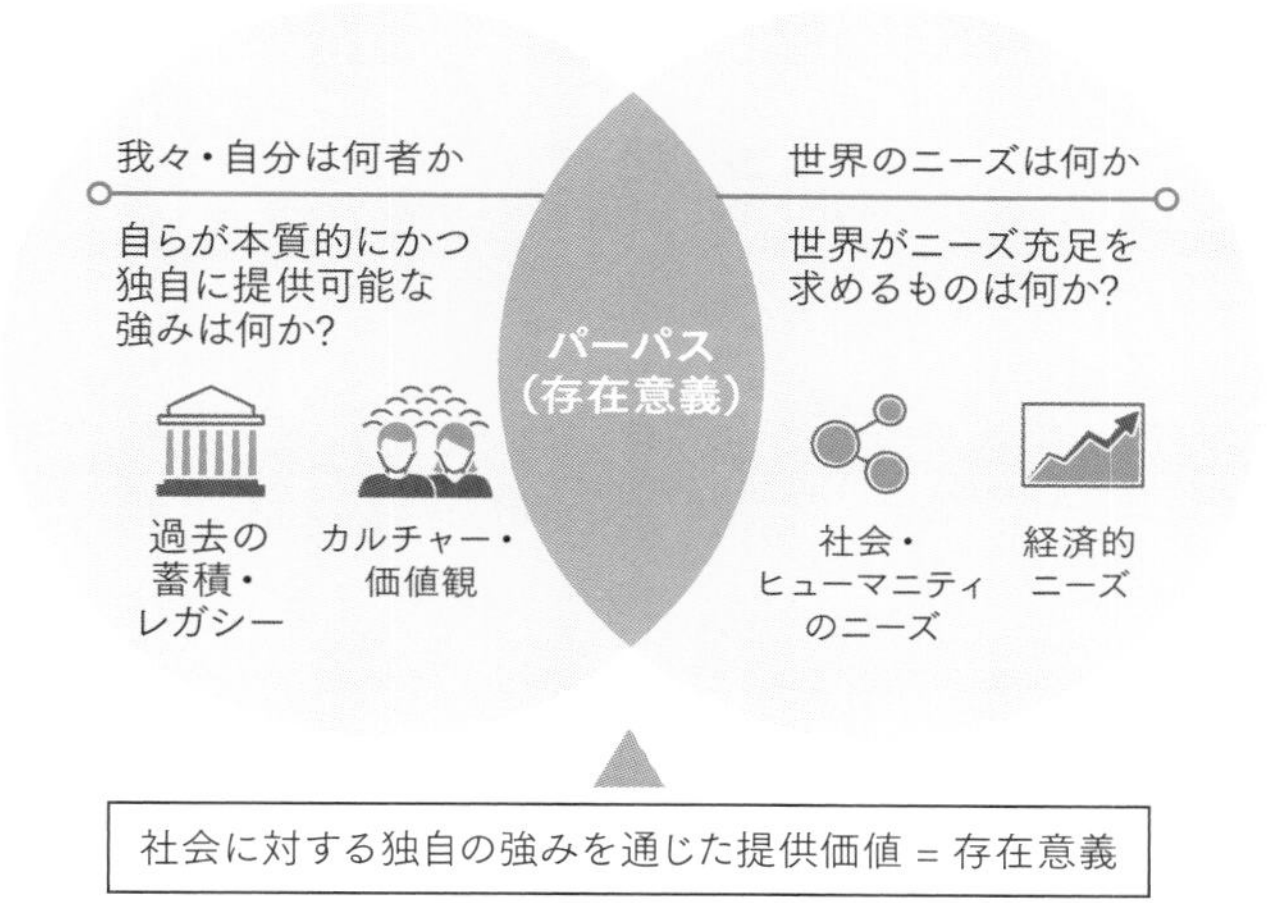

図表4-8　パーパスからカルチャーの創出へ

パーパスにアラインした戦略と実行が行われ、何が評価、尊敬され、何がされないかが深い共通認識になることでカルチャーが創り出され、そのカルチャーが従業員の暗黙的な行動規範を固める

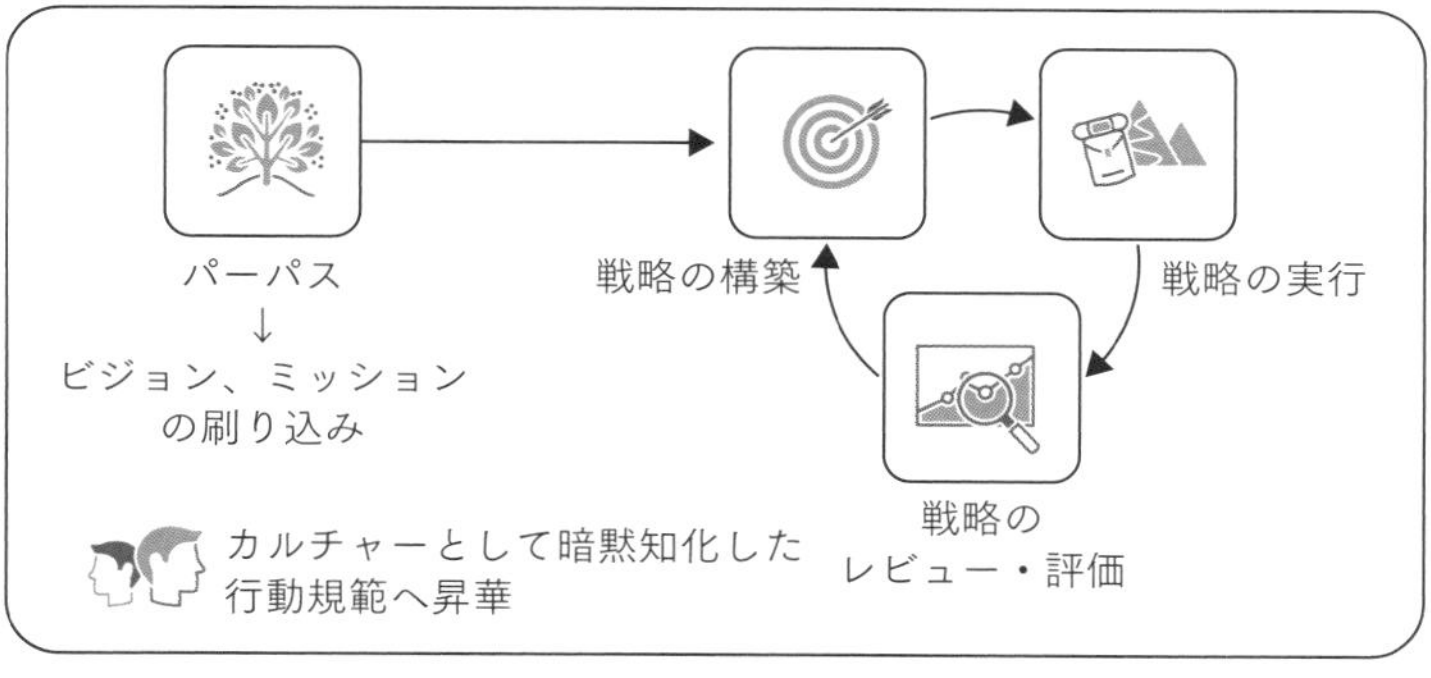

・戦略の大きな転換や長期経営計画の策定
・ESGやSDGsの本業への本格的な組み込み
・企業統合やジョイントベンチャー設立
・危機・再生（環境の急変、業績悪化、不祥事など）
・組織再編・グローバル化
・エンゲージメントの急速な低下
・新たなCEOの就任

いずれも企業全体で価値観や存在意義の共有・再確認が必要となる瞬間であり、その時にパーパスが明確化されていなければ、経営は要請に応えられない。とりわけ長期的なトランスフォーメーションをスタートする際は、パーパスを起点とした戦略を構築し、現場での実行・評価へつないでいくことが重要となる。

筆者は、パーパスが長期的なトランスフォーメーションに立ち向かう上で重要なポイントは、以下の5つにあると考える。それぞれについて見ていくことにしよう。

ポイント①不確実な環境下における道標

決して変わることのない指針

1つ目のポイントは、先が見通せない不確実な環境下で、企業の目指す姿をセットするにあたって、何を道標として示すのが有効なのか。その解がパーパスにある、ということだ。これは企業によって表現の違いがあり、企業理念やミッションとして定義されていたりすることもあるが、その目的とするところは同じであると考える。

現在までの企業の生い立ちを前提としつつも、将来において自社の存在価値を脅かすほどの大きな変化が待ち受けている環境の中で、どう自社を変化させていけばいいのか。長期的なトランスフォーメーションが必要とされる企業であればあるほど、「これからの世界観」を明確にイメージした上で、日々の現場の活動に接続可能なレベルでパーパスとしてのクリアな定義をすることが必要になる。先ほど挙げたマイクロソフトが、この好例であろう。

将来への世界観やパースペクティブを持つことなく、足元のみを見て手堅い戦略を定義するだけでは、長期的なトランスフォーメーションは実現できない。ソニーの吉田社長は、こうした時間軸についてダイヤモンド・ハーバード・ビジネス・レビュー2020年7月号のインタビューで以下のように語っている。

「パーパスとビジョンは、時間軸が異なります。パーパスはソニーの存在意義を示すものであり、時間が経っても変わらないものです。一方で、ビジョンは3～5年後のありたい姿を示したもので、これは経営者によって変わっていいものだと思っています。
ですから、パーパス&バリューはソニーグループ共通のものとして定義しましたが、事業にはそれぞれの時間軸があるので、ビジョンの設定は個々の事業に委ねています。各事業の経営トップには、個社にフォーカスした理念や活動方針を定義し、社員と共有するように指示しています」

世間的にではなく、自社が本当に求める姿とは

ここでよくあるのは、パーパスが企業における最上位の概念ということで変な方向に気合いが入ってしまい、ともかくかっこよい、一般的に受けそうなパーパスを作ってみる、というケースである。こうした浅はかさでパーパスを策定してしまうと、どこかで聞いたような

フレーズになってしまい、結局、自社にとっての道標にはならない。また、社内から出た意見を最大公約数的にまとめただけでは、結局、社会課題を整理したにすぎず、誰も否定できないが何も刺さらないパーパスができあがってしまうことも散見される。

パーパスは借りてきた言葉ではなく、あくまでも自分たちのありたい姿を掘り下げて、そこから生まれてきたものを示すべきである。一見すると今の世の中の常識とは異なることもあり得ないわけではない。しかし、なぜこれが自分たちのあるべき姿なのかを、強い意志と高い説明能力によって示さなければならない。

批判があっても自分たちが信じる世界はこうあるべきで、そこにおいて自分たちはこうありたい。あらゆる人から支持されるものではなくとも、自分たちだからこそ、これを目指すんだ、というエッジがないと、大きな変革における道標とはならないだろう。

最初は世の中から「それは本気でやるのか?」「ちょっと無謀では?」と思われるものであっても、経営層の従業員に対する、この世界観を目指すんだという思いが伝わるものでなければ、従業員との間で強いエンゲージメントが生まれる本当のパーパスにまで落ちてこないのではないだろうか。

ポイント②従業員の動機づけや優秀な人材のリテンション

2つ目のポイントは、企業のパーパスは個人にとっての働き甲斐の源泉となり、それにより従業員の動機づけや優秀な人材を惹きつけることにつながり、変革や挑戦に立ち向かう源泉となる、という点である。

現在の日本社会や企業の現状を鑑みると、次のチャレンジに立ち向かう準備ができているとは言い難い。特に大きな課題は、自ら変革を成し遂げようとするモチベーションを備えた人材が育っていないことだ。

日本の大企業には、安定を望む人材しか残らない。やりたいことがある人間は、自分でスタートアップを立ち上げるか、チャレンジの土壌があるベンチャーへ行ってしまう。一度は入ってきたとしても、社内にアントレプレナー的人材を育てる文化や仕組みがないので、やる気のある人ほど辞めていく。リスクテイクに対するインセンティブもなく、果敢にチャレンジしても報われることは少ない。

よって結局、個の確立した人材は大企業では育たず、企業が目指す姿と個人の成し遂げた

図表4-9　従業員の動機づけや優秀な人材のリテンション

安定している会社への就職を望む学生が増えている
2020年卒マイナビ大学生就職意識調査

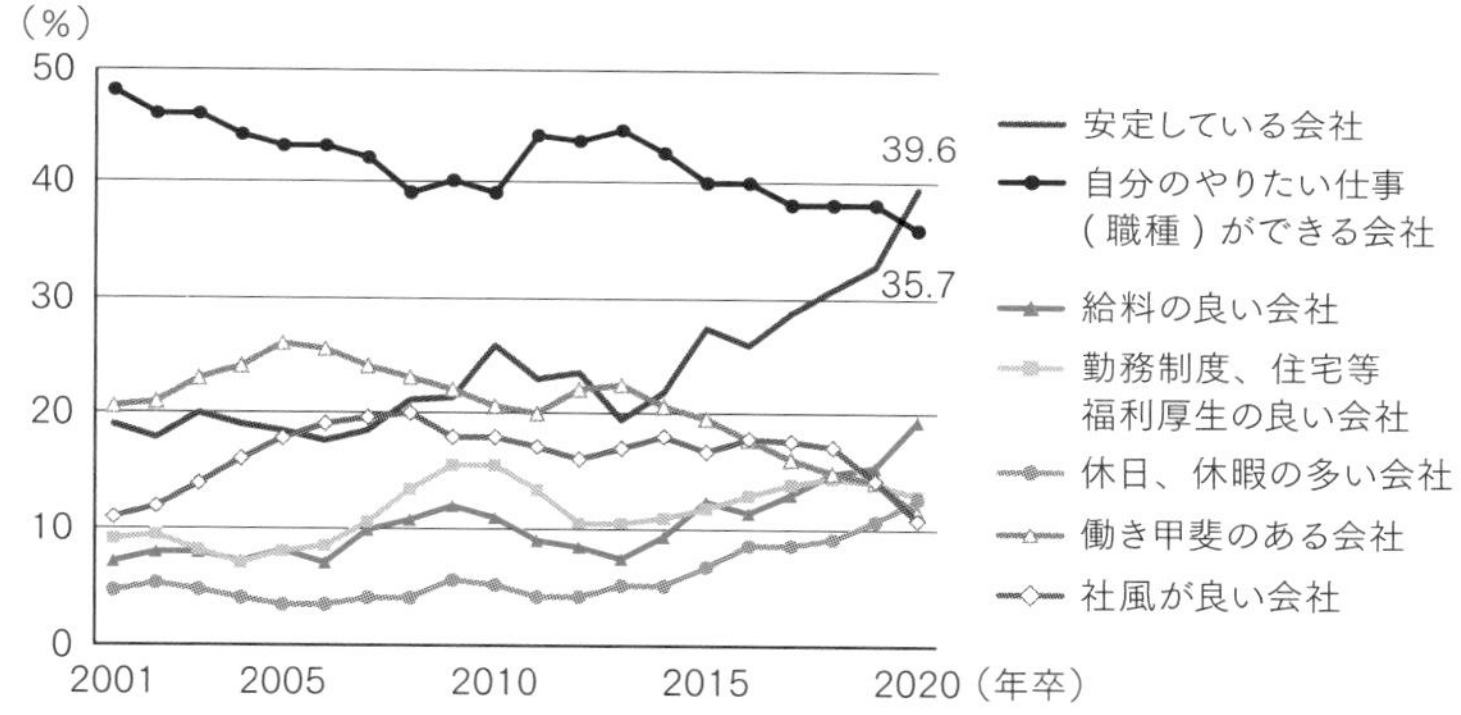

Note:【「2020年卒マイナビ大学生就職意識調査」概要】調査対象：2020年3月卒業見込みの全国大学3年生、大学院1年生（調査開始時点）；調査期間：2018年12月1日～2019年3月21日（2019年卒は2018年2月1日～2018年4月10日）；調査方法：WEB入力フォームによる回収；有効回答：48,064名（文系男子13,341名、文系女子19,811名、理系男子8,789名、理系女子6,123名）
Source：マイナビ 2019年04月15日ニュースリリース（https://www.mynavi.jp/news/2019/04/post_19872.html）

いことのエンゲージメントも生まれない。これが日本の実情である。

　それを裏付ける一つのデータが、大学生の就職意識調査だ。図表4－9は、マイナビによる就職意識調査のグラフである。

「就職先を選ぶ上で何を評価基準としたか」について、「安定している会社」と回答する学生が右肩上がりで増えている。その一方で、「自分がやりたい仕事ができる会社」と回答する学生は減少の一途をたどっている。

　安定した環境を望む人材ばかりが企業に入ってきた結果、日本企業には熱意あふれる社員がいなくなった。

図表4-10　熱意あふれる社員が少ない日本

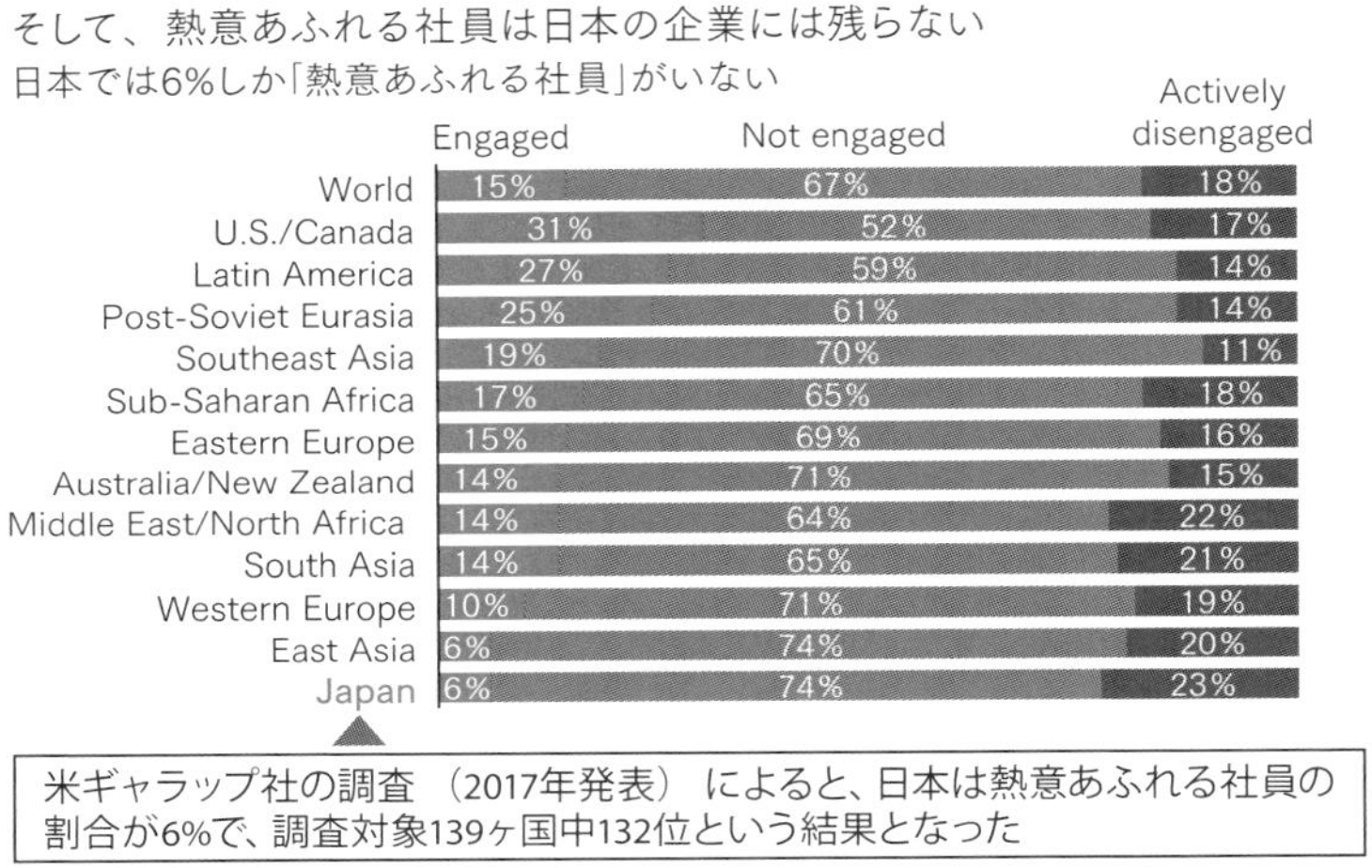

Source: Ideal leaders Blog "米国ギャラップ社「熱意あふれる社員」の割合調査"より グラフ出所: State of the Global Workshop 2017: GALLUP (https://ideal-leaders.co.jp/20180418111855)

ちょっと古い調査であるが米国ギャラップ社による２０１７年の調査でも、日本は熱意あふれる社員の割合がわずか６％にとどまり、調査対象となった１３９カ国中１３２位という結果になった（図表４－10）。その傾向は昨今の類似の調査結果を見ても大きく変わらない。

会社と従業員の間に高いエンゲージメントが生まれない現状も、様々なデータによって裏付けられている。

例えば同じく２０１７年に発表されたウイリス・タワーズワトソンのグローバル従業員意識調査によると、「私は会社の目標や目的を信じている」「私はこの会社を『良い会社』として

図表4-11　従業員の低いエンゲージメント

結果、会社と従業員の間には高いエンゲージメントが 生まれない
企業のカルチャー・ノーム・経営システムのイノベーションが求められているのでは

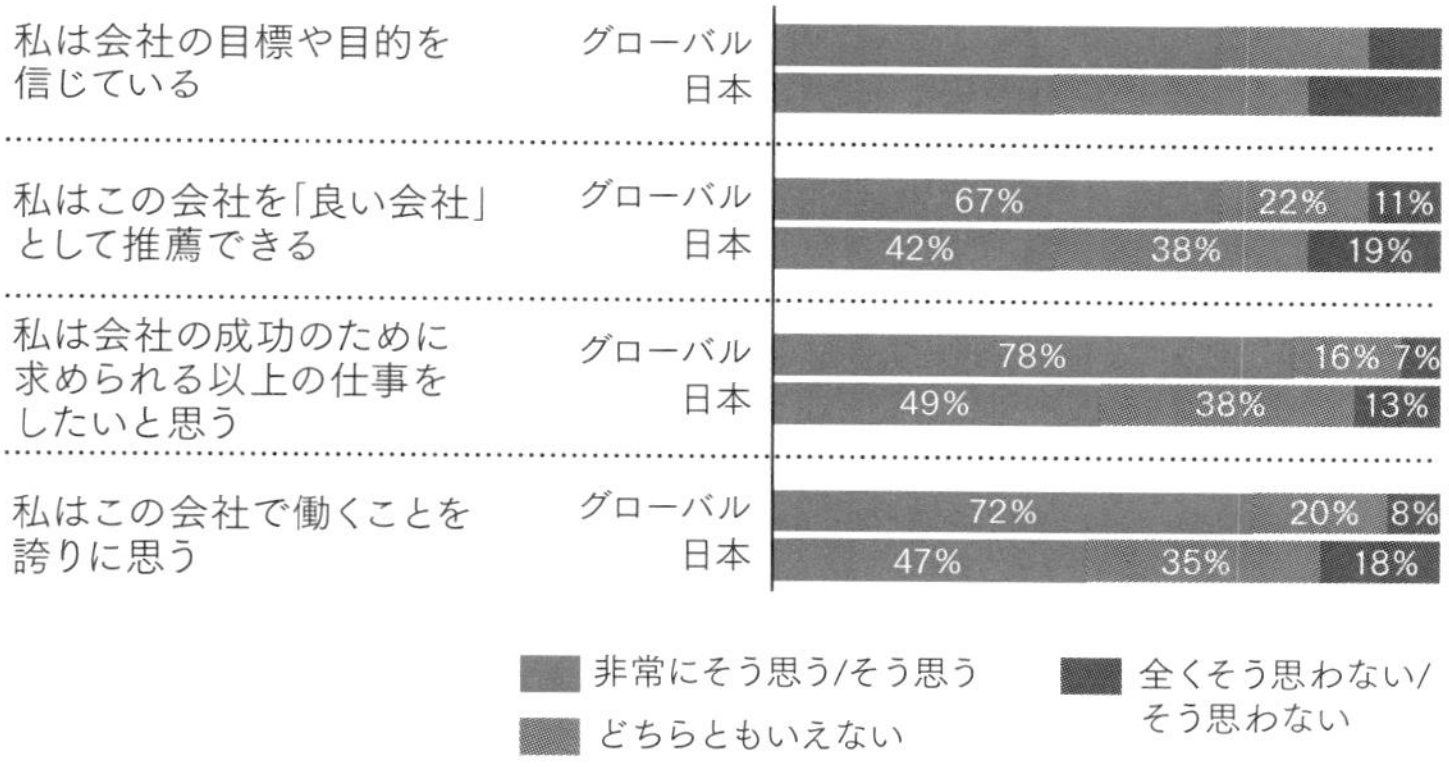

Source: ウイリス・タワーズワトソン調査

推薦できる」「私は会社の成功のために求められる以上の仕事をしたいと思う」「私はこの会社で働くことを誇りに思う」などの項目で、日本はグローバルに比べて軒並み低い評価となった（図表4－11）。

もちろんこれらの結果は、企業の経営層が目標や目的をクリアに提示できていなかったり、従業員が満足できる環境を提供できていないといった経営側の原因によるところもあるだろう。だがそれ以上に根深い問題は、働く個人にとって自分自身の存在意義やこの会社にいる目的が明確に定まっていないことにある。

その意味でも、やはりパーパスは非常に重要な役割を果たす。

パーパスは企業の存在意義を定義するだけでなく、個人の働き甲斐とエンゲージメントを生み出すものでもある。よって企業が個人との対話を通じて「あなたはなぜこの会社にいるのか」「ここで何を実現したいのか」を考えるように促し、自分の存在意義や目的を明らかにさせ、志のある社員を増やす取り組みが必要となる。

さらに組織と個人の存在意義をつなげてアラインメントを生み出し、目的に向けてチャレンジする個人が尊敬される土壌を作れば、そこからあるべき方向にカルチャーが変革されていく。これがパーパスの実現に向けて自律的に推進していく人材に支えられた組織への変革に欠かせないプロセスとなる。

ポイント③戦略の自由度が高まる

2022年5月に開かれたソニーの経営方針説明会で、吉田社長は同社のパーパスである感動を実現すべく「ライブネットワークで新たな感動空間を創出したい」と述べた。話題のメタバース（仮想現実）空間でゲーム・音楽・アニメなどのコンテンツを展開、ホンダと組んだEV（電気自動車）事業においても、車内を感動空間に変えるコンテンツ提供を目指している。
2022年3月期、ゲーム・映画・音楽のエンタメ3事業が初めて電機関連の売り上げを上回り、本格的に「感動提供企業」へと変革を遂げた。英「フィナンシャル・タイムズ」紙のジリアン・テット氏から「部門の壁を越えられないサイロ・エフェクトに陥っている」と指摘されたソニーが、事業の枠を越えた自由度の高い戦略を実行し、事業間のシナジーを生み出し始めている。

このように、3つ目のポイントは、パーパスによって戦略の幅を広げ、自由度を高めること。そして、各組織、チーム、個人としての意思決定の自律性を高めることである。なぜならば、不確実性が増し、環境変化のスピードが上がる今日において、トップダウンに頼る意思決定は逆にリスクが高まる。チャンスを逃がさずにつかむためには、現場が臨機応変に判断して動けることが重要であり、その際の指針となるのがパーパスなのである。

ソニーの吉田社長は、前出のインタビューで経営に重要なのは、「決めるべきことを、決めるべきタイミングで決断すること」『決めるべき』には、誰が決めるべきなのか、という想いも込めています」と語っている。パーパスやバリューを明確にし、それをしっかりと共有できる経営チームを作った上で、誰に任せるかの権限移譲が重要だという。危機発生時においても、平時に会社の方向性を明確に決めておけば、迷うことなく適切な判断が可能になる、と考えている。

各事業部のリーダーには、自分の言葉で語らせ、説明責任を明確化することで、リーダーの当事者意識を高めているという。「社内調整」から「外部への説明責任」へとリーダーの意識を変えていったのである。

こうした権限移譲を進める背景には、「経営トップの限界を組織の天井にしてはいけない」「私が持つキャパシティの限界が、組織としてのチャレンジの天井になってはいけない」という吉田氏の考えがある。経営チームのメンバーや各事業、そして個々の社員に自由に挑戦させることで失敗の経験を積ませ、その失敗から素早く学習できる組織にする。これによってトップダウンの弊害を取り除くことを目指しているのである。さらに、吉田氏は「当社の事業ドメインは人を軸にしていますが、こうした事業を推進するのも人、即ちソニーグループの11万人の社員です」とまで言い切っている。

これは、パーパスによって大きな方向性を示し、それに従っている限りは自由に意思決定ができるという、パーパスドリブン型のリーダーシップということである。特に『両利きの経営』でいうところの「探索」を行う際には、こうしたリーダーシップスタイルは大きな効果を発揮する。

ポイント④戦略プランニングの考え方が変わる

4つ目のポイントは、戦略プランニングの考え方が大きく変わるということだ。具体的には、中期的な財務目標を中心に据えた中期経営計画の意味がなくなる、あるいは今までのような中期の財務目標をゴールとし、その達成に向けた計画を精度高く設計し、それに経営としてコミットする、という手法を変える必要があるということである。こうした現在の経営の根幹となるプランニングサイクルと経営手法の意味が薄れ、経営としてコミットすべきアジェンダや時間軸が大きく変わっているのだ。

むしろ「10年後、20年後に社会はどうなっているのか、その中で自社は何を価値創造することで貢献していきたいのか」といった長期の時間軸での世界観をきちんと定め、そこに向けてチャレンジを続けることが求められている。長期を見据えた課題設定、変革ポイントを定義し、そのために、例えば3年後や5年後の中間地点では何がどういう状態になっている必要があるのかを定義する。さらにそのために、足元で何からどう手を付けるのか、というかたちで、短期・中期・長期の企業変革を連携づけていくのである。こうした質的に練りこんだ戦略アジェンダと達成シナリオをプランニングすることが欠かせない。

経営陣がコミットするのは、長期の時間軸で見た世界観において、自社がどういう存在になっているか、ということである。その長期のあるべき姿に向けて、何がどこまで進んだか、といったマイルストーンとして評価すべき戦略目標を定め、その進捗を計る上で適切なＫＰＩをセットし、その成果を可視化しなければならない。その過程で起きる環境変化の方向感をつかみ、当初想定との違いや自社の戦略とのギャップ、不適合を明確にして、必要に応じて見直し、最適化する必要がある。こうしたアジリティと実行力がカギになるのである。

ポイント⑤組織カルチャーの変革

パーパスが企業文化の基盤となる

最後のポイントは、パーパスによって従業員としての思考のパターン、意思決定の規範、組織に帰属することの意味、アイデンティティなど、意識的／無意識的な価値観や行動規範の源泉となるカルチャーそのものを変革し、古いカルチャーの破壊と新しいカルチャーの創造を成し遂げることである。

ソニーグループでは、パーパスを策定することにとどまらず、組織への浸透に力を入れている。経営トップだけではなく事業部門のリーダーも、日頃からつねに「パーパス」を使って社員に語りかけるように求められている。

さらに同社は従業員コミュニケーションを担当する複数の部署を連携し、横串で「Purpose & Values」事務局を立ち上げた。従業員への浸透度をこまめにチェックし、組織に定着させるための様々な施策を行うことで、従業員の共鳴・共感を呼び起こし、パーパスをベースとした企業文化を醸成することを目指しているのである。

吉田社長は「社員と企業文化が一番大切だと思っている」と語っている。社員一人ひとりの人生において、ソニーが情熱を傾ける対象になりうるか、ソニーのパーパスに共感するか、ということに常に注意を払っているという。さらに、従業員たちが生み出す企業文化は、経営における実行力の基盤となり、パーパスはその新しい企業文化へのトランスフォーメーションの基盤になる、と考えているという。

イノベーティブなカルチャーを維持するグーグルの施策

パーパスの定義をカルチャー変革につなげ、新たなカルチャーレベルの定着へのトランスフォーメーションをする、という戦略をとっている企業として、グーグルの事例を紹介したい。

グーグルではパーパスという言葉は使っていないものの、自分たちの存在意義と価値観を明確に示している。それを実現できる人材に惜しみない評価や支援を提供することで、極めて強烈な企業文化を定着させることに成功した。

グーグルは自らの理念をこのように明言している。

「グーグルの使命は、世界中の情報を整理し、世界中の人がアクセスできて使えるようにすることです」

さらに「グーグルが掲げる10の事実」として、次の項目を挙げている。使命を果たすために、自分たちはどのような考えに基づいて行動するかをまとめたものだ。

1　ユーザーに焦点を絞れば、他のものはみな後からついてくる。

2　1つのことをとことん極めてうまくやるのが一番。

3　遅いより速いほうがいい。

4　ウェブ上の民主主義は機能する。

5　情報を探したくなるのはパソコンの前にいるときだけではない。

6　悪事を働かなくてもお金は稼げる。
7　世の中にはまだまだ情報があふれている。
8　情報のニーズはすべての国境を越える。
9　スーツがなくても真剣に仕事はできる。
10　「すばらしい」では足りない。

グーグルはもともとシリコンバレーの優秀な技術者の集まりであり、その創造性を引き出す自由で風通しの良いカルチャーをいかに失わないよう維持するかに力を入れている。成果主義が根付いた米国で、短期的なリターンを求めるステークホルダーたちの要求に時に対峙しながら、こうしたイノベーティブでオープンな企業文化を維持するのは、テクノロジー企業といえども実は簡単なことではない。

ここでは、目先の成果にとらわれず、革新的な挑戦を評価するOKR、そしてビジョンやノウハウを共有する場としてのTGIFとMoMAについて、簡単に紹介したい。

・OKR（Objectives and key Results）

目標と主要な結果を評価する指標で、グーグル流の目標管理手法である。最大の特徴は、個人が目標をセットすることにある。しかも「達成できるかわからないが、自分はこんなすごいことを成し遂げたい」という困難かつエキサイティングな目標を設定する。OKRは全社員に共有され、お互いに閲覧可能だ。

一般的な業績目標やKPIは、達成予測に基づいて設定される。つまり現状を踏まえた上で、半年後や1年後などの期間を区切って現実的な範囲で目標をセットし、達成度をモニタリングするために指標としてKPIを使うという発想だ。

だがOKRは「いつかこんなことを達成したい」という個人の思いが優先される。しかも達成できたかどうかは評価に反映されない。結果以上に「あんな目標を立てるなんてすごいね!」と社員がお互いに尊敬し合うカルチャーを創ることに重要な意味がある。

マネジャーの役割も数字を達成することではなく、人材を活かし、サポートすることにある。そしてマネジャーは、メンバーを鵜飼のようにマネジメントするのではなく、「羊飼いのようであれ」とされている。鵜飼は首につけた紐を引っ張って相手を動かすが、羊飼いは群れが進む方向感は示しつつ、基本的に羊たちを自由に歩かせる。個人がやりたいことを実現できるように支援するのが、マネジャーの重要な役割だという意味である。

・TGIF

もともとは「Thanks God it's Friday」の略で、毎週金曜日に行う全社ミーティングを指す。経営層と社員がオープンに語り合う場で、かつては創業者のラリー・ペイジやセルゲイ・ブリンも参加して、社員からの質問に一つひとつ答えていた。経営層が社員に対して直接メッセージを発信し、理念を共有する場として機能している。

・MoMA
社内リソースを検索できるイントラネットで、各社員が持つ経験やスキルが公開されている。自分がやりたいことを実現するために誰かの力を借りたいときは、このツールを使えば部門の枠を超えて最適な人材を探せる。横同士のコラボレーションの機会を増やし、自分たちのミッションをスピーディーかつできるだけ多く果たすために、有効な仕組みである。
同社には、勤務時間の20%を好きに使ってよいというルールがあり、こうしたルールとあわせて、様々なコラボレーションが行われている。

これらは一例であるが、こうした取り組みを愚直に続けることにより、グーグルはイノベーティブな組織文化を維持し続けているのである。

図表4-12　カルチャーがイノベーションを阻害する?

パーパスとカルチャーの関係

組織と個人の存在意義（パーパス）のアラインメントからカルチャーは生まれる

組織としての個の確立
（組織としての存在意義）

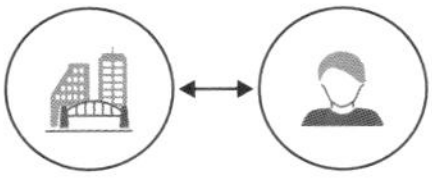

個人としての個の確立
（個人としての存在意義）

強い、良いカルチャーを創り育むことは企業経営のすべての要素につながる基盤
・カルチャーは企業倫理、変革やイノベーション創造への意欲、
　チーム/人の評価のベース

しかし、一度確立したカルチャーを維持、磨きこんでいくこと、あるいはカルチャーそのものをトランスフォーメーションしていくことはとても難しい
・しかし、それを諦めたら企業は存在意義を失う

カルチャーがイノベーションを阻害する?

一方で、強固なカルチャーは次のイノベーションを阻む要因にもなる。

カルチャーは企業倫理を規定し、変革やイノベーションへの意欲を生み出し、チームや人の評価基準となる。カルチャーによってその会社が何を重視するのかが決まるので、結果的にリソースの分配や投資領域、組織の意思決定プロセスや仕事の進め方も規定される。つまりカルチャーは、企業経営におけるすべての要素につながる基盤といっていい。

それがゆえに、今までとは違う方向を目指してトランスフォーメーションを推進しようとしたときに、従来の手法やプロセスが新たなチャレンジを阻害することになる。それを変えるにはカルチャーそのものもトランスフォーメーションしていくしかないが、これは極めて難しい挑戦となる（図表4－12）。

だが、それを諦めた企業は存在意義を失うことになる。長い時間軸で非連続に見えるトランスフォーメーションを実行するには、この困難なチャレンジを必ず成し遂げるのだというトップの強い意志とリーダーシップの発揮が求められる。

第 5 章

将来価値向上への期待を生み出す投資家マネジメント

投資家の信認を勝ち取る5つのポイント

本章では、長期的なトランスフォーメーションを成し遂げるために不可欠な投資家マネジメントについて解説する。現在のチャレンジが将来の企業価値向上につながるという期待を生み出さなければ、投資家からの支持は得られない。

すでに何度か述べたように、短期的なリターンを求める投資家のプレッシャーを乗り越えて、長期的な成長力を再生するための持続的な投資への信認を勝ち取るのは非常に難しい。実際に多くの企業がそのプレッシャーに負け、財務的なリターンが不確実な領域への投資に踏み出せずにいる。あるいは経営者自身が短期的な株価上昇への誘惑に負け、事業への投資より増配や自社株買いなどによる株主還元策を優先するケースもある。

たとえ経営層が果敢に投資しようと意気込んでも、社外取締役の承認が得られなければ否決される。さらには、株主の支持が得られなければ、株主提案で取締役の解任が動議されたり、支持率の低下によって自身の立場が危うくなったりする。近年では、アクティビストの存在がこの傾向に拍車をかけている。

こうした状況の中、投資家によるP／L偏重の業績評価や短期的な財務的なリターンへの期待というくびきから脱して、長期的な視点で企業価値向上に期待してくれる投資家をいかに惹きつけるか。

これが長い時間軸のトランスフォーメーション戦略を遂行するためのカギであり、企業のリーダーに求められる能力である。

では長期的な視点を持った投資家を惹きつけ、信頼を獲得するには何が必要か。そのポイントは次の5点であると考える。

①市場の客観的かつ正確な見立てと自社の現実への正しい直視
②自社の経営資源が活きる新たな成長領域・新規に獲得必要な能力と戦略シナリオの定義
③長期的な投資を許容される、短・中・長期でのキャッシュフローのつなぎ
④変化に適応し続けられる経営能力とカルチャー変革の必要性への認知
⑤従業員と投資家への適切なタイミング・頻度・内容でのコミュニケーション

これらを実践し、長期的、抜本的なトランスフォーメーションにより高い成長を実現できるという期待が、企業の長期的な高い成長にベットしようという投資家を惹きつけ、高い将

来価値向上への期待がマルチプルを引き上げて株価を高めていく。

そして、投資家ポートフォリオが、短期のリターンを追求するバリューの投資家から、長期的な成長に期待するグロースの投資家へと入れ替わっていく。それにより、長期のトランスフォーメーション戦略を支持する投資家に支えられた企業と、それにより長期的に高いリターンを享受できる投資家、という関係性に切り替わっていくのである。

成長期待に応えられる企業に変化しているという実績を着実に示すことができれば、変革シナリオの信認が得られ、それがマルチプルの上昇という形で投資家にとってのリターンへとつながる。そのことが長期的なリターンを期待する投資家にとって魅力的な企業であるという評価をさらに高め、長期戦略を信認するさらなる投資家を惹きつけ、その比率が高まっていく——という好循環に入る。

具体的に前述の5つのポイントをどのように実践すべきかについて、ここからは富士フイルムの事例に当てはめて説明していきたい。続く後半では、リクルートとソニーのケースについても述べることにする。

富士フイルムとコダックの明暗を分けた投資戦略

銀塩フィルム市場の急激な縮小

富士フイルムホールディングスは、この不確実で先が見えない時代に、成長力を再生する長期的なトランスフォーメーション戦略を遂行した事例である。

その始まりは、2000年以降に起こった市場環境の激変への対応だった。

図表5-1に示す通り、デジタルカメラの急速な浸透により、2005年時点で世界の出荷台数におけるフィルムカメラの割合は1割以下にまで急減。それに伴い、富士フイルムの屋台骨だった銀塩フィルム市場は毎年10%超ずつ縮小を続け、2010年には10年前のピーク時と比較して10分の1以下にまで落ち込んだ。つまり銀塩フィルム市場は、10年間でほぼ消滅に至ったのである。

この急激なダウントレンドに対応し、長期的な時間軸で新たな成長基盤を確立するには、継続的かつ野心的な投資を続けなければいけない。そのためにはカギを握るステークホルダ

図表5-1　急減する銀塩フィルム市場

2000年以降、デジカメの急激な浸透によって、
銀塩フィルム市場は10年でほぼ消滅
カメラの出荷台数/銀塩フィルムの需要推移

カメラの出荷台数の推移（世界）

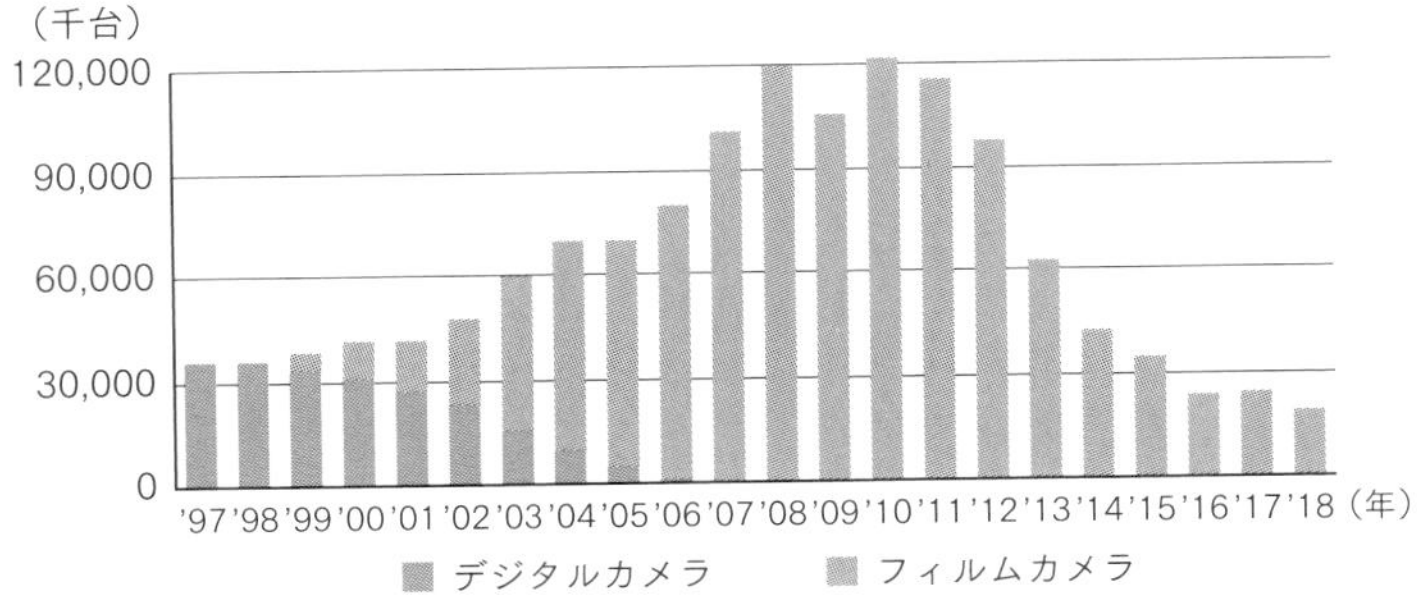

銀塩フィルム需要の推移（世界）

- 2000年にフィルムの需要はピークを迎える
- 以降、フィルム需要の減少が顕在化し、その後10年で1/10以下に縮小

2000年総需を100とした場合の指数

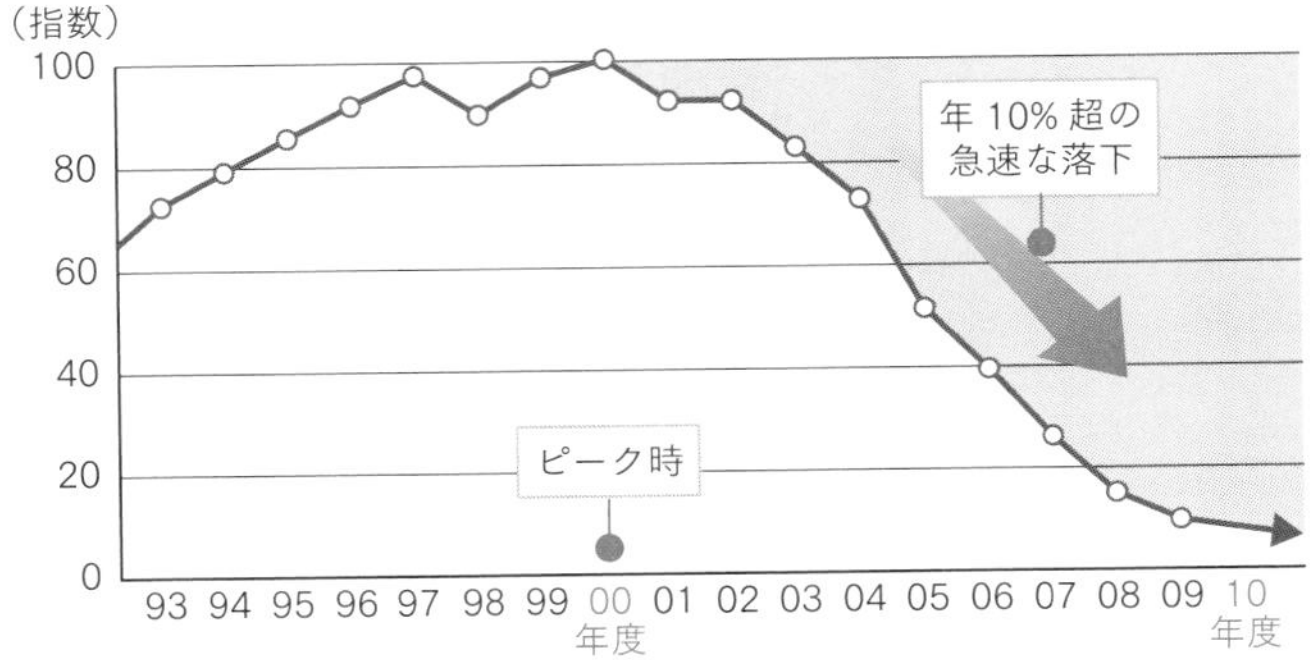

Source: CIPA; 富士フイルムIR資料

ーに対し、投資による将来価値向上への期待を生み出し、短期的な業績に左右されない持続的な投資への賛同を促す環境作りが必要だ。

中でも特に重要なステークホルダーは、変革を共に担う社員であり、企業への投資を継続してくれる投資家である。

この投資家マネジメントに成功した好例が富士フイルムであり、失敗例がコダックだといえる。どちらも銀塩フィルム市場で一時代を築いた競合同士だが、需要減少後にたどった道のりは対照的だった。

両社の売上を比較すると、2000年代に入って右肩上がりに転じた富士フイルムに対し、コダックはその後も低迷が続き、ついには倒産に至る。

では何が富士フイルムとコダックの明暗を分けたのか。それは写真フィルム事業に代わる新たな成長領域への投資である。

1998年～2007年の10年間における両社のキャッシュフロー推移を比較してみよう（図表5－2）。

グラフを見るとわかるように、コダックも2000年代に入るまでは、投資にかなりのキャッシュを回していた。だが銀塩フィルム市場の縮小とともに投資を絞り、代わりに積極的な自社株買いによる株主還元を優先し、なんとか株価の低迷を回避して生き延びようと考え

図表5-2　富士フイルムとコダックの明暗を分けた投資戦略

事業環境悪化の際のKODAKの自社株買いと
富士フイルムの成長投資が明暗を分けた
KODAKと富士フイルムのキャッシュフロー比較

- 投資CF（設備投資）
- 投資CF（その他）
- 財務CF（配当）
- 財務CF（自社株買い）
- 営業CF

■ KODAKのキャッシュフローの推移

・KODAKは、事業環境が厳しくなった2000年に積極的な自社株買いで株価の低迷 回避を狙った
・また、経営方針の度重なる変更によって、今後の事業の多角化の芽となりそうな事業について、いずれも売却してしまっている

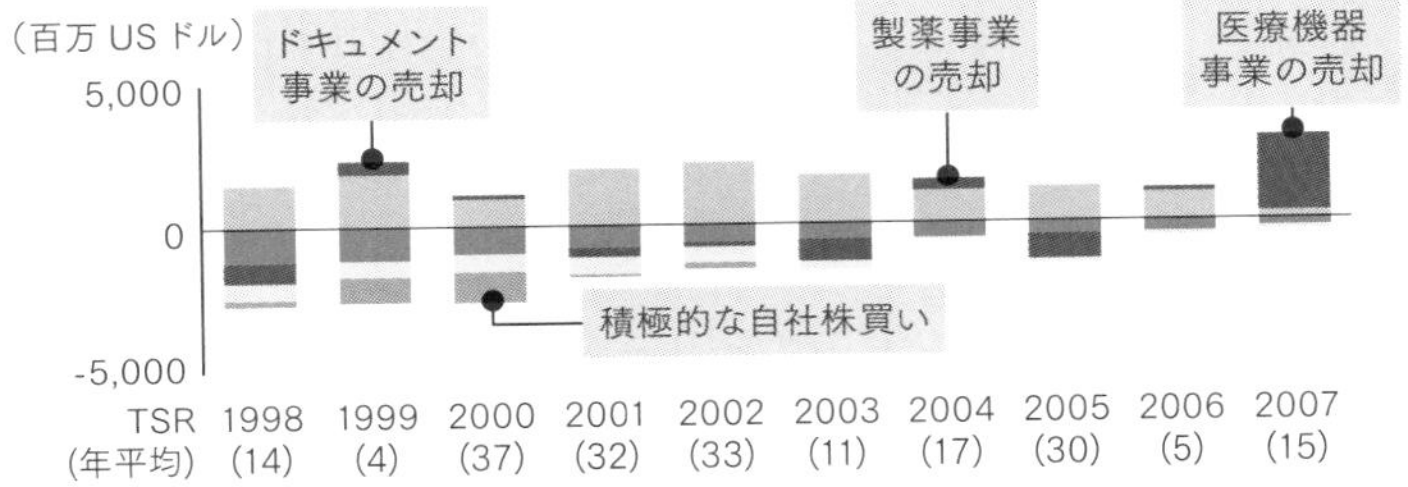

■ 富士フイルムのキャッシュフローの推移

・富士フイルムは、2001年に富士ゼロックスを連結子会社化することで一気に事業ポートフォリオの転換を図った
・それ以降も、自社の技術が活かせる領域を見定め、M&Aも活用しながら粘り強く新領域に取り組んだことで、写真フィルム事業に依存しない事業ポートフォリオを確立した

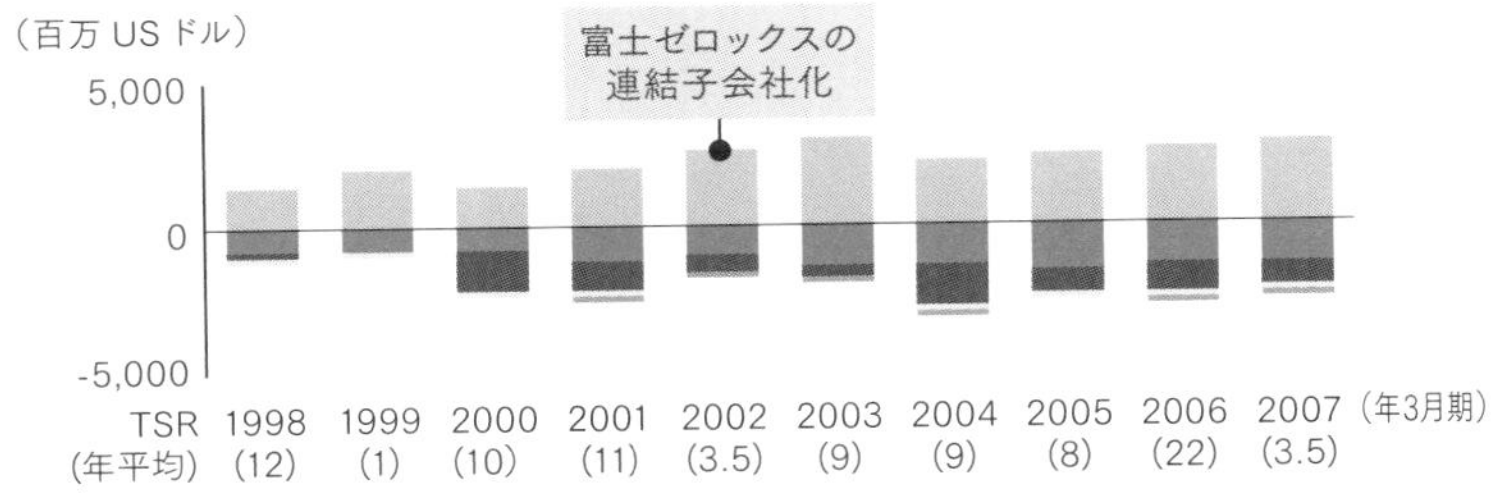

Source: EASTMAN KODAK IR資料; 富士フイルムIR資料; SPEEDA; アナリストレポート

図表5-3　富士フイルムの株価推移

長期的なポートフォリオ・トランスフォーメーションを持続的に回し続け、
2021年3月期には過去最高益を達成

Source: Googleファイナンス

たのだ。

しかし結局はキャッシュが回らなくなり、製薬事業や医療機器事業などを次々と売却し、そのキャッシュをまた株主に還元せざるを得ないという悪循環に陥った。これらの新事業は将来に向けた多角化の芽となる可能性があったが、経営方針の度重なる変更により、投資を打ち切って手放すことになった。

一方の富士フイルムは、２０００年以降も積極的な投資を続けた。２００１年には１６００億円を投じて富士ゼロックスを連結子会社化し、一気に事業ポートフォリオの転換を図っている。それ以降も、自社の技術を活かせる領域を見定め、M&Aも活用しながら、事業が生み出すキャッシュを粘り強く新領域へ投資し続けた。

その結果、医療機器や医薬品、素材などを扱うヘルスケア＆マテリアルズソリューション事業や、オフィス用複合機やプリンターなどを扱うドキュメントソリューション事業が大きく成長。フィルムやカメラを中心としたイメージングソリューション事業が縮小したにもかかわらず売上を伸ばし、銀塩フィルム市場縮小のダメージが最も大きかった時期も収益の規模を維持することができた。

富士フイルムはその後も長期的なポートフォリオ・トランスフォーメーションを回し続け、2021年3月期には過去最高益を達成。2010年代半ば以降は、株価も上昇を続けている（図表5－3）。

なぜ同じ事業環境にありながら、富士フイルムだけが投資家のプレッシャーを乗り越え、長期的な成長力再生に向けた持続的な投資を実践できたのか。この2社を分け隔てたポイントについて、公表されたソースやインタビューなどを基に見ていきたい。

要因①：将来の危機に対する現場からの正しい見立て

富士フイルムでは、銀塩フィルム市場の将来について、現場から正しい分析や客観的な情報が忖度《そんたく》なしに経営層へ上がっていた。写真フィルム事業の担当者たちは、すさまじいスピードで市場が消滅に向かっていく兆しとそのリスクの大きさをありのまま報告した。古森重隆前ＣＥＯが語ったところによれば、その時に出された数字は、結果的にその後起こった事実にほぼ近かったという。

前述の通り、それから10年後に銀塩フィルム市場はほぼ消滅に至るのだが、同社は早い段階で将来の危機を正しく見立てていたことになる。

さらには、経営層が現場からの報告を否定せず、厳しい現実を受け入れたことも重要なファクターとなったとみられる。主力事業が危機に陥ることをリーダーが正確に認識したからこそ、思い切った事業ポートフォリオの転換を決意できたのである。

要因②：社員と危機感を共有し、変革への意欲と覚悟を醸成

古森氏の著書などによると、現場から上がった危機のシナリオを、経営層は幹部や社員たちとオープンかつストレートに共有したという。トップがそうあってほしくはないという正常性バイアスのもとで現場から上がってくる情報やリスクへの見立てを否定したり、逆にトップが将来の危機を認識しても、「今のままではダメだから頑張れ」と尻を叩くだけでは本質的なリスクに対応した動きは始まらない。まずはトップが正しいリスクを認識し、そこへの迅速な対応と長期の視点で成長できる企業に生まれ変わるための変革を断行する覚悟を示した上で、社員が正しい危機意識を持つように正しい情報を共有することが欠かせない。

古森氏は、特に重要な領域を担当する部課長クラスとの情報共有を重視した。ミドルクラスの管理職と高頻度で話す機会を設け、将来のビジョンを説明して理解を深めたり、改革への意欲をモチベートしたりといった働きかけを行ったという。

これにより、社員の間で困難なチャレンジに立ち向かう覚悟が醸成され、大胆な事業ポートフォリオ転換の実行につながった。

要因③：自社の保有技術を核としたユニークな事業ドメインの定義

事業ポートフォリオの再構築にあたり、富士フイルムは「自社が保有する技術を核とした多角化」という特定の業界に閉じない広いスコープで事業ドメインを定義できるユニークな軸とテーマを設定すると同時に、長期の時間軸で変革にチャレンジすることを前提に置いた、と公表している。

銀塩フィルム市場の縮小が始まり、デジタルカメラが主流になったとき、コダックは「我々はデジタルカンパニーになる」と宣言した。だが富士フイルムは違った。デジタルカメラは価格競争が激しく、デジタルイメージング領域が生み出す売上は数千億円程度で、従業員数が7万人を超える企業として十分な利益を出せないと考えたのだ。

そして自社が保有する技術を棚卸しして、将来性があり未解決の課題が多く、かつ富士フイルムの技術がマッチするメガトレンドに合う領域を洗い出した。それが医薬品と化粧品だった。だからこの分野に集中的に投資すると意思決定したのである。

一方のコダックは、イメージング領域という既存のドメインにこだわり、その世界に閉じた投資しか考えなかった。外の世界に存在する新たな可能性を探索する行動には踏み出せなかったのである。

これはすなわち、ダイナミック・ケイパビリティの差が両社の行く末を分けたことを意味する。

ダイナミック・ケイパビリティとは、カリフォルニア大学バークレー校のデビット・ティース教授の考えを発展させたものである。「企業が技術・市場変化に対応するために、その資源ベースの形成・再形成・再配置を実現していく（模倣不可能な）能力のこと。ダイナミック・ケイパビリティは、決してゼロから新しいものを作り上げる能力ではない。これまで競争優位を生み出してきたルーティン、ケイパビリティ、資源、知識、資産を再構成する、より高次のメタ能力のことである。しかも、それは自社の資産や知識だけではなく、必要とあれば他者の資産や知識も巻き込んで再構成する能力でもある」と、慶應義塾大学の菊澤研宗教授はダイヤモンド・ハーバード・ビジネス・レビューの記事でまとめている。

富士フイルムだけでなく、コダックも高度な技術を保有していた。だがその貴重な資源を有効活用することなく、既存のケイパビリティに固執し、株主還元を優先した。それが大量の自社株買いという戦略につながっている。

それに対し、富士フイルムはダイナミック・ケイパビリティのフレームワークを最大限に活用した。既存の高度な技術や知的資産を再利用し、新たな技術を開発して競争優位を確立するためにキャッシュを投入したのだ。

例えば、写真フィルムの技術を応用して液晶の保護フィルムを開発したり、写真フィルムの乾燥を抑えるために使っていたコラーゲンの技術を活用して化粧品を創ったりした。いずれもゼロから生み出した新技術ではなく、既存の技術や知見を再利用して、持続的な競争優位を形成したのである。

もともと富士フイルムは「技術への投資＝将来への投資」と考え、海外のメーカーに比べて高い売上高研究開発費率を維持してきた。会社の解散価値を示すといわれているPBRが1倍を割り込む状況に耐えながらも、7～8％という売上高研究開発費率を維持し、その数値をIRで長期にわたって公表し続けていた。そのPBRがやっと上昇に転じたのは実に2020年のことで、2021年にやっと1倍前後になったPBRは2022年3月時点で1・2倍の水準まで上昇した。

まだ写真フィルム事業が安定していた1970年代後半から、将来を支える新事業として液晶ディスプレイ（フラットパネルディスプレイ）用のフィルムに着目し、技術開発に投資したのはその一例だ。

そして液晶ディスプレイのニーズが跳ね上がった2000年代に、写真フィルム需要の減少、収益低下という局面に陥った中でも、思い切った設備投資をして量産化し、大きな市場シェアを獲得した。2006年には、R&D体制の再構築を進めるため、すべての研究所を一カ所に集めた「富士フイルム先進研究所」を設立している。

事業を育てるには、R&D投資が必須である。それが富士フイルムの経営の根底に流れる考え方だ、と古森氏は常々インタビューなどで語っている。だが何より重要なのは、R&Dによって技術力を高めるだけでなく、それを利用してダイナミック・ケイパビリティを実践し、持続的な競争優位を確立しようとする戦略的思考を持っていたことである、と考えられる。

要因④：短中期でキャッシュを生み出し、将来の成長領域へ長期的に投資

富士フイルムは既存のコア技術を起点とし、一見するとなんの関連性もないように思える様々な市場でチャンスの芽を探索した。そして多様な事業を生み出す多角化経営により、企業再生のビジョンを投資家に打ち出した。しかも多角化によって収益を生み出せることを成

果で示し、投資家の信頼を勝ち取ったのである。

日本でもすっかり有名となったチャールズ・A・オライリーとマイケル・L・タッシュマンによる『両利きの経営』では、企業の持続的成長を実現するためのフレームワーク「イノベーションストリーム」を紹介している（図表5－4）。これは「市場・顧客」と「組織能力」の2軸によるマトリクスで、既存のコア事業を起点とすると、イノベーションは3つの領域で起こる可能性があることを示している。

・漸進型イノベーション（既存の組織能力を使い、新規の市場・顧客に対応する）
・アーキテクチュアルイノベーション（新規の組織能力を開発し、既存の市場・顧客に提供する）
・不連続型イノベーション（新規の組織能力を開発し、新規の市場・顧客に対応する）

これを富士フイルムのケースに当てはめると、図表5－5のようになる。

前述の通り、既存のコア事業については技術開発への積極的な投資を行い、自分たちが持つ基礎技術を磨き上げてきた。両利きの経営で言うところの「深化（Exploit）」である。

図表5-4　両利きの経営とイノベーションストリーム

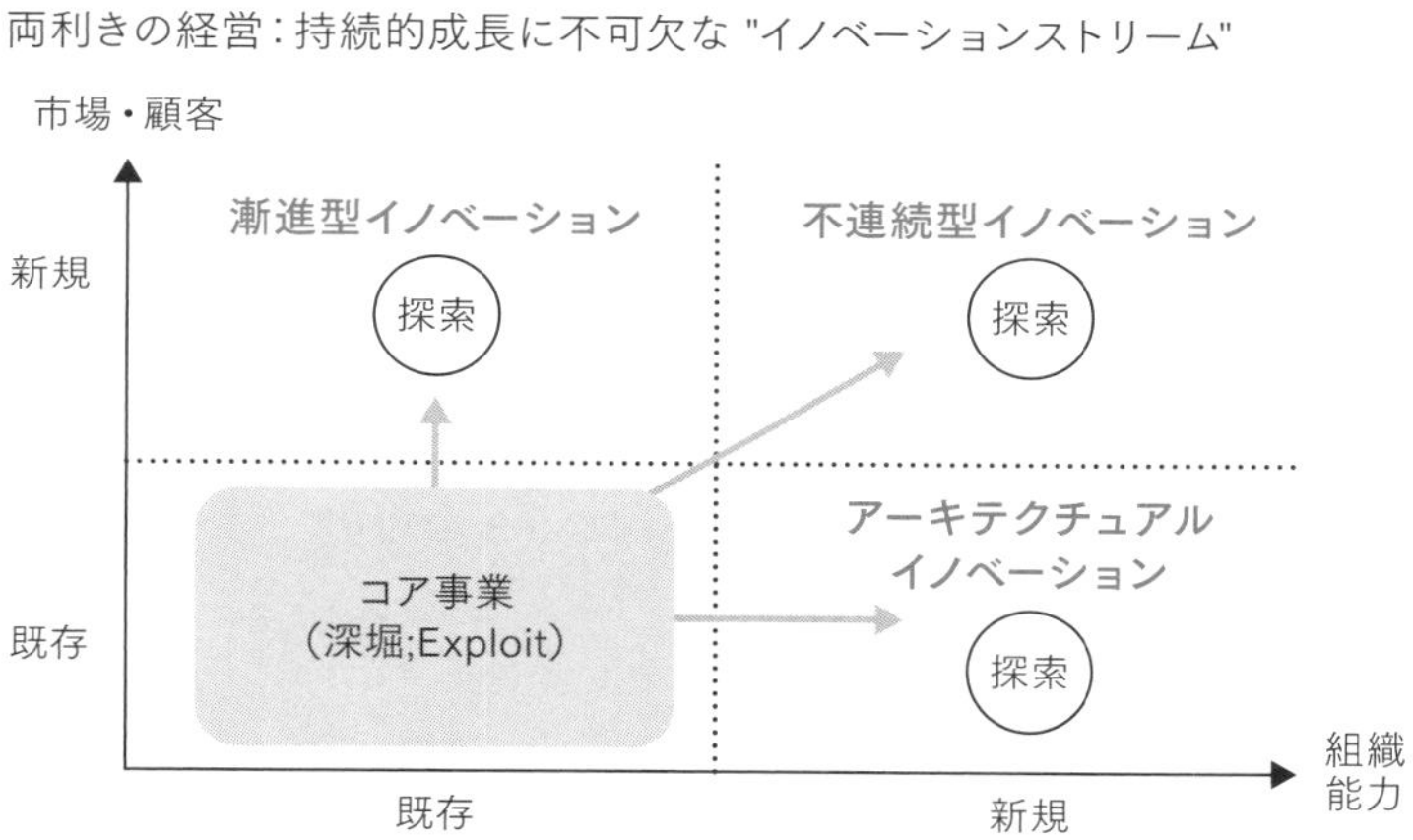

Source:『両利きの経営』チャールズ・A. オライリー，マイケル・L. タシュマン他

図表5-5　富士フイルムのイノベーションストリーム（2000~15年）

効果＼組織能力	既存	新規
新規	領域D 偏光子保護フィルム 太陽電池パックシート 栄養サプリメント 携帯電話用レンズ	領域B 医薬品 化粧品 半導体材料 再生医療
既存	写真フィルム X線フィルム 光学レンズ デジタルカメラ 領域A	レーザー内視鏡 医療用画像処理システム 複合機 インクジェット・ プリンター 領域C

Source:『両利きの経営』チャールズ・A. オライリー，マイケル・L. タシュマン他

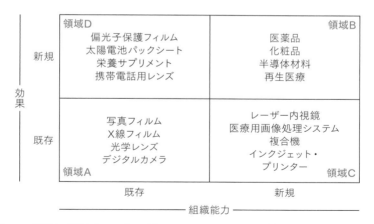

図表5-6　富士フイルムの売上・営業利益（事業セグメント別）

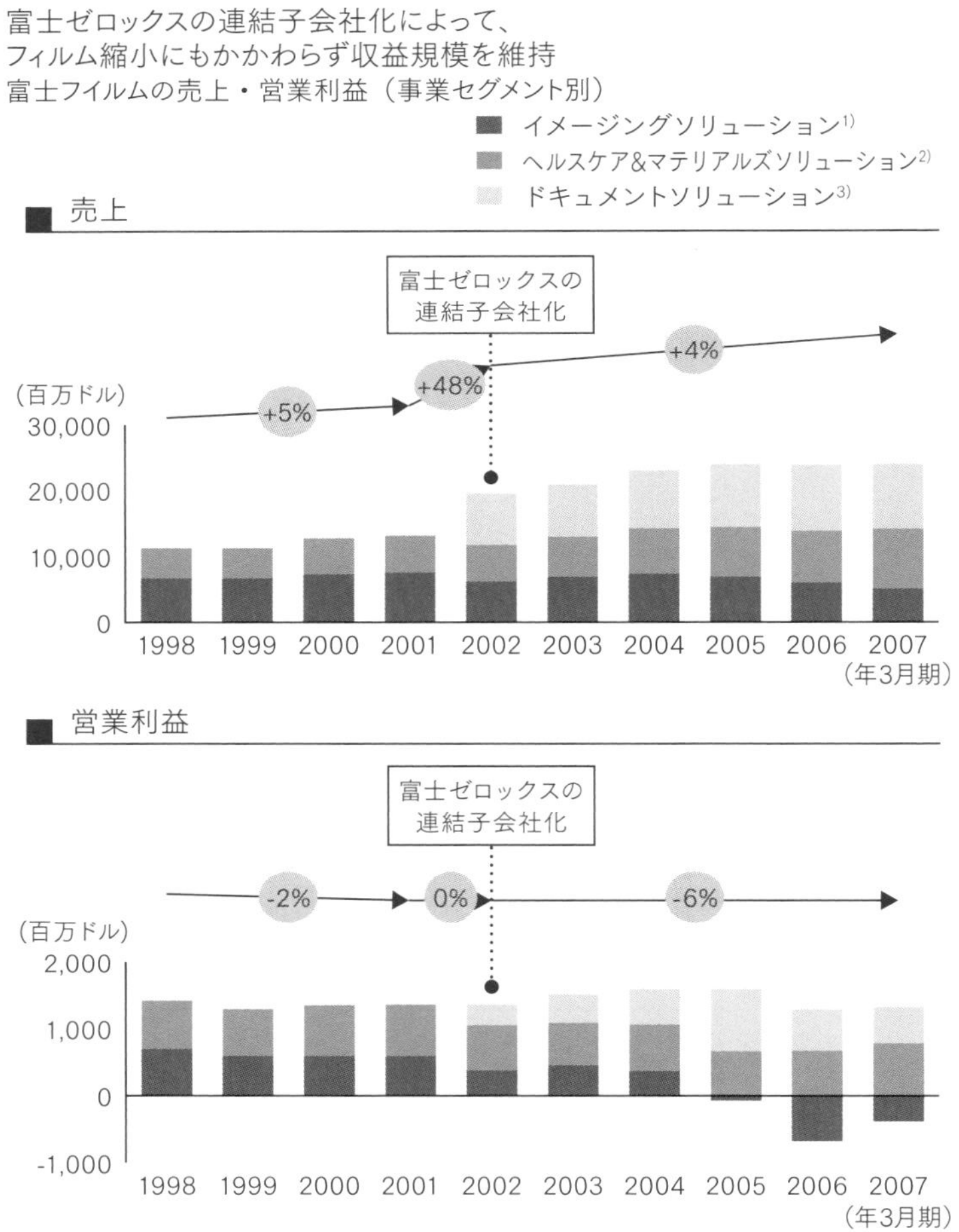

1. カラーフィルム、デジタルカメラ、写真プリントサービス・機器、インスタントフォトシステム等；2. 医療機器、医薬品、医薬品開発・製造、再生医療製品、ライフサイエンス製品、ディスプレイ材料、記録メディア、電子材料、ファインケミカル、インクジェット機材等；3. オフィス用複写機・複合機、プリンター、プロダクションサービス関連商品、オフィスサービス、用紙、消耗品等
Source: EASTMAN KODAK IR資料; 富士フイルムIR資料; SPEEDA; アナリストレポート

そしてフィルム開発で得た画像処理技術を応用し、医療用画像処理システムやレーザー内視鏡といった医療分野での新規事業に乗り出す。さらに医療機器事業とシナジーを生み出すため、医薬品や再生医療にも参入するなど、イノベーションの探索を続けた。

こうした多角化のビジョンを投資家に提示しながら、同時に富士フイルムは短中期的なキャッシュを生み出すことにこだわった。そのためにM&Aを活用し、先ほど紹介した富士ゼロックスや、2008年に連結子会社化した製薬会社の富山化学工業などを買収。新領域での事業基盤を確立し、短期間で収益を生み出して、投資家の期待に応えてみせた。

それによって投資家を惹きつけ、長期的な投資が許容される状況を作りながら、短中期的に生み出したキャッシュフローを将来の大きな成長基盤となるヘルスケア領域へ長期的に投資したのである。

この間の売上・営業利益の推移を同社公表資料を基に事業セグメント別に見ると、イメージングソリューション事業が急速に落ち込む一方で、ヘルスケア&マテリアルズソリューション事業やドキュメントソリューション事業の比率が伸びている（図表5－6）。多角化経営の成果によって、2000年代の苦しい時期も利益はごくゆるやかな低下にとどまり、銀塩フィルム市場の縮小にもかかわらず、収益規模を維持できたのである。

事業ポートフォリオを変えられないコダック

比較対象としてコダックの売上・営業利益の推移も見ておこう（図表5－7）。

こちらは銀塩フィルム市場の縮小が始まってからも、基本的な事業ポートフォリオは大きく変わっていないことがわかる。２０００年以降も写真フィルムによる売上が中心で、銀塩フィルム市場の縮小がそのまま収益の落ち込みにつながっている。一時期はデジタルカメラで高い市場シェアを獲得したこともあったが、フィルム事業の穴を埋めるまでには至らず、営業利益は年17％のペースで減少が続いた。

富士フイルムが探索に出た3領域は、それぞれ事業としての難度も、リターンが生まれるまでの時間軸も異なる。それでもキャッシュをつないでいける領域を〝Sensing（感知）〟し続け、適切に〝Seizing（捕捉）〟しながら事業として〝Transforming（変容）〟させて成立させる「ダイナミック・ケイパビリティ」を使いこなす長期の時間軸のトランスフォーメーション戦略をやり遂げた。

そして多くの投資家が重視するP／L偏重の経営から脱し、投資家が嫌うコングロマリット経営へのバッシングを打ち返して、事業の多角化を実現した。それが可能だったのは、売上の成長を維持し、複数の多角化事業に投資できるだけのキャッシュフローを生み出すため

図表5-7　KODAKの売上・営業利益（事業セグメント別）

銀塩フィルムの需要減少に伴い売上・営業利益が減少

売上

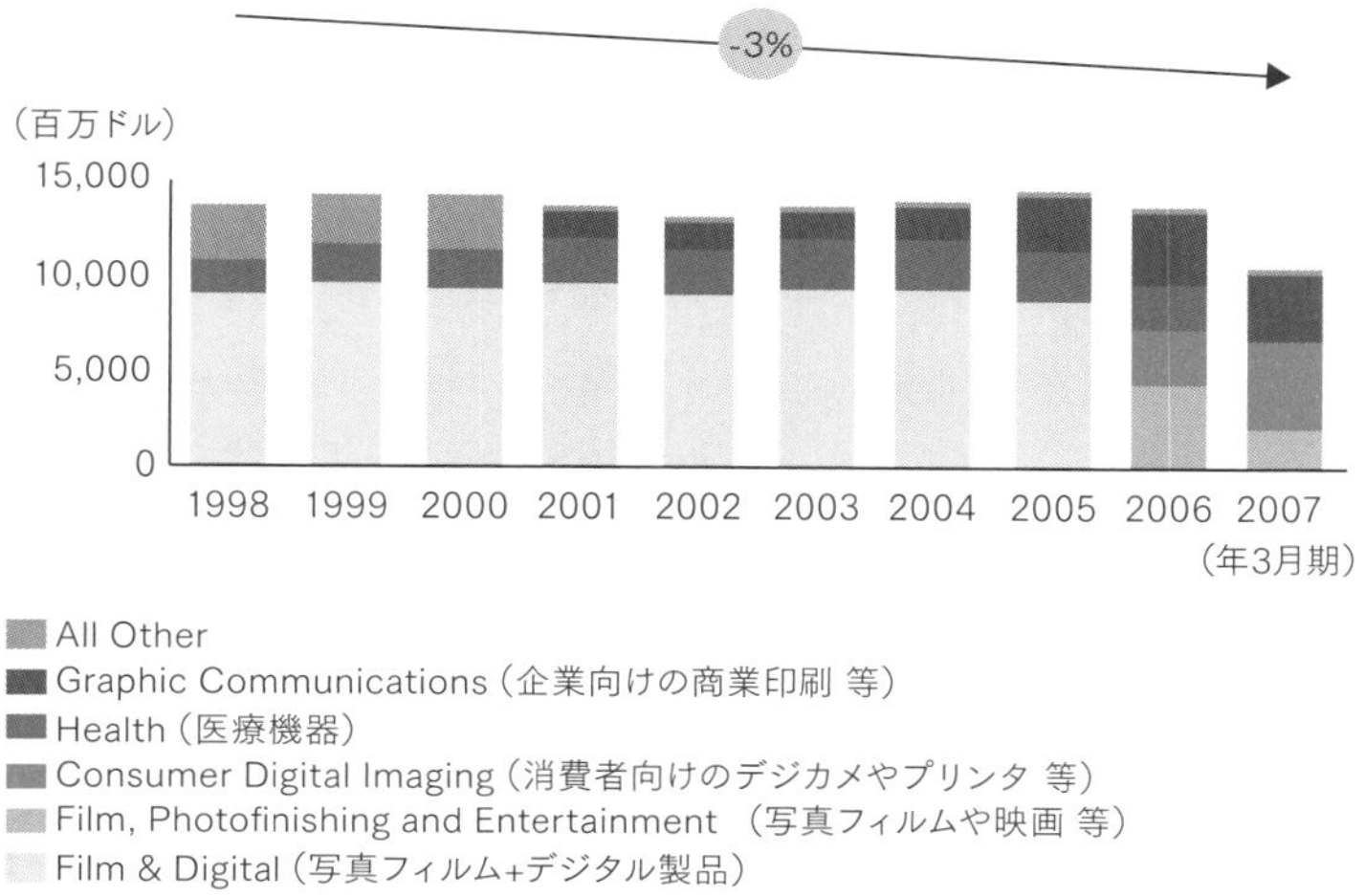

営業利益

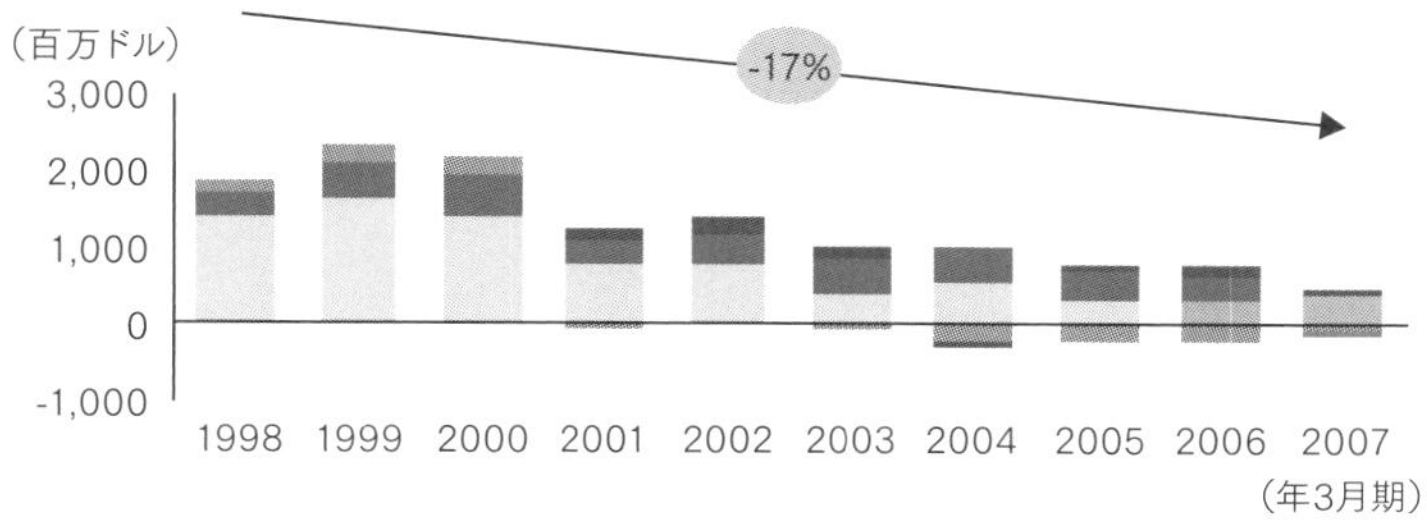

Source: EASTMAN KODAK IR資料; 富士フイルムIR資料; SPEEDA; アナリストレポート

の投資を回し続けたからだ、といえる。

一方では短期でのPL責任への一定の期待に応えつつ、もう一方では長い時間軸のトランスフォーメーションのために投資する。異なる時間軸のポートフォリオを組み合わせながら投資戦略を実行したところに、同社の投資家マネジメント能力の高さが表れている。

要因⑤：投資家や社員への丁寧なコミュニケーション

ステークホルダーの信頼を勝ち取るには、丁寧なコミュニケーションが欠かせない。富士フイルムは投資家や社員に正しく戦略を説明した上で、イノベーションの探索を続ける間はその時々の成果をタイムリーに伝え続けた。

技術をコアにした多角化でキャッシュを生み出し、次の柱となる事業を創り上げる。これが同社の戦略である。だが新領域で立ち上げた事業が柱になるまでには、長い時間がかかる。その事実を説明した上で、その間も短期的にキャッシュを生み出し続けることと将来の柱を創ることを両立させることを伝え、さらには戦略の実践によって生み出した成果についても折に触れて伝えた。

同社は2001年度から非常にきめ細かいアニュアルレポートを公表し、同社のビジョンをステークホルダーに向けて発信している。将来を見越した研究開発投資についても、足元の株価水準が振るわない中でも、常に高い水準を掲げてきた。2017年8月には、10年以上先の2030年をターゲットにした「SVP2030」(Sustainable Value Plan 2030)を公表した。そして、トップ自らが長期的視点から企業のあるべき姿を示し、重要なステークホルダーに直接語り掛ける、ということを実践し続けた。

こうしたコミュニケーションを継続したことにより、ステークホルダーの信頼を勝ち取り、しかもそれ以降ずっと信頼を維持したのである。

投資家マネジメント

長期時間軸のトランスフォーメーションを成功させるには、短期的な好業績を求めるバリュー投資家ではなく、成長に期待してくれるグロース投資家からの支持を集めることが重要になる。図表5-8にある通り、富士フイルムはこうした投資家ポートフォリオの入れ替えを行ってきた。2000年3月時点で、同社の株主構成はバリュー投資家が4分の3を占めていた。これが2022年3月末時点では、グロース投資家が7割を超えていることがわかる。

この投資ポートフォリオの変化は、2段階に分かれている。1つ目は2001年の富士ゼロックス子会社化を受けて、そのシナジーに期待したグロース投資家が急増した2002

図表5-8　富士フイルムの投資家マネジメント

再成長に向けたストーリーとその実践により、投資家ポートフォリオを
バリュー投資家からグロース投資家に大きく変化させることで時価総額の
維持、向上に成功

最初のウエイブは2003年、次のウエイブは2009年から現在まで続く

Ownership styles — fund/institution only（%）

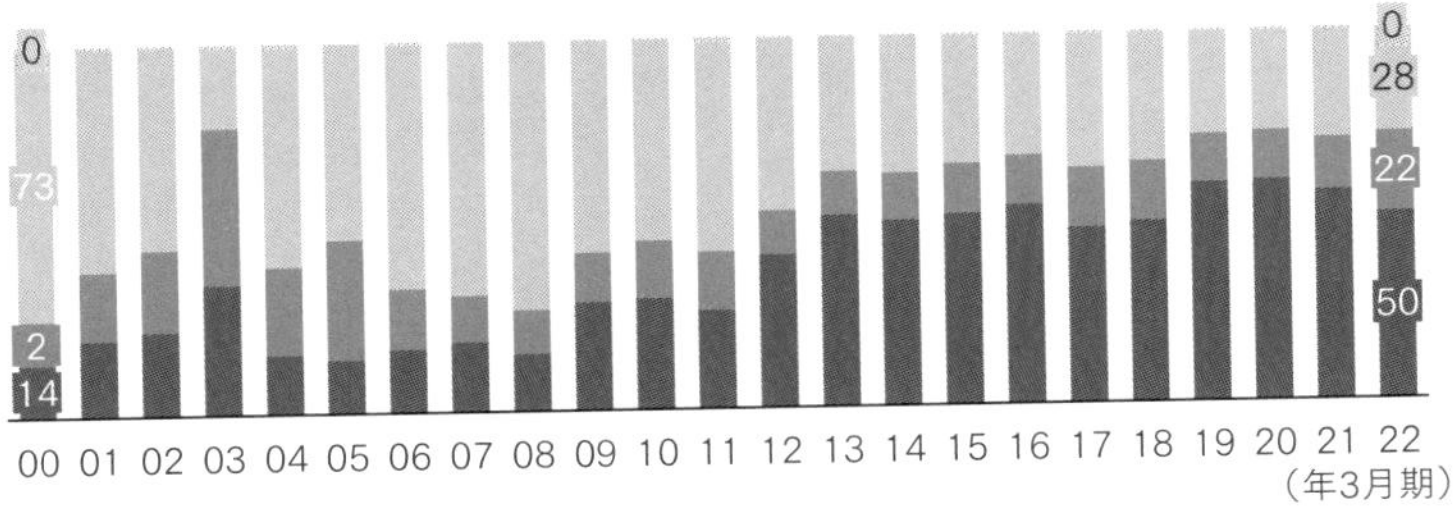

投資哲学と投資基準による分類

インカム投資家
長期的な配当利回り収入を狙う。リスクに対して平均以上の利回りを得られる銘柄を探す

バリュー投資家
本源的な価値と比べて、実際の株価が下回っている銘柄を狙う。PER（株価収益率）15以下、または同業他社以下になると投資し、PERが平均を超えると撤退する

GARP投資家
グロースとバリューの要素を取り入れ、適正価格でキャピタルゲインと配当利回りのバランスを追求する

グロース投資家
市場でまだ十分に評価されていない急成長企業を狙う。トップラインの成長が12%以上のときに投資

Note: ファンドレベルでの分類。グラフは、トムソン・ワンで入手可能なデータに基づき、アクティブな投資スタイルを取る機関投資家の総保有額を示している。企業による保有や自社株、および個人投資家は含まない。
Source: Refinitiv; BCG ValueScience® Center

年・２００３年3月期。この効果は一時的で、２００４年3月期には再びバリュー投資家が過半数を占めている。そして、２００７年度からの事業転換を受けてグロース投資家がじわじわと増えている。これは前項で述べた粘り強い投資家コミュニケーションによるものである。

もちろん、ただ投資家の構成が変わればよい、というわけではなく、株価／時価総額を向上させることが必要なのは、いうまでもないだろう。

リクルートの投資家マネジメントの例

富士フイルムの投資家マネジメントにおける成功要因は、第2章で紹介したリクルートのストーリーにも当てはまる。同社がグローバル化とテクノロジー企業への変革によって新たな成長基盤を確立したプロセスでは、富士フイルムと同様のポイントが成功のカギとなった。

将来への危機感を経営層や幹部社員が共有

リクルートでも早い段階で将来の危機に対する正しい見立てが上がっていた。「国内における雑誌広告ビジネス」という従来のコア事業だけでは、間違いなく自分たちのビジネスは成長の限界に達する。そしてＧＡＦＡの存在によって埋没するか、最悪の場合はリクルートが消滅するリスクさえある。

この危機感を経営層や幹部社員と明確に共有できたことが、事業ポートフォリオのトランスフォーメーションの成功につながった。

社長としてグローバル化を牽引した峰岸真澄氏は、経営企画の担当役員だった２０１０年ごろから当時のボードメンバーと中長期戦略の検討を始め、侃々諤々の議論を繰り広げたと各所のインタビューで語っている。その論点は「国内で圧倒的ナンバーワンを目指すのか、海外へ出ていくのか」だった。

忌憚《きたん》のない意見が交わされたことにより、今のまま国内にとどまっていては会社の未来に向けた成長はないとの危機感が経営層の間で共有され、変革への意欲も醸成された。その結果、リクルートは海外へ出ていくことを意思決定したのである。

長期的な成長を可能にするポートフォリオ戦略

峰岸氏をはじめとする経営層は、「自社が長期的に成長していくために、どの領域にポートフォリオをシフトしていくか」について明快なストーリーを創り上げた。

同社は2014年の上場時に、2020年までにリクルートの創業事業であるHR領域でグローバルナンバーワンになる、とのビジョンを明確に掲げた。

このように最優先の戦略ターゲットを定め、テクノロジーによるディスラプティブな環境変化の可能性が高いHRに特化して成長基盤を作る戦略を立てたのである。

第2章でくわしく見たように、会社の事業を3つに切り分け、既存事業のメディア&ソリューションや人材派遣で獲得したキャッシュをHRテクノロジーに投資し、HRテクノロジー領域を長期的な成長基盤として確立。この領域におけるグローバルで圧倒的な存在になることで会社全体を成長させる体制への変更を決断したのも、この長期的なトランスフォーメーションを実現させるためのものである。

短期で成果を示し、より大きな長期の成長領域へキャッシュをつなぐ

リクルートは戦略実現のために、短期・中期・長期の異なる時間軸でキャッシュフローをつなぐことを投資家に伝え、その成果を示し続けた。

グローバルナンバーワンになるには資源を集中的に投入しなければいけないため、海外戦略を支える資本戦略の一つとして2012年に上場を意思決定。上場前の株主総会でアナウンスしている。

峰岸氏によれば、上場に際して機関投資家向けの説明会を行ったとき、ある海外の投資家からこう言われたという。

「なぜ海外に出るんだ？　海外で成功している日本企業は少ないだろう。国内で築いたポジションをベースに、日本でビジネスを広げていくことに集中すべきではないか」

だがリクルートには、グローバルでの勝ち筋が見えていた。グローバルのHR市場を分析すると、海外のグローバル派遣企業は確かにユーザー数、売上ともに大きいが、それにもかかわらず利益率はリクルートの方が高かった。

そこで自分たちは高収益を上げる経営力においては海外企業より優れていると考え、第2章でも紹介したように、グローバル派遣領域においてまずは米国の小さな人材派遣会社を30億円弱で買収。リクルートの強みであるユニット経営の経営手法を移植してオペレーションを行ったところ、利益率は向上した。

この成果を投資家に示して期待感を醸成し、次は数百億円規模の会社を買収してやはり利益率を向上させた。こうして海外事業がキャッシュを生み出すことを示しながら、より大きな投資へとつなげ、最終的にグローバルの派遣領域でトップクラスの規模にまで拡大を遂げたのである。

さらにインディード買収においては、テクノロジー企業としてとても優れた技術力を持っているが、それをマネタイズしていく能力は必ずしも高くない、とリクルートは分析していた。マネタイズなどリクルートにあってインディードにない経営能力を注入していくことで、もっと早いトップライン成長とそれに続く高い収益力を持った企業を創り出すことができると考え、それを実現できることを示した。これによって、グラスドアなどHRテクノロジー領域で圧倒的なポジションを創り上げるためのさらなる大型のM&Aによる資金投入などでも投資家の信頼を生み出し続けているのである。

こうした投資を実現できたのも、高い市場地位を築いている国内のメディア&ソリューション事業が持続的に大きな収益を生み出し続けたからである。メディア&ソリューション事業には安定的なEBITDA成長を実現することを重要なミッションとして課しながら、次の収益を生み出す新たな柱を作るために、国内事業が生み出したキャッシュをグローバル派遣事業に投資を続けた。こうして安定してキャッシュを生み出せる構造を創り上げ、HRテクノロジーに投資し続けているのである。

粘り強い投資家コミュニケーション

こうしたトランスフォーメーションについて、リクルートはどのように投資家に語りかけてきたのか。同社の決算説明資料をベースに振り返ってみよう。

2015年3月期の資料には、HRテクノロジーという表現すら含まれていない。人材メディア事業の一部としての海外人材募集が好調な売り上げ成長を見込む、とスライド1枚で語るのみであった。

翌2016年3月期の決算説明資料では、インディードについて売り上げ成長のみに言及。「中長期的な成長の柱とするために積極的に経営資源を配分」「積極的なM&Aによる事業基盤の拡大強化」「売上高は3年後には最低2倍の規模にする」ことをコミットした。そして「成長投資として、中期的には7000億円の余力を持つ」とあわせて宣言した。

同資料では、2020年に「人材領域グローバルナンバーワン」「雇用決定者数ナンバーワン」、そして2030年に「人材・販促領域グローバルナンバーワン」「サービス利用者数ナンバーワン」との長期ビジョンも公表。一方で、「国内新規事業開発によるITを活用した新たな成長分野の創出」としてエアシリーズ、スタディサプリの成長・進化という2領域のみに投資をフォーカスすることをスライド1枚で語っている。

続く2017年3月期には、インディードを人材メディア事業から切り出すと公表。HRテクノロジー事業として、売り上げのトップラインをアグレッシブに引き上げることをコミットした。具体的には、2016年3月期と比較した2019年3月期の売上高目標を、前年に掲げた2倍から、新たに3倍へと引き上げたのである。

こうした成長領域について語る一方で、メディア&ソリューション事業については、「高いEBITDAマージンを維持しながら、売上高の安定成長を継続」と、安定的に足元のキャッシュフローを生み出す源泉としての目標を提示。さらに人材派遣事業は、他の2事業とは異なり、グローバル規模での目標をセット。M&A投資を短期間で回収し、キャッシュフローを中期的に拡大する、としている。

なおこの年は、満を持して「SBUでの戦略遂行を加速するため、グループ組織再編を実行」とし、3SBU制へのグループ再編を打ち出している。

2018年3月期の決算説明資料では、「リクルートグループの目指すもの」と題して「圧倒的に優れたマッチングソリューションの提供」「テクノロジーを駆使し、人材マッチング事業全体でイノベーションを創出」すると公表。2019年6月には、4人目の業務執行取締役として、HRテクノロジーを引っ張ってきた出木場久征氏がホールディングスの取締役となり次の体制への布石を打ち始めている。

こうした丁寧な投資家コミュニケーションの成果を、将来の企業価値向上への投資家の期待を表す指標であるマルチプルがどのように変化していったかを見ると一目瞭然である。リクルートが上場した当初である２０１５年3月期のＥＢＩＴＤＡマルチプルは９・６倍であった。しかしそのマルチプルは、インディードの成長期待が読み込まれた２０１７年3月期には13・1倍とジャンプアップした。

さらに、インディードを中心としたＨＲテックの高い成長性が、同セクターの収益構成比をどんどん押し上げていく。その結果、リクルートグループトータルでのマルチプルはどんどん上昇し、２０２２年3月期には36・2倍という、上場当初との比較で4倍近い上昇を達成したのである。

その要因として、ＨＲテックの高い成長性を示すことによって株主の信頼を獲得しただけではなく、上場初期から投資家へのコミュニケーションを戦略的に変化させ、これによって高い成長期待を持つ投資家の心をつかむことに成功したことが大きな要因として挙げられる。その具体的な取り組みについては、図表５－９を参考にしていただきたい。

こうして投資家に極めて高いリターンを提供できることを示した結果、投資家からの支持はますます高まり、長期的で持続的な投資へとつながっている。

このことは投資家ポートフォリオの変化にも表れている。同社はもともと安定的な利益成

図表5-9　粘り強い投資家コミュニケーション

リクルート：SOTP算入に向けた動き

高成長のトラックレコードを示すとともに今後の継続をコミット。
加えて、事業説明会を開催しCEO自ら詳細に説明

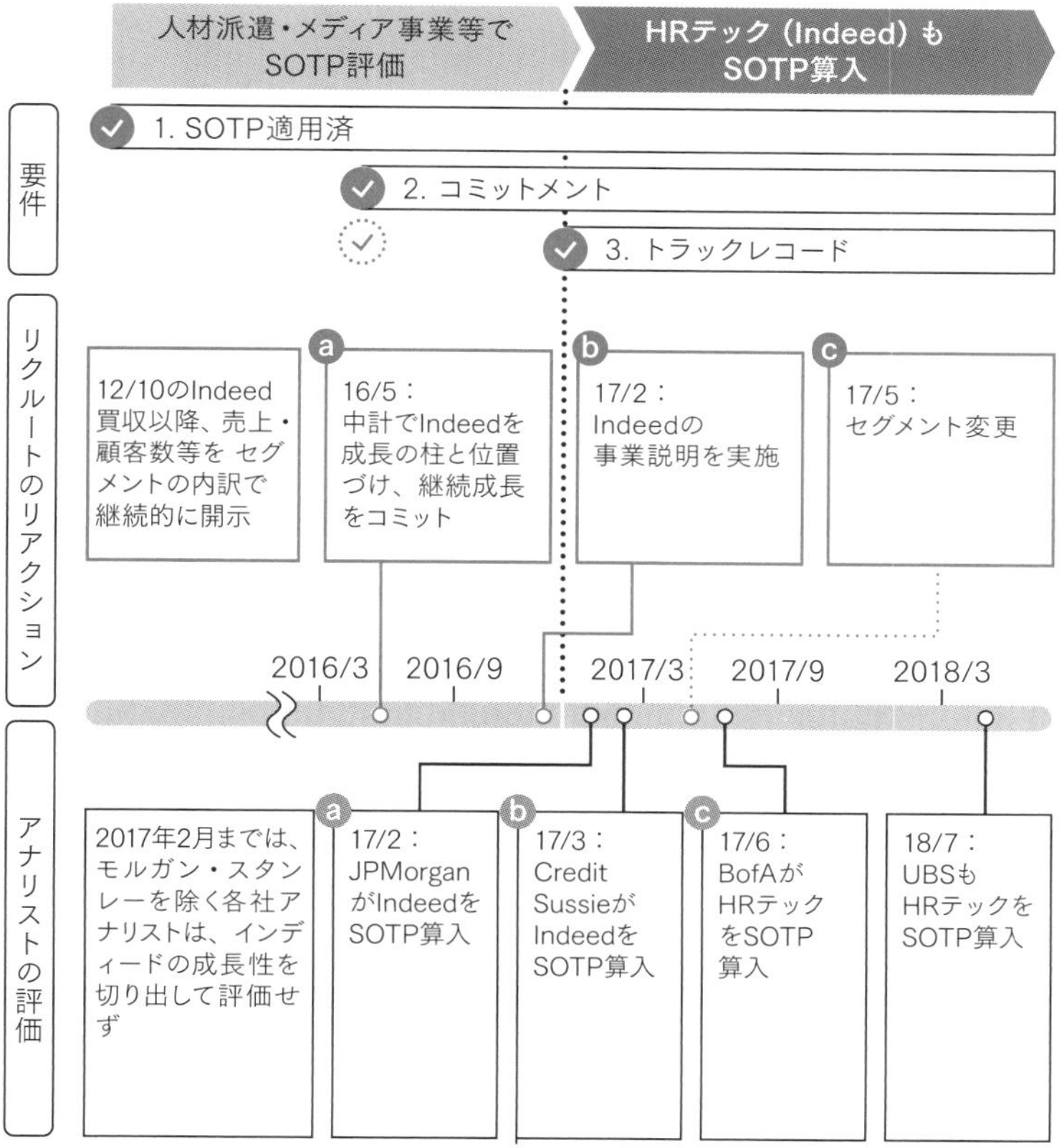

Source: リクルートホールディングスIR資料; Speeda; アナリストレポート

図表5-10　高まるグロース投資家の比率（リクルート）

リクルートも2017年ごろから飛躍的にグロース投資家の比率を高めることに成功

Ownershipstyles—fund/institutiononly（%）

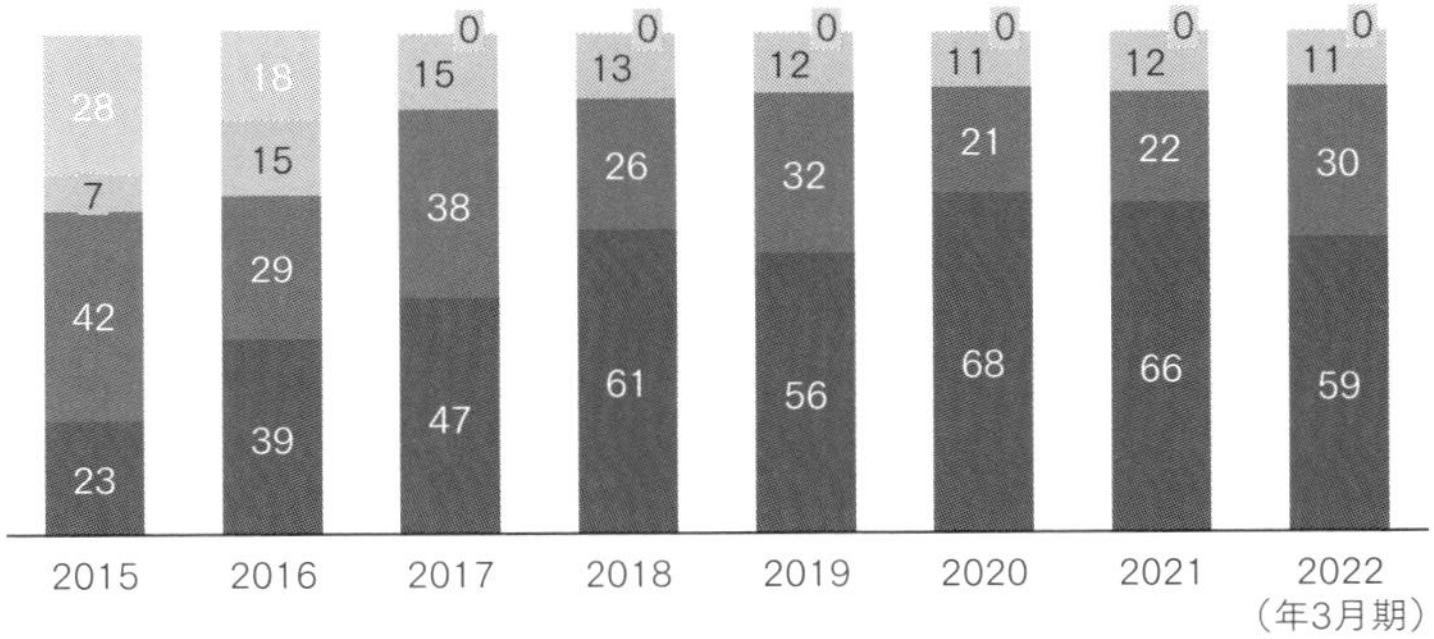

投資哲学と投資基準による分類

インカム投資家
長期的な配当利回り収入を狙う。リスクに対して平均以上の利回りを得られる銘柄を探す

バリュー投資家
本源的な価値と比べて、実際の株価が下回っている銘柄を狙う。PER（株価収益率）15以下、または同業他社以下になると投資し、PERが平均を超えると撤退する

GARP投資家
グロースとバリューの要素を取り入れ、適正価格でキャピタルゲインと配当利回りのバランスを追求する

グロース投資家
市場でまだ十分に評価されていない急成長企業を狙う。トップラインの成長が12%以上のときに投資

Note: ファンドレベルでの分類。グラフは、トムソン・ワンで入手可能なデータに基づき、アクティブな投資スタイルを取る機関投資家の総保有額を示している。企業による保有や自社株、および個人投資家は含まない。
Source: Refinitiv; BCG ValueScience® Center

長を実現する企業として期待されており、グロース投資家の比率は23％ととても低い水準であった。その後の成長期待を高めるコミュニケーション戦略が功を奏し、２０１７年３月期にはグロース投資家の比率は47％に高まり、２０２０年には68％前後を占めるようになっている。投資家ポートフォリオの入れ替えに成功した好例といえるだろう（図表５－10）。

ソニーの投資家マネジメントの例

アクティビストからの要求

短期的なリターンを求める投資家の圧力に打ち勝ったもう一つの例として、ソニーグループを取り上げたい。同社は、米ヘッジファンドのサード・ポイントから、コングロマリット・ディスカウント（複合経営企業の市場評価で各企業の価値の合計を下回る現象）の解消を求められ、エンタメ領域をはじめとする事業の分割を迫られた。

２０１３年５月、サード・ポイントＣＥＯのダニエル・ローブ氏は当時の平井一夫社長兼ＣＥＯを訪問。報道によると、映画などの子会社株式の15～20％をソニーの既存株主に割り当てて米国で上場する案を示し、取締役会が外部の評価を受けるよう要求した。

当時のソニーは1200億円を超える巨額の赤字を出しており、株価も低迷。平井氏が2013年にソネットから吉田憲一郎氏を参謀として招き入れ、改革の端緒についたところであった。ソニー経営陣は、シナジーこそがソニーの強みになると信じ、数度にわたるサード・ポイントの要求をはねのけた。2014年10月、サード・ポイントは同社の株を売却し、「騒動」は終わりを告げた。

これは、単に「敵を撃退した」という話ではない。「長期視点に基づく経営」を評価してもらえる企業になるために、何を軸に据えるべきかの議論と、経営としての意思を固めることに、こうした大きなプレッシャーがウェイクアップコールになった、ということではないかと推察される。サード・ポイントとの議論を重ねることで、改めて自社の存在意義や、長期的な戦略を鍛える糧にすることができたのではないだろうか。

サード・ポイントとの議論が残したもの

この時期、ソニーは第4章でも述べた「Sony's Purpose & Values」のベースとなる「感動」を軸に据えたミッションの策定を始めている。長期的な時間軸で世界はどう変わっていくかを思索し、その中でソニーとして社会における存在意義をどう定義すべきか、を徹底的に考え抜いていた。平井氏の後を継いで社長兼CEOとなった吉田氏は、ソニーとして実現すべきパーパスを従業員とともに創り上げ、ソニーという多様な顧客や技術、人材などの経営資源を抱えるグループをパーパスという軸で束ねてシナジーを生み出すことに挑んでいた。今までにない新しいソニーならではのユニークな機会を創造していくことで企業価値を高めようと決めたのである。

また、ソニーがやるべき意味、同社ならではのユニークさ、存在意義がない事業や製品は、結局企業価値を生み出さず、毀損するだけである、ということを、厳しい構造改革の試練の時を経て学んだのではないかと考える。長年、同社の看板事業であったAV家電は、もはやそれ単体では新たな価値を生み出すことはできなくなっていた。そして、それらが新たな価値を生み出せるものに再生できないならば、経営資源の使い道を変える必要がある、という冷徹な判断が下された。

その象徴的な例が、ソニーによるVAIO売却であろう。企業として存続していくためには、正しいキャッシュフローの生み出し方へと方向転換することは避けられない。そして、そうでなければもはや投資家をはじめとするステークホルダーの支持は得られない、という深い理解が、同社の改革を推進し、投資家からの強い信頼感を生み出しているのではないだろうか。

それは、吉田CEOによる「2021年度経営方針説明会」のプレゼンテーションの中での「投資力向上が財務面で最も重要」という端的なメッセージからも見て取れる。

このように、経営方針説明会などにおいて、長期的な投資の重要性、長期視点での経営の価値をトップ自らが高い頻度で訴え続けることが、投資家のソニーの目指す経営への納得性、信頼感を生み出しているといえる。

ソニーにおいても、冒頭に掲げた、5つのポイントが実践されている。

①市場の客観的かつ正確な見立てと自社の現実への正しい直視

——OBたちも思い入れがあるAV事業は、もはやその技術力だけで優位性を発揮できる状況にないという現実の共有

②自社の経営資源が活きる新たな成長領域・必要能力と戦略シナリオの定義

——エンタメ事業を中心に事業を再編し、シナジーによって「ユーザーに感動を与える」ことを目的とした戦略の策定

③長期的な投資を許容される、短・中・長期でのキャッシュフローのつなぎ

——優良事業であったエンタメ事業や金融事業などでキャッシュを生み出しながら、新し

いコンセプトのサービス開発へ注力

④変化に適応し続けられる経営能力の獲得とカルチャー変革の必要性への認知

――ファウンダーの盛田氏からの学びとして「長期視点に基づく経営」がソニーの原点であることを再認識し、長期的なチャレンジの実行力を担保するのは、社員が共有するパーパスに支えられた企業文化であると明確化

⑤従業員と投資家への適切なタイミング・頻度でのコミュニケーション

――タウンミーティングをはじめとした高頻度の社内向けコミュニケーション。投資家に向けた毎年の年度方針説明会における、事業理念と戦略のフォーカスや進捗についてのトップ自らの訴求

結果、ソニーグループの株価は大きく上昇。さらに2022年2月1日、約4100億円を投じた米ゲーム開発のバンジー社の買収を発表した後も株価は大きく上昇するなど、ソニーの長期的な成長に向けた投資戦略に対する投資家の信頼感は高いといえる。

本章では、投資家マネジメントの重要性について述べてきた。富士フイルムやリクルート、ソニー同様、ユニ・チャームもこうした投資家ポートフォリオの入れ替えに成功している。

図表5-11　高まるグロース投資家の比率（ユニ・チャーム）

ユニ・チャームも、過去20年の中でグロース投資家の比率を高めてきた

Ownership styles — fund/institution only (%)

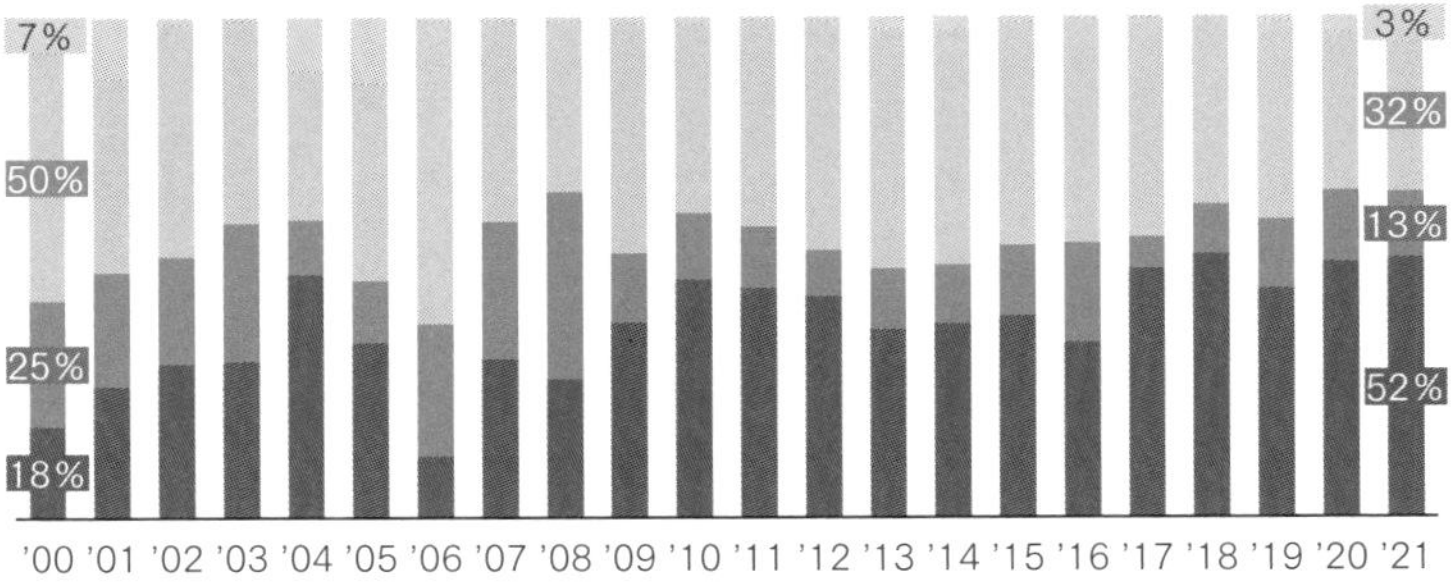

■ 投資哲学と投資基準による分類

インカム投資家
長期的な配当利回り収入を狙う。リスクに対して平均以上の利回りを得られる銘柄を探す

バリュー投資家
本源的な価値と比べて、実際の株価が下回っている銘柄を狙う。PER（株価収益率）15以下、または同業他社以下になると投資し、PERが平均を超えると撤退する

GARP投資家
グロースとバリューの要素を取り入れ、適正価格でキャピタルゲインと配当利回りのバランスを追求する

グロース投資家
市場でまだ十分に評価されていない急成長企業を狙う。トップラインの成長が12%以上のときに投資

Note: ファンドレベルでの分類。グラフは、トムソン・ワンで入手可能なデータに基づき、アクティブな投資スタイルを取る機関投資家の総保有額を示している。企業による保有や自社株、および個人投資家は含まない。各年本決算発表時点。
Source: Refinitiv; BCG ValueScience® Center

図表5－11に示す通り、2000年3月期には目先のバリューと配当に期待する投資家が6割を占めていたが、2021年3月期には成長に期待する投資家が65％を占めるまでになっている。こちらも、アジアなど新興国での持続的な成長に期待する投資家に高く評価されている様子が見て取れる。

長期時間軸のトランスフォーメーションを成功させるには、本章で述べた粘り強い投資家コミュニケーションによって、社外ステークホルダーの理解を深め、投資家ポートフォリオを少しずつ変えていくことが欠かせないのである。

第6章

変革へのモメンタムを生み出すリーダーシップ

変化への渇望感を生み出し、実行をドライブする組織へ

第6章では、組織に変化を促し、トランスフォーメーションの実行を推進するためのリーダーシップと変革をリードする推進チームのあり方について述べる。

リーダーシップの本質は、固定観念や古い考え方から脱却し、たゆまぬ変化や進化を志向する組織を創り上げることにある。つまり変革へのモメンタムを生み出すことこそが、リーダーに求められる役割となる。

筆者はこれまで、様々な経営者と議論を重ねてきた。同じような業界や企業体力であったにもかかわらず、適切なタイミングで意思決定をし、適切な手を打てるトップがいたかどうかが企業の存亡を分けた、というケースも数多く見てきた。変化のスピードと振れ幅が大きくなっている今、トップのリーダーシップの重要性がこれまでになく高まっていることを肌で感じている。

この章では、いかにリーダーシップを発揮すべきかについて、宅配便最大手のヤマトホールディングスが着手した経営構造改革を事例として解説したい。この大変革がどのようにキ

ックスタートしたのかを知れば、変革を推進するチェンジマネジメントをどうドライブさせるかのポイントが見えてくる。

ヤマトホールディングスはいかに変革を始動させたか

2020年1月23日、ヤマトホールディングスは「YAMATO NEXT100」と銘打った経営構造改革プランを発表した。『運送』から、『運創』へ」をキャッチフレーズに、社会や顧客のニーズに応える新たな物流のエコシステムを創出して、次の時代も豊かな社会の実現に貢献することを内外へ宣言したのである。

同社がプラン策定へ向けて始動したのは、これより9カ月前の2019年4月。それまでヤマト運輸の社長を務めていた長尾裕氏が、新たにホールディングスの社長に就任したタイミングである。

長尾社長は着任後ただちに、現状に対する強烈な危機感の共有と大変革に向けた役員間の意思固めに動き出した。5月からの2カ月間で、全2回のオフサイトミーティングと全9回の週次ミーティングを実施。前者にはグループの全役員が参加して終日議論し、後者にはグループのキーになる少数の役員が参加して、毎回1時間から1時間半ほどの討議を行った。長尾社長がすべてのミーティングに参加し、ミーティングに向けての事前準備をリードしたことは言うまでもない。

その目的は、徹底した集中議論によって役員間に危機感を醸成するとともに、構造改革推進に向けた覚悟を共有することにあった。長尾社長は役員たちの前で不退転の覚悟を強烈に打ち出し、一気に変革へのモメンタムを生み出したのである。これは同時に、新社長が強力なリーダーシップを確立した瞬間でもあった。

アマゾンの脅威が強烈な危機感を生んだ

長尾社長がそれほどまでに強い危機感を抱いたのは、物流の現場を担うヤマト運輸のトップとして実感値を持っていたからだ。

他のあらゆる業界と同様、物流業界にもディスラプターの脅威が迫っていた。特にヤマト運輸にとって大きかったのが、アマゾンの存在である。

ＥＣ需要の拡大により、アマゾンをはじめ各ＥＣ事業者の配送量が急増した。２０１７年、残業代未払い問題が発覚し、配達を担うドライバーたちの働き方改革を迫られた。これにより、同社は27年ぶりに配送料金の値上げに踏み切った。価格を上げ、宅急便の荷量をコントロールし、ドライバーが無理な残業をしなくても現場が回る構造に転換を図ったのである。

単価を上げたので短期的には収益が上がり、同社の株価も上昇した。一方で荷量を絞ることになり、その中にはアマゾンの宅配物が多く含まれていた。

ヤマト運輸に代わる配送の担い手を必要としたアマゾンは、デリバリーサービスプロバイダーと呼ばれる自社配送網を一気に拡大していく。しかも既存の運送業者とは違い、配送そのもので稼ぐ必要はない。利便性を提供して顧客を囲い込めば、将来的に本業のEC事業で投資を回収できる。ヤマト運輸とは経済モデルがまったく異なる別次元のプレイヤーであり、圧倒的な価格優位性を築くことが可能だった。

しかも既存の手法やルールに縛られないため、アマゾンは首都圏や政令指定都市など配送の面密度の高いエリアを中心に、圧倒的なスピードで配送エリアを拡大していった。さらにテクノロジー企業としてあらゆるデータを徹底活用し、従来の配送業者には実現できないデータ活用による顧客体験を提供するとともに、高い生産性と低コスト化を実現することも可能だった。

ヤマト運輸にとって、かつてのライバルたちとは比較にならないデジタル・ケイパビリティを武器にしたディスラプターが誕生してしまったのだ。

長尾社長は、この脅威をいち早く認識していた。その一方で、今後も長期にわたる成長が確実なＥＣ領域には、大きなチャンスがあることも冷静に見極めていた。

それに対し、ホールディングスの役員でこの脅威を深刻な危機として認識している人はごく一部だった。環境変化があるとはいえ、自分たちが国内ナンバーワンであることに変わりはなく、長年にわたり培ってきたどこよりも優れたネットワークを維持し続けている、というのが社内の認識だった。まさに第５章で述べた５つのポイントの①「市場の客観的かつ正確な見立てと自社の現実への正しい直視」が欠けていた状態であったといえる。

よって長尾社長は、まずは自社が置かれた状況について役員たちと共通認識を作らなければ、何も始まらないと考えた。だからホールディングスの社長に就任すると、即座に現場をリードする役員達に強烈な危機感と変革への決意を示し、トランスフォーメーションの実行に向けて迅速に動き出したのである。

３つの戦略テーマを設定し、推進体制を確立

役員たちと危機意識の共有および構造改革推進への合意形成を図ったのち、長尾社長はすぐさま次のステップへ移行した。経営参謀と推進メンバーを集めた検討チームを立ち上げ、「ＹＡＭＡＴＯ ＮＥＸＴ１００」につながる経営構造改革プランの策定を、このリーダーシップチームと一緒に推進したのである。

2カ月間にわたる役員の集中討議により、グループとして取り組むべき様々な課題と論点が洗い出されていた。それをアジェンダとしてセットするのが参謀チームに与えられた役割である。トップ主導で変革推進の専門部隊を作り、集中的に計画立案に取り組むことで、非常に難度の高いトランスフォーメーションの実行プランを、新社長就任からわずか半年でまとめ上げることを可能としたのだ。

短期間で一気呵成に物事が進んだポイントは、次の2点について役員合意のもとで明確に定義し、推進体制を固めたことにある。

まず、「短中期戦略」「中長期戦略」「インフラ整備」の3カテゴリーでアジェンダを洗い出し、自社が取り組むべき課題について、「短中期的な利益創出」「中長期的な成長戦略」の2つのテーマに仕分け、さらに変革を支える「インフラ整備」を加えた3つのテーマを2カ月の集中討議を経て一気にセットした。これが1つ目のポイントである。

繰り返し述べてきたように、短期的に利益を生み出し、それを将来の成長に投資するという組み立てがあってこそ、時間軸のトランスフォーメーションを始動できる。さらに実行段階においては、組織・ガバナンス、人事・カルチャーの改革をはじめ、物流ネットワークの効率化・再構築や業務プロセス改革、IT・デジタル・データ基盤の再構築など、変革を下支えするインフラ整備も欠かせない。

図表6-1　3つの戦略テーマを設定し、推進体制を確立

経営構造改革で取り組む13の領域

ヤマトグループの経営全般に及ぶ広範囲に設定し、経営構造の抜本的な改革を行う

短中期的な利益創出

中長期的な成長戦略

❶ デリバリー領域の構造改革
- 1-a 既存モデルの収益最大化
- 1-b 物流オペレーションの効率化
- 1-c リテール事業の組織設計
- 1-d 新配送サービスの早期立ち上げ
- 1-e データ活用による機能革新
- 1-f 徹底した機械化による機能革新

❷ 過去の新規事業創出活動の整理・統廃合

❸ 海外でのデリバリー事業の見直し

❹ グローバル法人事業の確立

❺ EC領域における新しい物流インフラの創造

❻ 法人向け物流事業の確立

インフラ整備

❼ 物流ネットワークの効率化/再構築

❽ CX（顧客体験）戦略の策定

❾ グループ業務プロセス改革

❿ IT/デジタル、データ基盤の再構築

⓫ 組織/ガバナンス改革

⓬ 人事・風土改革

⓭ サステナビリティの取り組み

Source: ヤマトホールディングスIR資料「YAMATO NEXT100」より

最終的に発表された「YAMATO NEXT100」では、「経営構造改革で取り組む13の領域」として、取り組むべき課題を経営全般におよぶ広範囲に設定している（図表6－1）。経営構造の抜本的な改革に向けてやるべきことは多いが、それを早い段階で3つのテーマに仕分けて整理したことが、改革プランを短期間で立案する推進力となった。

2つ目のポイントが、「戦時」における全社経営構造改革の推進体制を組成したことだ。3つのテーマを並行して検討し、一気にまとめ上げるには、通常の経営会議やラインとは別のトランスフォーメーションの推進体制が必要となる。会社の経営のあり方を根底から変える大改革に打って出るのだから、これはいわば戦時であり、平時の体制による議論・実行・軌道修正のスピード感では物事が進まない。

そこで役員の集中討議が終了した直後の7月、新たな検討チームとなる推進体制を立ち上げた。これは実行プランにおける目標やKPI、マイルストンの設定、およびそれらを踏まえたロードマップの設計を進めて、経営構造改革を実行するための組織体制を確立することを目的としている。

この推進体制が機能した要因は3つある。

・意思決定ボードとなるステアリング・コミッティの設置

各部門の間をつなぎ、実行していく内容をスピーディに意思決定するため、社長を含む経営層によるステアリング・コミッティを組成。各分科会の方向性を経営判断し、整合性を担保しながら全体を統合して、推進体制をリードする役割を担う。

最終的には取締役会の承認が必要になるために、外部の視点も含めて十分にインパクトがあり、かつ実行性における説明力の高い、全体の整合性が取れたものに仕上げていく必要がある。参謀チームによるアクティブな事務局機能とその役割を果たせるメンバーの選定は極めて重要なものである。

・分科会の設置とリーダー・メンバーの任命

13の領域にわたるテーマについて、現場を熟知したメンバーを中心とした分科会を設置。責任を持って推進できるリーダーとメンバーを任命し、週1回から月1回の頻度で検討や議論を行う。現場の実情やすでに取り掛かっているテーマとの整合性をとって統廃合したり、現場での実行性を担保するために、キーになるマネジメント層のコミットメントを獲得できる具体案の検討や議論の叩き台の策定をリードし、最終的にステアリング・コミッティで決まったことを、関連するライン部門に落とし込んでいく役割を担う必要がある。

・参謀チームとしてプロジェクト・マネジメント・オフィス（ＰＭＯ）の設置

意思決定ボードであるステアリング・コミッティと現場のリアリティを押さえている分科会との間をつなぐ参謀チームとして、ＰＭＯを設置。分科会から上がる内容のチェックや進捗確認を行い、分科会メンバーと共同で課題解決にあたることで、質が高くタイムリーな意思決定をサポートする。そして、ステアリング・コミッティで議論すべき毎回のアジェンダをトップと相談しながら決め、議論し意思決定できる材料を組み立てる役割を担う（図表6－2）。

各分科会のテーマは部門間にまたがるものがほとんどなので、部門間で起きるコンフリクトをどう解消し、折り合いをつけていくのか、の調整役も担う必要がある。さらには、経営会議や取締役会にかける材料作りもこの参謀チームが担うことになる。

分科会のリーダーやメンバーは兼務が多いが、ＰＭＯは専任メンバーで組成する必要がある。ヤマトの場合は社内で影響力を持つ構造改革担当役員が主導し、そこに少数精鋭のメンバーを集約し、難しい調整や課題解決を強力にリードした。

こうして平時とは別のトランスフォーメーション体制を作り、それぞれのテーマや課題について迅速な意思決定を重ねた結果、２０２０年1月23日に経営構造改革プランとして「ＹＡＭＡＴＯ ＮＥＸＴ１００」の発表に至ったのである（図表6－3）。

図表6-2　参謀チームとしてプロジェクト・マネジメント・オフィス（PMO）の設置

全社経営構造改革の推進体制

X月末までに目標（定量・定性）、打ち手の玉・KPI、マイルストン、それらを踏まえたロードマップの設計を進め、X月以降の推進体制を確立していく

■ 推進体制

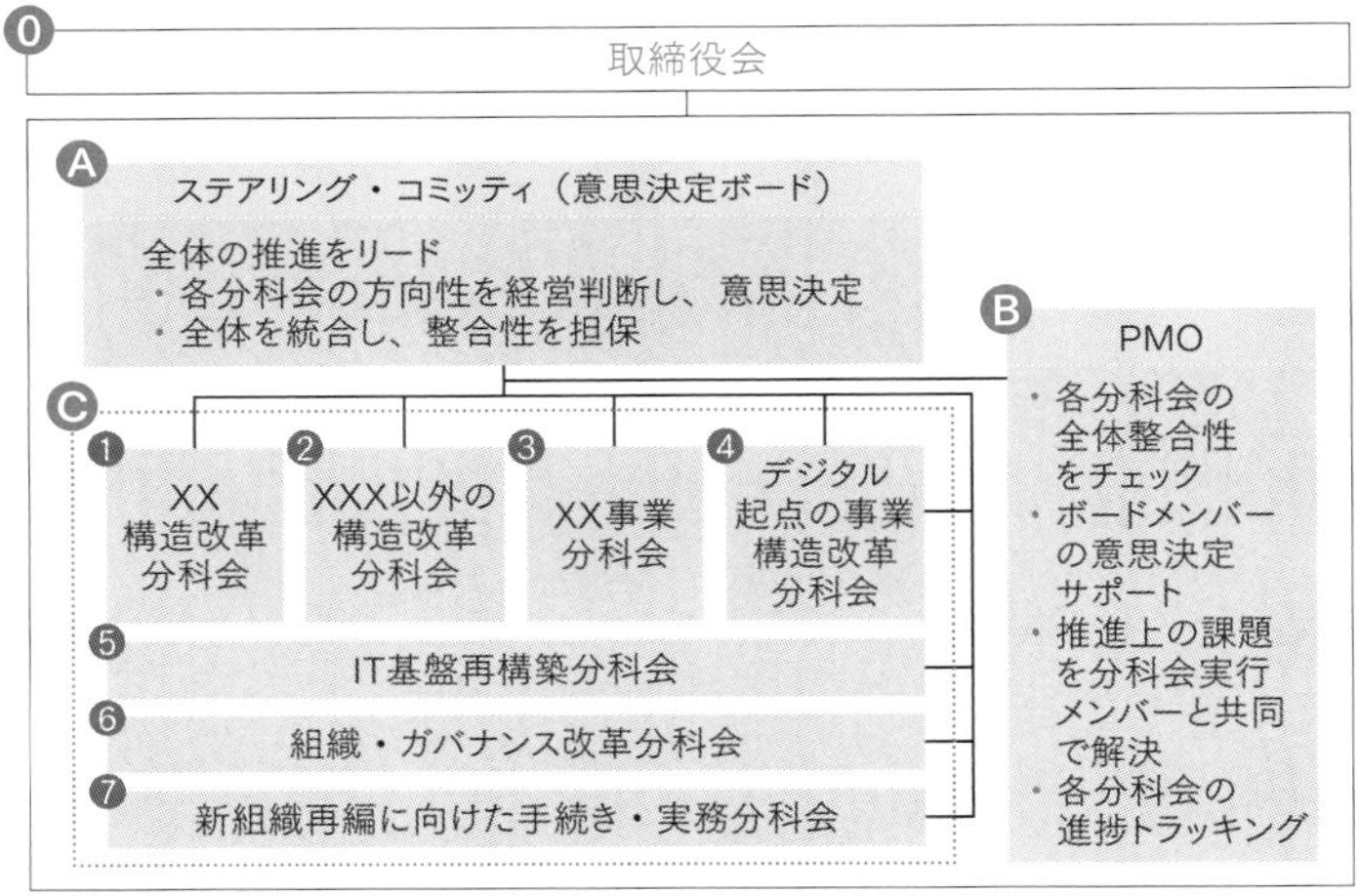

■ 会議体のイメージ

	メンバー	頻度	アジェンダ
0	社内外取締役	スケジュールに基づき実施 ・必要に応じて臨時開催	協議・ 意思決定
A	XX社長 XX副社長、XX副社長 XX構造改革担当役員 XX経営企画担当役員	隔週 ・取締役会前等、マイルストンに応じて適宜追加	協議・ 意思決定
B	XX社長 構造改革担当役員 PMO	週1～2回	進捗のモニタリング、目詰まり解消の打ち手議論（A～C）
C	分科会リーダー 分科会メンバー	週1回から月1回 ・分科会毎に頻度を設定 ・検討状況に応じて調整	

図表6-3　新たな組織体制に変革（2021年1月29日ニュースリリースから）

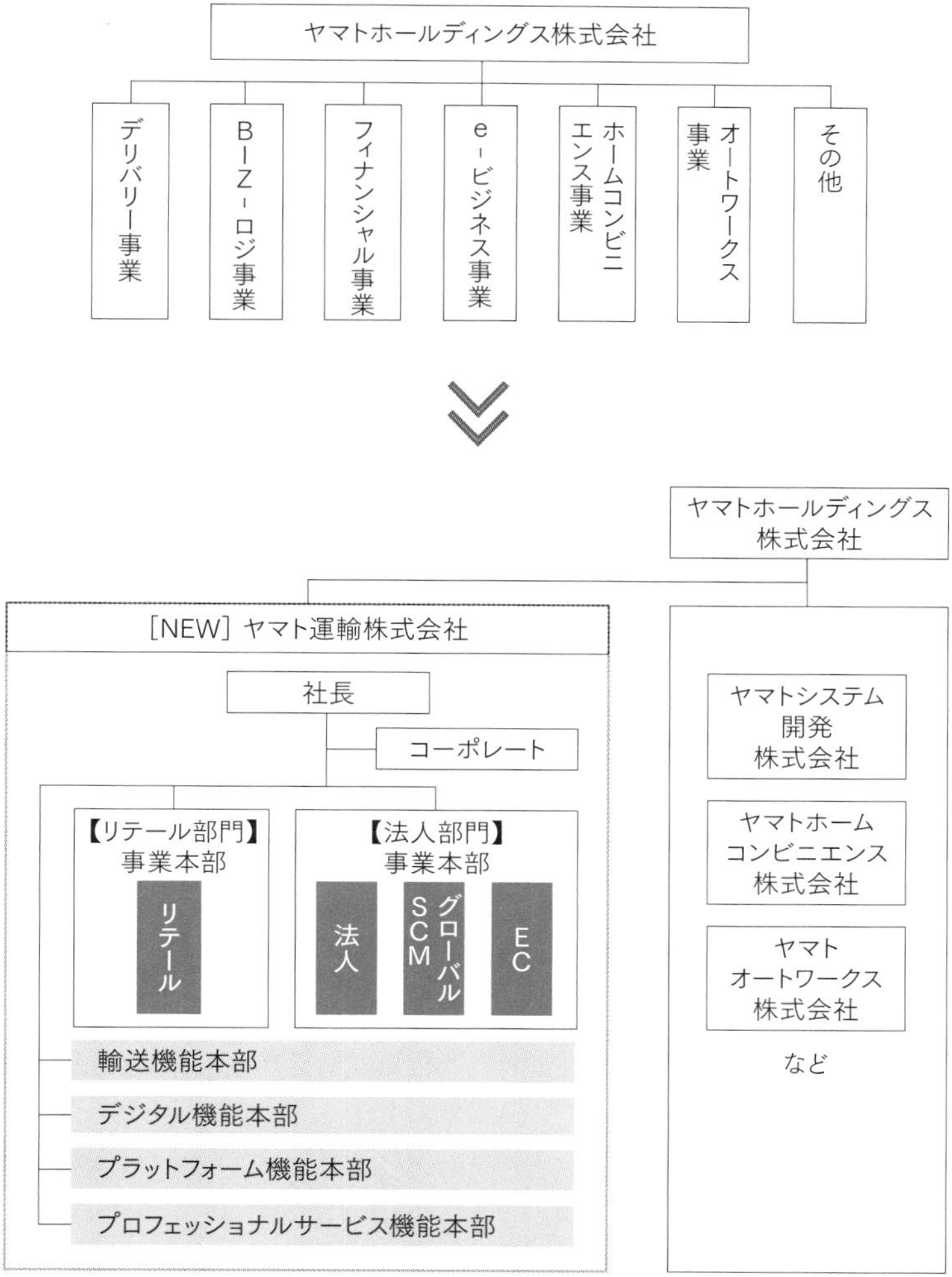

同時に、変革の実現に最適な新しいグループ組織体制およびガバナンス体制に移行することを社内外に宣言。変革のモメンタムを維持し、動きだした大きな流れを止めないために、この新体制を同年の4月から疑似的に始動させた。そして翌2021年4月1日より、実務的な手続きを終えて、実質的な組織・ガバナンス体制に移行し、経営構造改革プランが各組織のミッションとして引き継がれることとなった。

翌年にはワンヤマトをさらに推進させるために、もう一段の組織・ガバナンス変革を行った。これによって、現在から将来にわたって変革のサイクルが回り続ける構造が確立したのである。

組織変革をスタートさせるための6つのポイント

ヤマトホールディングスの事例における6つのポイント

ヤマトホールディングスの事例から、トランスフォーメーションを適切にスタートさせるためのリーダーシップおよび推進メンバーについて貴重な学びが得られる。その要件を改めてまとめたい。

①まずは何と言っても、強い危機感と変革意欲を持ったトップの存在が重要

②次に、トップを支える参謀役とチームメンバーの選定、実質的な変革プランを策定し、実行の責任を担う、ラインへの強い影響力のある適切なタスクフォースと各チームの責任者とメンバーを任命

③トップ、PMO、タスクフォースのコアチームメンバーが徹底的に議論を重ね、一枚岩で当事者意識とオーナーシップを持って変革のビジョンと実行プランを策定し、実行への道筋をつける

④一気呵成に具体的なトランスフォーメーションの戦略シナリオを描き、社内外に示す

⑤戦略シナリオと変革プランを実行に移すために最適な組織体制への再編に手を付ける

⑥変革の推進では、参謀チームと各タスクフォースの推進責任者と現場を実質的に動かす各部門のリーダーが要となる。このミドルクラスが長期にわたる変革を紡いでいくカギとなる

6番目のポイントについて、解説を加えておきたい。

第1章で述べたように、長い時間軸のトランスフォーメーションを実現するには、「リーダー・経営参謀・現場リーダー」がチームを組んでリーダーシップを発揮することが必要だ。くわしくは拙著『プロフェッショナル経営参謀』をお読みいただきたいが、経営参謀の役割とは、変化や危機の兆しを拾い上げ、それを経営層に直言し、経営のアジェンダとして適切にセットすることである。自社の付加価値に対する顧客の認識の変化や、現場における危機の予兆をいち早く捉え、議論すべき課題と論点を見立てて、経営層に突きつける。それにより、今本当に議論すべきテーマについてリーダーに意思決定を促していくのは、経営参謀が果たすべき重要な仕事である。

そしてひとたび変革が始動すると、現場リーダーの存在が大きなカギを握る。経営層や参謀チームと危機感を共有し、長期にわたる困難なチャレンジを自分ごととして受け止め、オーナーシップを持って経営と現場をつなぐことのできる現場リーダーをアサインできれば、変化を推進する大きな駆動力となる。

危機感と変革意識に基づく強いリーダーシップを備えたトップの存在はもちろんのこと、実際の改革はそれを支える経営参謀と現場リーダーがいてこそ始動できるのであり、この3者による最適な組み合わせなしに企業をトランスフォームすることはできない。

リーダー・経営参謀・現場リーダーが連携し、一つのリーダーシップチームとして機能することが、長期のトランスフォーメーションを実現させる条件となる。

リクルートの事例における6つのポイント

この6つの要件は、他のトランスフォーメーションを成功させた企業にも当てはまる。本書でたびたび事例を紹介したリクルートも同様である。

①リクルートも歴代のトップが強い危機感を持って変革をリードした。中でもグローバル化、ITカンパニーへの変革を牽引した峰岸真澄氏は、社長就任前の経営企画トップの時代から経営層と海外戦略について徹底的に議論し、現状への危機感を共有したことは第2章で紹介した通りである。

②峰岸氏が社長に就任した2012年に持株会社へ移行し、危機感を共有した「新経営層」がコアチームとしてトランスフォーメーションを推進することとなった。

③新経営層は経営会議の時間を大幅に増やし、グローバル化やそのためのM&A戦略など将来の価値創造につながる議論に集中。逆に既存事業の経営は事業サイドに大胆に権限委譲し、コーポレートが取り組むべき長期の成長アジェンダにフォーカスし、「2020年にHRでグローバルナンバーワンになる」というチャンレジングで明確な長期ビジ

ョンを掲げた。

④ビジョン実現に向けて、自社が長期的に成長していくためのポートフォリオ戦略を構築。まずは、HR領域で2020年までにグローバルナンバーワンになるというとてつもなく高い目標を実現するための大きな戦略と道筋を描いた。

⑤組織をミッションの異なる事業単位で切り分け、3つのSBUに再編。既存事業で稼いだキャッシュを将来の成長領域であるHRテクノロジーに投資するための体制を整備するとともに、それぞれのミッションに適合した経営指標をセットし、その推進を各SBUのリーダーに任せた。

⑥圧倒的な当事者意識を持って、コーポレートレベルの長期戦略と実現のシナリオ構築をリードできる経営参謀チームと、事業戦略としての具体化や変革の実行を主導できる優れた現場リーダーを見出した。それによって高い危機感や変化への渇望感、実現への強い意志を持ったチームを組成できたことが、リクルートの長期にわたるトランスフォーメーションの推進力を作り上げた。

ユニ・チャームの事例におけるポイント

ユニ・チャームにおいても、現場での推進の要となる若手リーダー層を一つのチームとして組成して、長期のグローバル戦略を立案・実行させた。経営企画部門がPMOとしての参謀役を果たし、各部門のミドルクラスの現場リーダー層がワンチームとして、長期ビジョン、長期戦略立案や実現のシナリオ作りを、自らのオーナーシップで行い、実行まで主導したのである。

実行においては、長期戦略に基づく全社最適の視点を各人が持ちながら、その視点を上位概念に、各人がそれぞれの部門でやるべきことの定義、そして実行責任までを持たせた。これによって、全体ビジョンと実現のための戦略立案、そして各現場でのプランと実行までを自分事としてやり通し、長期のトランスフォーメーションの実現に魂を吹き込んだ。

そして十数年の時を経て、いまやそのコアメンバーの多くは執行役員となり、ユニ・チャームの経営を支える幹部となっている。

経営の視点と現場の視点を持ちながら、「経営力×現場力」で、現場の知恵を経営に活かし、経営の視点を現場が学ぶ。まるで振り子のように、現場の社員と経営陣が情報を共有し、共に目標に向かって進んでいく「共振の経営」というバリューを深く組織に浸透させていくことにより、長期にわたる成長の原動力を生み出せる企業文化を創り上げていった。

長期にわたるトランスフォーメーションにおいては、トップがビジョンを明確にし、変革

図表6-4 "ミドル・アップダウン"のマネジメントとは組織全体に知識創造を広めるのためのマネジメント・プロセス

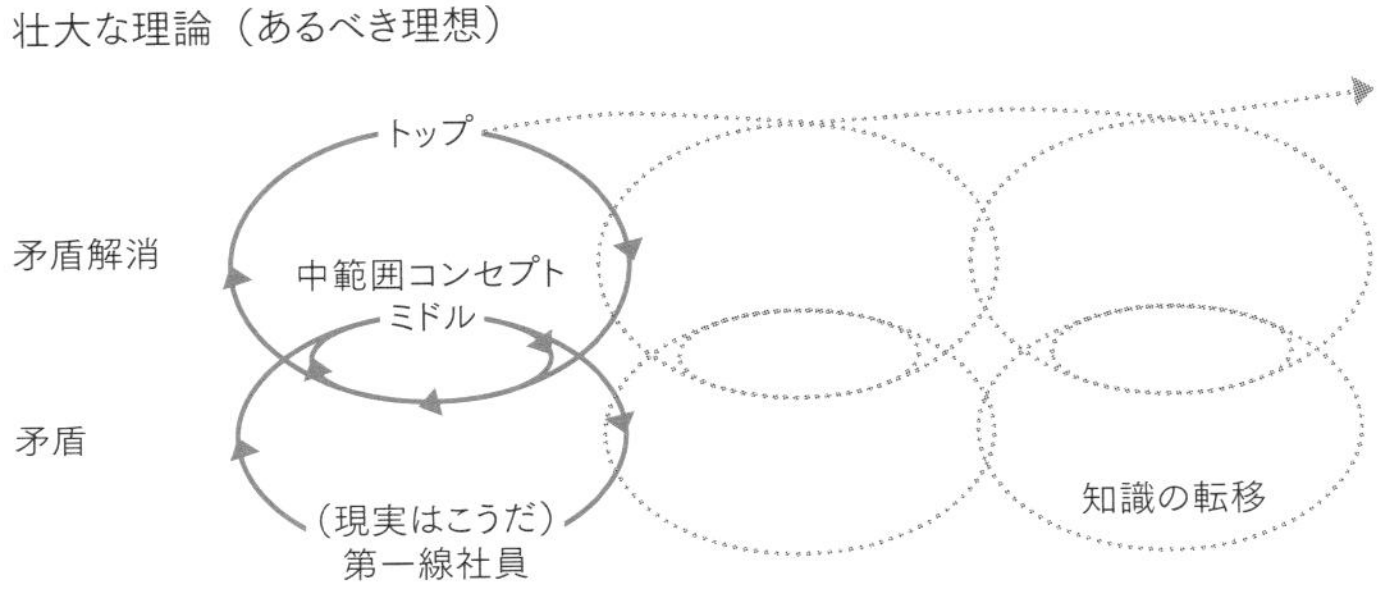

ミドル・アップダウン・モデルでは、トップはビジョンや夢を描くが、ミドルは第一線の社員が理解でき実行に移せるようなもっと具体的なコンセプトを創り出す
ミドルは、トップが作りたいと願っているものと現実世界にあるものとの矛盾を解決しようと努力する

Source:『知識創造企業』（野中郁次郎 ＋竹内弘高、東洋経済）

を牽引していくことが大切だ、ということは論をまたない。しかし、創業者は別として、一般の企業でトップがトップでいられる期間は、それほど長くはない。「自分の任期の間の業績が良ければいい」というようなトップは論外としても、自分がリーダーとしての役割を終えたあとにも、次世代にどう変革を受け継いでいくのかまでを見据えておかなければ、本当の意味で長期の時間軸のトランスフォーメーションを実現できた、とはいえないのである。

何度も述べているように、ここで次のトップを担う経営参謀チームや現場のリーダーの役割が重要になる。長期の変革のアイデアや市場の反応を的確に捉えて経営層にフィードバックし、トップと共に戦略を組み直していく。そしてそれを俊敏に現場に伝えて実行する。野中郁次郎氏が提唱する「知識創造企業におけるミドル・アップダウン」を引き出す組織構造が重要となってくるのである（図表6－4）。

「組織の自己革新のためのチェンジ・エージェントとしてミドル・マネジメントは利用される可能性が高い。そして、質の高い知識が組織に生成されるかどうかもまた、ミドルの統合能力に大きく依存するのである」

「トップが語る夢とロアーが直面する現実との間に立ち、両者の間の矛盾を発展的に解消すべく、新たな知識を創造し、上下左右を巻き込んでそれを具現化していく。こうした創造的集団の牽引者としてのミドル・マネジメントは管理者というよりは企業家型であり、集団による創造過程において重要なリーダーシップを発揮する」

（野中郁次郎『知識創造の経営』日本経済新聞出版より）

AGCの「両利きの経営」

1907年に創業した「旭硝子」は、2018年に「AGC」に社名変更を行った。企業CMなどのイメージ戦略を積極的に展開し、BtoB企業でありながら、多くの、特に若い一般消費者を中心に、社名変更およびガラスの会社から素材の会社へトランスフォーメーションしたことをうまく訴求し、認知度、好感度を高めることに成功した。同社は、「両利きの経営」を実践した組織として、チャールズ・オライリー／ウリケ・シェーデ著の『両利きの組織をつくる』にもケーススタディとして取り上げられている。ＡＧＣのウェブサイトやメディアに掲載されている同社の取り組みについて、ここで簡単にご紹介したい。

２０１０年〜２０１４年、リーマンショックを受けた需要の鈍化と競合企業の生産能力向上により、ディスプレー用液晶ガラスの収益は急減速。４期連続営業減益となった。当時は液晶ガラスを含む電子事業が連結営業利益の８割強を占めており、景気の影響を受けやすい収益体質であった。このころ、社内には内向きマインドが蔓延し、従業員のエンゲージメントも芳しくなかったという。

２０１５年に社長に就任した島村琢哉氏は、ＣＦＯの宮地伸二氏、ＣＴＯの平井良典氏とともに経営チームを組成し、「会社のカルチャーを変えていこう」と話し合い、長期的なトランスフォーメーションに着手した。

経営チームは、ディスプレーガラスを安定収益基盤と位置づけ、そこで稼ぎ出したキャッシュをライフサイエンスやエレクトロニクス素材などの戦略分野に投資するとの方針を打ち出した。「ガラスの会社」から「新しい素材を開発することで、ソリューションを提供する会社」への変革を宣言したのである。

会社の体質や考え方を大きく転換するのであるから、社内では様々な軋轢《あつれき》もあったという。島村氏は当時、年間で国内外50カ所以上の拠点を回り、150回を超えるミーティングを行って、自ら変革の必要性について訴え続けたという。

日経ビジネスの記事によると、「改革の担い手となったのが、現場のミドルクラスにあたる事業長たちだ。2016年の経営計画発表までの半年から1年間、毎週土曜日に現場の20～30人ほどの事業長たちを集め、『2025年までにありたいAGCの姿』をテーマとした会議を開催した」と語っている。

一方で、島村氏には会社はトップダウンだけでは成長しない、との考えもあった。全世代が自律的に、熱意を持って行動しなければ、持続的な成長は実現できない。こうしたボトムアップとトップダウンの両方を実現するため、AGCの経営チームは「ネズミの通れる穴をつくる」ことを行った。現場の技術者たちが自在に他部署を行き来できるように、交流可能な仕組みをトップがサポートしたのである。

さらに、AGCが重視したのが、既存事業と新規事業の2つの特性に応じた組織能力を併存させる「組織カルチャーのマネジメント」である。同社はまず、ナドラーとタッシュマンが1977年に提唱した「コングルエンス・モデル」のフレームワークを活用して①KSF、②人材、③組織カルチャー、④公式の組織――という4つの要素をフィットさせることで、組織内のアラインメントをとり、組織能力を発揮する、というコンセプトを確立。戦略事業とコア事業、それぞれのアラインメントを再構築することに取り組んだ。

そして、従業員のやる気を取り戻し、内向き思考を克服するために、以下のような施策を実施した。

・グループ全従業員を対象とする表彰制度「CEOアワード」を開催し、新たな挑戦をする風土を育む
・事業ごとのサイロ化を防ぐため、組織を横断した勉強会や見学会を開催。事業を超えた新たな連携やコミュニティが生まれており、こうした有志団体には約1000名の社員が参加している
・2015年より、グローバルで行われる経営層と若手従業員との対話会を頻繁に開催し(2019年は120回)、互いの信頼関係を構築している

こうした施策の積み重ねにより、会社へのエンゲージメントは大きく改善。多様な人材が一体感を持ちながら、新たなことにチャレンジする企業風土を作り上げた。

こうして長期ビジョンに掲げられた戦略領域の事業は、順調に成果を上げつつある。

２０２０年1～3月期、コロナ禍でガラス市況が急速に悪化した際には、競合のガラスメーカーが軒並み減益となる中、景気に左右されにくいバイオ医薬品を含む化学品事業が収益を下支えし、営業増益を達成した。２０１８年度に発表した中期経営計画では、２０２０年度の戦略事業の営業利益目標を４００億円とおいていたが、実際には10％以上上回る４４４億円を達成。全社の営業利益の６割近くを戦略事業が担ったという。

２０２１年1月からは、平井氏が社長に就任し、長期のトランスフォーメーションの取り組みを引き継いで、さらに先を見据えた変革に着手している。両利きの経営をさらに進化させる「２０３０年のありたい姿」を２０２１年に公表し、社会的価値と経済的価値を両立する事業ポートフォリオ変革を進めている。

リーダーシップの源泉は「高潔さ」「愛情」「思い」

最後に、「何がリーダーシップの源泉か」について、私の考えを述べたい。

コンサルタントとして企業の長期的なトランスフォーメーションをリードし、成し遂げてきた数多くの経営者に接する機会から、リーダーシップの源泉が権力や権威などではないこ

図表6-5　マネジメントの責任

1.「われわれの事業は何か」を問うことこそ、トップマネジメントの責任。それを真剣に問うべきは、むしろ成功しているとき

2. 組織の目を、問題ではなく機会に向けさせること。機会にエネルギーを集中させることで、組織を興奮、挑戦、満足感で満たすこと

3. 人の強みを生産性に結びつけ、弱みを中和すること。人のマネジメントとは、人の強みを発揮させること

4. 基準を設定する役割、すなわち組織全体の規範を定める役割を果たすこと。主たる活動分野において、ビジョンと価値基準を設定すること

5. 組織を作り上げ、それを維持する役割。明日のための人材、特に明日のトップマネジメントを育成し、組織の精神を作り上げること

6. 重大な危機に際しては、自ら出動するという役割、著しく悪化した問題に取り組むという役割を果たすこと

7. トップマネジメントはチームであり、そのリーダーはキャプテンであり、ボスではない。トップマネジメントの仕事は、意思疎通に精力的に取り組むことが要求される

Source: ピーター・ドラッカーの『マネジメント』から筆者が抽出してまとめ

とを確信している。

特に前述のミドル・アップダウンで現場のアイデアと熱意を引き出し、変革への動機づけを組織に植え付けるためには、権力や権威を振りかざしても通用しない。次世代に長期のトランスフォーメーションをつないでいくためにも、一握りのトップ層のカリスマ性やリーダーシップに頼っているだけでは、決して世代をまたいだオーナーシップやコミットメント、あるいは変化を渇望し未来を創ることへの強いアスピレーションを引き出すことはできない。

ピーター・ドラッカー氏の著書『マネジメント』の中で述べている「マネジメントの責任」についての言葉を借りれ

ば、図表6－5のように要約できると考える。

常にたゆまぬ変化を志向する組織にするためには、組織を束ね、統率し、目指すゴールへ向かって人を動かしていくことが重要となる。ただしそれは、絶対君主になることでも、独裁者になることでもない。むしろ権力や権威をベースとした絶対服従的なリーダーシップでは、一つの目標達成に向けて組織が持続的に前進していく力にはならない。かといって、誰もが楽しく、和気あいあいとした仲良しクラブを創り上げることがリーダーシップかといえば、それも疑問である。

物事には必ず表と裏があり、それに伴うトレードオフがある。永続できる企業であるためには、たとえ個人の考えとは完全に一致しなくても、組織として実現しなければいけない目標もある。だからこそリーダーシップを発揮することは難しく、またリーダー自身も何を指針とすべきかについて悩むことも多いだろう。

私が考えるリーダーシップの源泉は、次の3つに集約される。それは「高潔さ」「愛情」「思い」である。

リーダーは私利私欲や自分の出世、自己愛からではなく、「それが本当に組織や仲間にとっていいことなのか」で判断できる高潔な心を持つことが重要である。それはすなわち、組織を深く愛する気持ちであり、組織に属することへのプライドに根付いた感情でもある。そして高潔さや愛情の根底にあるのは、次世代に素晴らしい資産（レガシー）を残したい、社員たちが先達に対して素直な感謝の念が持てる組織を引き継ぎたいという強い思いだ。

リーダーがこの3つを大切にすることが、結果的に人々の共感や尊敬を生み、組織を動かす力として作用する。権力や権威に頼らず、自分の内側にあるものを源泉とするリーダーがもっと増えていくことを期待したい。

終　章

時間軸のトランスフォーメーション始動のタイミング

本書で解説してきたように、「10年時間軸のトランスフォーメーション」は長く困難なジャーニーである。決して容易にはいかないことがわかっているからこそ、なかなか一歩を踏み出すことができない。「変わらなければいけない」と頭ではわかっていても、実際に動き出せないのは、始動するタイミングをつかめない、あるいは踏ん切りがつかないという理由が大きい。

そこで最後を締めくくるアドバイスとして、トランスフォーメーションを始動するタイミングについて述べたい。次に挙げるような事象を、変革へのモメンタムを高めるきっかけとしてうまく活用するといいだろう。

・新しいリーダーの誕生、あるいはリーダーシップ構造の変革

多くの場合、リーダーやそれに連なる組織・メンバーが変わるタイミングは、新しいスタートを切るのに最適なタイミングとなる。

・コア事業を支える「読める市場」がシュリンクする脅威

既存事業のマーケットは先が読めるので、将来的な縮小リスクをかなりの確度で見通せるし、組織内でも脅威に対するコンセンサスを得やすい。自社を支える事業がシュリンクして

いく脅威をバネに変えれば、変革への一歩を踏み出せる。

・ディスラプターの登場と脅威

まったくの異業種から参入し、既存の手法やルールに縛られないディスラプターの登場は、自分たちとは異質な存在だからこそ脅威として認識しやすい。この脅威を経営層に突きつけることが、変革へと動き出すきっかけとして作用する。

・スローだが長く訪れつつある潜在市場の存在への気づき

少子高齢化やデジタル技術革新による限界費用ゼロ社会のように、「非常にゆっくりとした変化だが、確実に来る世界」への気づきをきっかけにするのもいい。いずれやって来る世界は、自社にとってチャンスなのか、脅威なのか。いずれの場合も、変革に踏み切る大義名分となる。

・大きな社会的ショックの発生

ＩＴバブルの崩壊やリーマンショック、東日本大震災やコロナ禍など、この20年だけでも未曾有の危機と呼ばれる社会的ショックが幾度も発生した。もちろん社会に与えるダメージは大きいが、視点を変えれば既存の仕組みや固定観念を覆すいい機会になる。これを自社が変わる好機と捉えれば、変革への大きな推進力にできる。

・何らかの変化、またはその兆しが見え始めたとき
世の中の変化やその兆しが見え始めたときに、それを可視化して皆で共有できれば、変革へのモメンタムを高めるきっかけになる。

このようにトランスフォーメーション始動のきっかけは様々ある。だが結局のところ、これらのタイミングを活かせるかどうかは、経営層の危機感と変化への渇望感と未来を創ることへのアスピレーションの大きさがどの程度あるかで決まる。経営参謀や次世代を支えるミドル、若手層が、これらの感覚を経営層の間で醸成するためのシナリオを描き、トップ層に働きかけていくことも重要となる。

いずれにせよ、最終的に決断するのはトップである。自社の未来を創り出すため、あえて困難な旅に乗り出す覚悟と胆力があれば、トランスフォーメーション始動のタイミングはおのずと決まるはずだ。

変化の兆しを察知し、自社への危機を読み、機敏に対応すること、さらには、変化から機会を創造し、それによって自らを飛躍させること。

「長期の時間軸で自社の変革を実現するトランスフォーメーション」の成功には、どんなに素晴らしい戦略が策定されても不十分で、不可欠なのは、それをドライブする人材、組織能力、カルチャーの変革である。

トランスフォーメーションの実現には、ミドルマネジメントが組織全体の要として、自らの役割と変革すべき要素を体系的に理解できていることがカギとなる。

本書が時間軸のトランスフォーメーションに対する理解を深め、日本のリーダーたちが未来へ向かって旅立つ後押しになれば、著者としてこれほど嬉しいことはない。

現代においてもっとも重要な組織能力は、自ら未来を創造する構想力と変化に対する受容力である。

謝辞

経営者が長期の時間軸を見据えて大きな変革にチャレンジする姿を、経営コンサルタントとして30年近く間近で拝見してきた。特にパートナーとなってからの20数年は、思い出深い経験が多い。その間に、筆舌に尽くせないほどの多くの貴重な知見と知恵と深い気付きをクライアントである企業のトップやプロジェクトメンバー、そしてボストン コンサルティング グループ（ＢＣＧ）のコンサルタントやスタッフからいただいた。

さらに、２０２０年から早稲田大学ビジネススクールで教鞭をとる中で、今回著作としてまとめた長期トランスフォーメーションの戦略についての講義をずっと行ってきた。その講義での受講生たちとのディスカッションを通じて、徐々に著作の核となるフレームが固まっていったと感じている。

すべての方々の名前を記して謝辞を申し上げることはできないが、特に今回の著作に大きな影響を与えてくれた方々に、お名前を期して感謝の念をお伝えしたい。

まずは、本書の中で、数々の引用をベースに事例として取り上げさせていただき、たびたびお名前も拝借した方々に、記して謝意を申し上げたい（本書の記述順）。

リクルートホールディングスの峰岸真澄氏・池内省五氏、ユニ・チャームの高原豪久氏、ソニーグループの吉田憲一郎氏、富士フイルムホールディングスの古森重隆氏、ヤマトホールディングスの長尾裕氏、ＡＧＣの宮地伸二氏

それ以外にも、本当に多くの経営者や変革リーダーたちとの本気のぶつかり合いがあったからこそ生

まれたコンセプトであり、フレームワークである。この機会を借りて深くお礼申し上げたい。

そして、ＢＣＧの同僚であり、一緒に戦ってきた仲間であるパートナーの皆さんである。特に名前を上げさせていただきたいのは、市川博久、荻原英吾、加来一郎、苅田修、木山聡、坂上隆二、桜井一正、繁田健、高部陽平、竹内達也、内藤純、丹羽恵久、長谷川真紀、服部奨、平井陽一朗、藤本浩史、森田章、JT Hsu（敬称略、50音順）の皆さんである。いつも言いたいことを言い、なかなか言うことに納得せず、しかも反論を投げかけ、なぞなぞを問いかけ、意味不明の吹っ掛けに、時に反発しつつも、最良の道を選択すべく、粘り強く対応してくれたことには改めて本当に頭が下がる思いである。ここに感謝の意を表したい。また、先輩パートナーとして、いろいろな視点を提示いただき、生意気で時に頑固な私を導いてくださった内田和成さん、水越豊さん、御立尚資さんにもこの場を借りてお礼申し上げたい。

また、私の難しいスケジュール管理から打ち合わせのアレンジまで、本当に長期にわたって常に献身的に支えてくれたアシスタントの小野澤由紀さん、前回の著作に続き今回も素晴らしい図表・イラストを作成してくれた古田鈴乃さん、出版に際しいろいろとサポートいただいたシステムヘッドの佐々木靖さんとマーケティングチームの皆さんにも感謝の意をお伝えしたい。

日経ＢＰの編集者である赤木裕介さんには本著作を含め3冊続けての出版を支えていただいたが、今回もいつも以上にお世話になった。また、ライターの塚田有香さんにも多大な協力をいただいた。お二人にもこの場を借りて御礼申し上げたい。

最後に、長年にわたって私を支えてくれた、妻の杉田佳子にも感謝したい。

ユニ・チャームのケース
・高原豪久講演録「海外事業の成長をリードするグローバル人材をいかに育てるか」『ダイヤモンド・ハーバード・ビジネス・レビュー』創刊35周年記念セミナー、2011年11月
・高原豪久「高原豪久氏の経営者ブログ」『日経電子版』連載

ソニーグループのケース
・「ソニー、『物言う株主』は正しいのか」『日経電子版』2013年5月16日
・「ソニー株、全て売却、米ファンドのサード・ポイント」『日本経済新聞』2014年10月23日付
・「ソニー甦ったのか？」『日経ビジネス』2018年2月26日号
・吉田憲一郎インタビュー「ソニーは、誰のために、何のために存在するのか」『ダイヤモンド・ハーバード・ビジネス・レビュー』2020年7月号
・名和高司インタビュー「ソニーのモデルはGAFAを超える」『日経ビジネス電子版』2021年6月24日

富士フイルムHDのケース
・古森重隆インタビュー「一流企業であり続けるために」『ダイヤモンド・ハーバード・ビジネス・レビュー』2014年6月号
・「退任する古森重隆会長の『通信簿』」『日経ビジネス電子版』2021年4月7日

ヤマトHDのケース
・長尾裕インタビュー「（ヤマトがやらなければ）誰が運ぶのですか」『日経ビジネス電子版』2017年5月30日
・西村旦「ヤマト運輸が抱えるジレンマ、宅急便とEC向け配送サービスをあえて切り離す理由」『ダイヤモンド・オンライン』2021年7月8日
・長尾裕インタビュー「101年目の経営構造改革」『経済界ウェブ』2021年9月16日
・日本経済新聞「宅配クライシス」関連報道
・日経ビジネス「物流パニック」関連報道

その他
・クレイトン・クリステンセン他「財務分析がイノベーションを殺す」『ダイヤモンド・ハーバード・ビジネス・レビュー』2008年9月号
・「旭硝子『非ガラス』に1000億円、2社買収、1週間で決断、欧州バイオ医薬製造に全額出資発表」『日本経済新聞』2016年12月21日付
・上阪徹「変革できるトップは『世界観』から考える」『ダイヤモンド・オンライン』2018年8月21日
・ゲイリー・ピサノ「創造的な組織は逆説に満ちている」『ダイヤモンド・ハーバード・ビジネス・レビュー』2019年6月号
・ピーター・スコブリック「戦略的に未来をマネジメントする方法」『ダイヤモンド・ハーバード・ビジネス・レビュー』2020年9月号
・「味の素グループのASV経営」味の素公表資料、2020年2月19日
・島村琢哉インタビュー「AGCの両利き経営（下）　縦割りは若手が壊す」『日経ビジネス電子版』2020年7月3日
・「パナソニック、巨額買収報道、財務負担を警戒」『日経ヴェリタス』2021年3月14日付
・宮地伸二インタビュー「両利きの経営は『抜けのないマネジメント』で」『日経ビジネス電子版』2022年8月22日
・「【超図解】日本初の『両利きの経営』事例　企業はどう課題を打破してきたのか」AGCウェブサイト
※その他、掲載各社のウェブサイト／決算発表資料／中期経営計画などを参照した。

主要参考文献

【書籍】（敬称略、執筆者 50 音順）

・エベレット・ロジャーズ『イノベーションの普及』翔泳社、2007 年
・菊澤研宗『成功する日本企業には「共通の本質」がある』朝日新聞出版、2019 年
・クレイトン・クリステンセン『イノベーションのジレンマ　増補改訂版』翔泳社、2001 年
・古森重隆『魂の経営』東洋経済新報社、2013 年
・古森重隆×フィリップ・コトラー『NEVER STOP』日本経済新聞出版。2021 年
・サティア・ナデラ他『Hit Refresh』日経 BP、2017 年
・ジェフリー・ムーア『キャズム　増補改訂版』翔泳社、2014 年
・ジョエル・パーカー『パラダイムの魔力　新装版』日経 BP、2014 年
・杉田浩章『リクルートのすごい構"創"力』日経ビジネス人文庫、2020 年
・杉田浩章『プロフェッショナル経営参謀』日本経済新聞出版、2020 年
・高原豪久『ユニ・チャーム　共振の経営』日本経済新聞出版、2014 年
・チャールズ・オライリー／ウリケ・シェーデ『両利きの組織をつくる』英治出版、2020 年
・チャールズ・オライリー／マイケル・タッシュマン『両利きの経営（増補改訂版）』東洋経済新報社、2022 年
・チャン・キム／レネ・モボルニュ『ブルー・オーシャン戦略（新版）』ダイヤモンド社、2015 年
・デビッド・ティース『ダイナミック・ケイパビリティの企業理論』中央経済社、2019 年
・デビッド・マギー『ジェフ・イメルト　GEの変わり続ける経営』英治出版、2009 年
・名和高司『パーパス経営』東洋経済新報社、2021 年
・野中郁次郎『知識創造の経営』日本経済新聞出版、1990 年
・ピーター・ドラッカー『イノベーションと起業家精神（エッセンシャル版）』2015 年、ダイヤモンド社
・平井一夫『ソニー再生』日本経済新聞出版、2021 年
・ボストン コンサルティング グループ編『BCG　次の 10 年で勝つ経営』日本経済新聞出版、2020 年
・マーティン・リーブス『戦略にこそ「戦略」が必要だ』日本経済新聞出版、2016 年
・水越豊『BCG 戦略コンセプト』ダイヤモンド社、2003 年
・ロン・アドナー『ワイドレンズ』東洋経済新報社、2013 年

【ウェブサイト・論文など】（敬称略、ケースの登場順／公表順）

リクルート HD のケース

・峰岸真澄×杉田浩章対談「カニバリを恐れず、リクルート変身中」『NIKKEI STYLE キャリアコラム』2017 年 8 月 17 日
・峰岸真澄インタビュー「リクルートが"GAFA"と戦い抜くために今やるべきこと」『Business Insider Japan』2018 年 3 月 14 日
・「【リクルートホールディングス】積極的M＆Aで第 3 の創業」『ダイヤモンド・オンライン』2019 年 1 月 18 日
・峰岸真澄インタビュー「投資抑制を後悔したくない」『日経ビジネス電子版』2020 年 8 月 6 日
・「教育もリクルート　『スタディサプリ』、失敗からの急成長」『日経ビジネス電子版』2021 年 3 月 24 日

杉田浩章

（すぎた・ひろあき）

早稲田大学ビジネススクール教授

東京工業大学工学部卒。慶應義塾大学経営学修士（MBA）。株式会社日本交通公社（JTB）を経て1994年ボストン コンサルティング グループ（BCG）入社。2006～2013年BCG日本オフィス責任者、2016年～2020年同日本代表、2023年より同シニアアドバイザー。2020年より早稲田大学ビジネススクール教授。

コンシューマー系ビジネス、消費財・流通、メディア・通信、産業財等の業界を中心に、企業変革、デジタルトランスフォーメーション、グローバリゼーション、新規事業開発、組織・ガバナンス改革、マーケティング・営業戦略等のコンサルティングを数多く手掛けた。

主な著書に『リクルートのすごい構"創"力』『プロフェッショナル経営参謀』『BCG流戦略営業』（いずれも日本経済新聞出版）など。

10年変革シナリオ
時間軸のトランスフォーメーション戦略

2023年2月20日　第1版第1刷発行

著者 ―――― 杉田浩章

発行者 ―――― 村上広樹

発行 ―――― 株式会社日経BP

発売 ―――― 株式会社日経BPマーケティング
〒105-8308　東京都港区虎ノ門4-3-12
https://bookplus.nikkei.com

ブックデザイン ―――― 野網雄太

印刷・製本 ―――― 中央精版印刷株式会社

本文DTP ―――― 朝日メディアインターナショナル

編集担当 ―――― 赤木裕介

ISBN978-4-296-00139-2

本書籍に関するお問い合わせ、ご連絡は下記にて承ります。
https://nkbp.jp/booksQA

Printed in Japan